——黃正倖老師 著

ISBN:978-986-6431-77-7

佛法是具體可證的，三乘菩提也都是可以親證的義學，並非不可證的思想、玄學或哲學。而三乘菩提的實證，都要依第八識如來藏的實存及常住不壞性，才能成立；否則二乘無學聖者所證的無餘涅槃即不免成爲斷滅空，而大乘菩薩所證的佛菩提道即成爲不可實證之戲論。如來藏心常住於一切有情五蘊之中，光明顯耀而不曾有絲毫遮隱；但因無明遮障的緣故，所以無法證得；只要親隨眞善知識建立正知正見，並且習得參禪功夫以及努力修集福德以後，親證如來藏而發起實相般若勝妙智慧，是指日可待的事。古來中國禪宗祖師的勝妙智慧，全都藉由參禪證得第八識如來藏而發起；佛世迴心大乘的阿羅漢們能成爲實義菩薩，也都是緣於實證如來藏才能發起實相般若勝妙智慧。如今這種勝妙智慧的實證法門，已經重現於台灣寶地，有大心的學佛人，當思自身是否願意空來人間一世而學無所成？或應奮起求證而成爲實義菩薩，頓超二乘無學及大乘凡夫之位？然後行所當爲，亦行於所不當爲，則不唐生一世也。

——平實導師

如聖教所言，成佛之道以親證阿賴耶識心體（如來藏）爲因，《華嚴經》亦說證得阿賴耶識者獲得本覺智，則可證實：證得阿賴耶識者方是大乘宗門之開悟者，方是大乘佛菩提之眞見道者。經中、論中又說：證得阿賴耶識而轉依識上所顯眞實性、如如性，能安忍而不退失者即是證眞如，即是大乘賢聖，在二乘法解脫道中至少爲初果聖人。由此聖教，當知親證阿賴耶識而確認不疑時即是開悟眞見道也；除此以外，別無大乘宗門之眞見道。若別以他法作爲大乘見道者，或堅執離念靈知亦是實相心者（堅持意識覺知心離念時亦可作爲明心見道者），則成爲實相般若之見道內涵有多種，則成爲實相有多種，則違實相絕待之聖教也！故知宗門之悟唯有一種：親證第八識如來藏而轉依如來藏所顯眞如性，除此別無悟處。此理正眞，放諸往世、後世亦皆準，無人能否定之，則堅持離念靈知意識心是眞心者，其言誠屬妄語也。

——平實導師

目次

平實導師序

本書作者黃正倖，於二○○九年十月禪三時眼見佛性；以親眼得見而受用眼見佛性之功德故，發願寫書告訴世人：世尊於《大般涅槃經》中所說十住菩薩得以肉眼親見佛性，由此緣故即可獲得餘經所說十住滿心菩薩如幻觀之親證，此事屬實。距今不過十七個月，已得成書，蔚然可觀，令人起敬。所以者何？謂眼見佛性之事極難爲人言之，然作者克服眾難，從本會中已見性者所作報告、所寫書中廣爲摘錄，又廣蒐教證佐之，以自身之經驗組織篇章，加以敘述令人理解；書中既有內容，亦有次第，而將求見佛性者應作之事、應修之法，細細陳述誠可利人，謂之爲難得，乃實言也！

由眼見佛性之境界難以描模，見性多年之菩薩尚且難以爲人敘述，何況明心而未眼見之人？然作者見性後，爲欲觀察佛性之運作及何時可以眼見、何時不可能眼見之不同狀況，開始歷緣對境作諸現觀；非唯觀察家人眼熟時佛性依然分明現前，證實佛性之異於六識知覺性，亦異於如來藏運作時之自性；乃至特地前往會眾家屬往生助念法會現場助念，以觀亡者佛性是否猶可得見，親自證實亡者佛性已不可見。由如是等深入觀察故，更作思惟而廣蒐集與見性有關之各種資訊，於世間事業得暇之時，振筆疾書而成此作，亦謂難能可貴也！

眼見佛性之事，古來實證之者本已無多；其能否得見之因緣，要在眼見佛性之三種莊嚴具足與否，加之以能否親遇善知識。若三種莊嚴欠缺其一，縱使善知識有心助之，亦難得見；若三種莊嚴具足，但曾謗法、謗大乘賢聖，又未遇善知識，終難見之。而本書作者具足如是三緣，又以心直故，得能見之。今復於此書中，將此三種莊嚴之內涵，藉本會見性者散見諸書之說，分門別類蒐集整合，條理井然具足闡揚，誠爲開悟明心後欲求見性者應讀之書也。

尤以其中定力莊嚴一事，作者特地蒐集錯說功夫者之著作言語，將其所說見性必須之看話頭功夫及其次第理論，舉以剖析，判其謬處；讀者閱後詳審思惟，即知應當如何依其次第漸修定力莊嚴；謂始從無相念佛，次則看話頭，繼之以參話頭；俟開悟明心後，進求佛性時則純以看話頭而不參究爲準

自序

末學二〇〇四年四月報名參加正覺同修會禪淨班的共修，接受親教師陳正源老師之教導，從最基礎之無相憶佛、無相拜佛，修習動中定力；以念佛之心，制心一處，都攝六根，實證一心不亂、淨念相繼——動靜中皆能看話頭的功夫；在知見方面，繼續不斷親近善知識熏習更深妙之法義，逐漸了知三乘菩提的內涵與分際。除此而外，更廣閱 平實導師的諸多著作，漸次了知佛道修學之正義，一者受學解脫道正理，實證初分解脫果；二者熏習第八識如來藏及禪法之正知見，懂得如何看話頭、參話頭、思惟觀、乃至如何參禪的道理。除了以上所說證悟般若所應具備的知見與功夫外，末學也努力勤修三福淨業、培植福德資糧，希望能夠早日成就菩薩種性。在這期間努力鍛鍊功夫、增長知見、修集福德資糧，終於在二〇〇六年十月因緣成熟，在世尊冥助與 平實導師的指引下開悟明心，實證眞心如來藏，進而引生實相般若之智慧。證悟之後繼續努力進修，深入看話頭功夫的鍛鍊，同時加強定力莊嚴、慧力莊嚴、福德莊嚴之修集，用心修除障道之業種及性障，努力護持究竟了義的第一義諦如來藏正法。

佛子們修學佛法、參禪的主要目的是—開悟明心—實證眞心如來藏的所在；唯有親證實相心，才能有智慧現前觀察如來藏所顯示出來的眞實性與如如性——實證眞如。想要達到這樣的目標，就一定要學會看話頭的功夫，並修學參禪時所應具備的正知正見；參禪時所需的定力不必很深厚，只要會看話頭、會思惟觀即可。由於看話頭的動中定功夫，可以使參禪者的心思更加細膩敏銳，能夠遠離語言文字而作思惟觀，這樣就容易找到如來藏，這也是欲眼見佛性的唯一親證法門；捨離了這個勝妙的法門，就不可能有別的法門能夠讓人眼見佛性了；在末法時代，除此而外沒有別的法門可以使人鍛鍊眼見佛性所必須具備的定力，當然更不可能眼見分明了！

眼見佛性必須有特定的動中定力（看話頭的動中定力），這樣的定力，能夠使參禪者有能力看住所參的那一句話的前頭，沒有絲毫語言文字。但是，看話頭的功夫不容易鍛鍊，如果沒有眞善知識指導，更是難以鍛鍊成就。眼見佛性的實證，雖然不必修練到具有初禪或二禪的定力功夫，但仍須歷經看話頭的種種不同演變狀況，達到某一個層次時，來參究佛性的內涵才會有把握；由此可以證明會看話頭時並非就已經具足了眼見佛性的定力。然而，看話頭的方法正確與否？看話頭功夫是否具足？有哪些演變的過程與內涵？哪些境界是不必理會的？哪些境界應該繼續深入加強？在在都必須有眞修實證的善知識來幫忙我們作觀察與判斷，並給予我們正確的引導；加上自己在福德與慧力二方面的努力修集而圓滿具足，方能於因緣成熟時一念慧相應而眼見佛性。佛子們千萬不能自己盲修瞎練，以靜坐默照有沒有妄念爲修行之方法，往往落入識陰六識的見聞覺知心中而不自知，如是追求覺知心中的離念靈知境界，回墮於我見之中；這都只是在修定而與參禪無關，這樣如何能開悟明心？又如何能眼見佛性呢？

行者若想從別人身上親眼看見他們的佛性，甚至在山河大地、虛空之中、別人身上都可以看得見自己的佛性，就必須依著眞善知識的開示直心修學，精勤鍛鍊看話頭功夫，同時必須是動態之中修得的看話頭功夫，才有可能看得見佛性；如果是靜中修來的看話頭功夫，大多數是看不見佛性的。假使有人只是想從經典中去探究佛性的答案，而不肯努力鍛鍊看話頭功夫，也不肯如實的培植福德，如果在定力、慧力尚未具足前，就已經先知道佛性答案，那麼今生就一定與眼見佛性無緣，只能期待於來生了。

當今海峽兩岸的大法師教導學人，皆悉以定爲禪，都是以靜坐中追求一念不生，求證離念靈知心之意識境界；或以虛空粉碎、大地落沈……等識神妄覺的無念境界爲悟，以爲即是眞心本性，不知不懂三乘菩提之法道，連最粗淺的二乘菩提解脫道——斷我見、斷身見、斷三縛結證初果，都沒有辦法實證，但卻自以爲已證實相，皆是未證言證之人；又由於不懂大乘菩提般若、種智，錯將一世可以修成的解脫果當作三大阿僧祇劫才能修成的佛菩提果；又將原來甚深微妙之大乘佛法，加以世俗化、淺化、凡夫化，藉著徒眾廣大之勢力，爲求名聞利養、眷屬聲望、以及在佛教界具有影響力，造作了無根誹謗正法、誹謗大善知識的惡業，成就了將來下墮地獄的果報。如是所謂的「弘法」，不僅不能解脫於三界生死輪迴，反而死後要墮入無間地獄、受種種不可愛的異熟果報，令人心生不忍與悲憫！因此，學人在學法時不可不慎，千萬要小心揀擇眞善知識，不可錯跟假名善知識；如果接受假名善知識相似佛法的錯誤教導，不僅白白浪費數十年的生命與錢財而一事無成，還會使自己在未來無量世中陷入與眞善知識不相應、與正法無緣的窘境，想來眞是令人唏嘘不已！

由於離念靈知是常見外道所墮的意識境界，也是一切欲尋求宗門證悟者應該避免違犯的大過失，所以古時 大慧宗杲禪師才會極力提倡看話禪。末學在此呼籲有智慧的學禪者，都應該趕快遠離一念不生、離念靈知的意識境界，千萬別再靜坐默照求一念不生了，應該趕快依照 大慧禪師所提倡的看話頭的方法來鍛鍊參禪功夫，然後用看話禪的方法來參究，才會有開悟明心的因緣；若是福德具足而且功夫很好，乃至將來也有眼見佛性的可能啊！

這一路走來，末學認爲親近眞善知識才是學佛過程中最重要的事。末學在證悟之前，都不曾以財物或飲食供養過善知識，也不曾向善知識禮拜或者攀緣；在正法團體中，只知埋頭努力作事，默默護持資助正法教團；由於努力修學而具足菩薩性的緣故，很幸運地蒙獲善知識提攜，委以重要的義工職事。由於末學雖然仍如以前一般默默作事而不攀緣，因爲職事的緣故，有機會常常接觸善知識，因而把握每一次機會，請教看話頭作功夫的事。由於善知識是過來人，一聽之下，總是一、二句話就指出末學的盲點；也由於末學對善知識的全然信受，每次都不問理由，就能完全依循善知識的教導，應該棄捨的看話頭境界就立即棄捨，應該深入的境界就繼續深入，應該轉進處就繼續轉進。在這段時間裡沒有任何懷疑，深心信受善知識每次短短一、二句話的開示，全心全意投入看話頭的功夫中。

經過不斷的努力，歷經其中許多的變化過程以後，看話頭功夫更爲深入；也在更努力修集福德莊嚴的前提下，獲准報名參加禪三求眼見佛性。在禪三期間，平實導師於百忙中特別撥出時間，細心垂詢並指導如何轉進見性前的看話頭微細境界。經過一番努力之後，在善知識幾句話的引導下，終於實證眼見佛性的境界；此時不但可以在山河大地上看見自己的佛性，也能在他人身上看見他人及自己的佛性；舉凡肉眼所看到的一切，不論五陰身心或山河大地，全都虛幻不實而唯有佛性眞實，如願獲得長時以來所欲實證的十住位如幻觀的親證。

末學於眼見佛性之後，回首今生能實證大乘佛菩提的過程與辛酸，心中生起無比的感恩與感慨！末學一向不善於攀緣，這一世何其有幸竟能獲得這樣的實證；細心推究起來，自忖是因爲直心以及菩薩種性具足所致，才能與眞善知識相應，而獲得特別的垂示與指導；在每次短短一、二句話的指導中，末學都深信不疑，並且依教奉行。反觀今時能夠獲得正覺同修會所出版之闡揚三乘菩提正法書籍者，有許多人都已經研讀多年了，爲何還不能實證眞如、眼見佛性呢？乃至連最粗淺的二乘解脫道斷身見、斷三縛結的功德都無法獲得，何況能夠明心、眼見佛性證得如幻觀呢？由於這些觀察及思惟，末學認爲這一世努力修學而沒有任何實證的人，他們學法之所以無法成就的最主要原因，就是沒有親近眞善知識；或者在親近之後，沒有完全信受眞善知識之教導所導致。

今於序文最後，末學衷心籲請一切學人，應該努力尋找眞善知識、親近眞善知識、信受眞善知識之教導。《大乘本生心地觀經》卷三說：「親近善友爲第一，聽聞正法爲第二，如理思量爲第三，如法修證爲第四。」意思是說，佛子們在聞、思、修、證之前，親近善知識才是第一重要之事，否則所聞往往不是正法，思惟時就無法如理作意，修證時難免因不如法而走錯路頭，白費一生的光陰，由此可見親近眞善知識是何等的重要啊！在此書圓滿欲出版之際，再次以自身之體驗，誠懇地祝禱一切有緣人，都能值遇眞善知識，並能在眞善知識的教導下，早日明心見性，是所至禱！

末學 **正偉** 謹序

公元二〇一一年初夏於正覺講堂

見性與看話頭

第一章 佛性的本質——佛性不是六識的知覺性

第一節 佛性是第八識的本覺之性

本書所說見性的意思，是說禪宗的重關——證悟看見佛性，是《大般涅槃經》說的十住菩薩眼見佛性。這不是明心時看見如來藏具有能使人成佛的自性，更不是指眼識的能見之性。佛說諸菩薩所證的佛性有四種層次：凡夫菩薩所知道的佛性、未入地的十住菩薩所證的佛性、已入地菩薩所隨順的佛性、諸佛所運作的佛性。本書所說的見性——眼見佛性，乃是指十住菩薩以肉眼看見佛性。以下將針對末學所知，略說佛性的本質。

凡夫所知道的佛性是識陰六識的自性——能見之性、能聞之性、能嗅之性、能嚐之性、能覺之性、能知之性。未入地菩薩所見的佛性是第八識的本覺，平實導師依《楞嚴經》的意涵說為「覺精」，即是第八識的見分，與六識的見聞覺知等六種自性同時同處並行運作。地上菩薩所證的佛性，則不是末學目前所知道的內涵；而諸佛所運作的佛性，更不是末學所能想像於萬一。稍後會將 平實導師於諸法寶中有關四種不同層次的佛性開示，舉出來為讀者解說。

這本書中所說的見性，是以父母所生眼，親眼在山河大地上，也在虛空中看見自己的佛性；這種證量，自古以來就很少有人可以證得，到了末法時代的今天，要實證眼見佛性則更加困難；雖然如是，但在正覺同修會中卻仍然有人可以實證，實在是難以使人相信，所以必須先舉述 世尊聖教作為證明，譬如《大般涅槃經》卷八〈如來性品〉中的記載：【迦葉菩薩白佛言：「世尊！佛性如是微細難知，云何肉眼而能得見？」佛言：「迦葉善男子！如非想非非想天，亦非二乘所能得知，隨順契經，以信故知。」】

白話翻譯如下：

迦葉菩薩向 世尊請問説：「世尊！佛性是這麼微細，所以很難了知，爲什麼世尊竟説肉眼能看得見佛性呢？」佛回答説：「迦葉善男子！這好像是非想非非想天的實際境界，也不是二乘聖人聲聞緣覺所能夠知道，但因爲二乘聖者相信契經中佛所説的緣故，才能夠了知確實有非想非非想天的境界。」

在這段經文中，佛陀告訴迦葉菩薩，佛性很微細而難以了知，一般人只能依經中 世尊的開示而知道佛性可以肉眼看見。就如同二乘聖者雖然已經實證聲聞解脫果，卻仍然無法了知非想非非想天的境界一樣，只因信受佛所説法的緣故，所以知道有非想非非想天的境界存在。就像這樣子，佛性雖然微細，卻仍然可以由有緣人所看見。因此，還沒有眼見佛性的菩薩，應該相信佛語，努力進修而求有朝一日能實證眼見佛性的境界，對 佛所開示眼見佛性的境界，不該有絲毫懷疑而不信受。眼見佛性時一定會在山河大地上面看見自己的佛性非常眞實，自己親自證明佛性是常住不壞的（因爲菩薩是永遠不會滅盡十八界而入無餘涅槃的）；由佛性的常住不壞，觀察出沒有什麼法可以滅掉諸佛菩薩和自己的佛性；在親眼看見佛性是如此眞實時，眼見之下，世界山河顯得無比的虛幻，自己的五蘊身心當然也就更加的虛幻不實了。由此緣故，在眼見佛性的當下便成就了如幻觀，不必再觀行就可以獲得菩薩道五十二階位中第十住位的智慧與解脫功德受用。

根據　平實導師書中所開示，已入地菩薩所悟的佛性功德，在初地滿心時可以親見自己所看見的六塵境界，全都是由自己的如來藏所變現，所見的六塵境界都不是外相分的六塵，只是看到自己的如來藏以佛性顯示出來的六塵，不是眞的看到身外的六塵境界。猶如鏡子面對色塵境界時，可以如實反射映照出一模一樣的色塵來；眞心如來藏也是一樣，面對外面的六塵時，會藉六根來反射而映照出一模一樣的六塵境界，讓有情的覺知心可以接觸了知，這是初地滿心菩薩所證得、所隨順的佛性。如是境界，即是猶如鏡像觀的成就。

二地滿心菩薩所悟的佛性境界，能改變自己的內相分；是因爲他證得猶如光影的現觀，是觀察自己的意根和識陰六識都是自己的如來藏變化而出生的；當自己的七轉識本質開始變化時，自己的如來藏所變生出來的內相分就會跟著改變；當二地菩薩修到滿心位時證得這種現觀，就知道要如何改變他自己的種子，所以內相分就跟著改變了，這種現觀稱爲猶如光影。乃至三地住地心菩薩能改變別人的內相分，就更不是我們所能想像與了知的；四地至六地以及七地至十地諸菩薩所證的佛性境界，我們根本就無法思惟或揣測，當然也就無從說起了。至於究竟佛地隨順佛性的功德，根據經中記載，十方如來眼見佛性成佛時，能夠發起成所作智，因此諸佛的每一個識、每一個心所法，都能自行運作而隨緣應物，與十方一切有緣眾生感應；這種境界不但是我們所無法了知的，也非十地、等覺、妙覺菩薩之所能知，當然更不是末學所能敘述的了。所以本書所闡述的範圍，除了詳述十住滿心位菩薩眼見佛性的境界之外，還包括一切想要親眼看見佛性的人，應該如何準備、如何修行，才能逐次具足見性時所應具備的條件。

關於佛性，有很多人誤會；大多數的人都會把識陰六識的自性當作是佛性，所以還是凡夫。但佛性其實不是見聞覺知性，因為見聞覺知性只是識陰六識的自性，只是識陰六識的內我所、是六識心的心所法所顯示出來的功能，而不是「眼見佛性」中所說的佛性，所以佛性不是識陰六識的見聞覺知性。平實導師在書中如此說：【那麼佛性的無所住又是怎麼說？佛性和見聞覺知的體性是在一起的，「祂」無分別又非無分別，你們聽起來就會像在繞口令一樣，可是當你證驗到佛性的時候，你才會知道我講的話確實不是繞口令。但是這個部分最難解釋，很多人知道佛性的名義究竟是什麼？可是卻看不見，因爲沒有功夫與慧力，也欠缺福德；沒有功夫的人，參破佛性的名義時，就會落到妄覺裡面去，就是這樣！可是佛性的本身並沒有所住，沒有所住之中又有祂的功能差別，那個功能差別又不能說祂完全無所住，如果說祂完全無所住，那不就跟木塊、石頭一樣了嗎？然而祂不是啊！祂是有情啊！所以佛性的無所住，應作如是觀。】（《大乘無我觀》頁100）

這個眞的很難解說清楚，只有親眼看見佛性的人，才會瞭解 平實導師這一段話所說的內涵究竟是什麼;還沒有親眼看見佛性的人，是很難瞭解的。

佛性其實就是第八識的見分，可以簡稱爲「如來藏的本覺之性」；平實導師在近日出版的《楞嚴經講記》中，曾經引述 世尊的開示而說佛性是「覺精」，也就是本覺的精明之性。已明心的讀者們如果想知道更詳細的解釋，可以請閱《楞嚴經講記》詳細閱讀思惟，當可進一步了解此中妙義。在這裡，末學先以本覺之性來指稱佛性，也就是游正光老師書中所說的「佛性是第八識如來藏的見分」。吾人假使想要瞭解如來藏的見分，也就是想要瞭解佛性之前，應該先了解四分——見分、相分、自證分、證自證分的意涵，才不致於誤會「如來藏的見分」的意思，以免落入識陰六識的自性中而不自知。但這四分有不同的層次差別，我們就先從爲一般菩薩所說的二分說起。

首先說見分與相分。相分是指六塵的境界以及自己的色陰，是第八識如來藏所出生的內相分六塵以及色身五根，也就是百法明門中所說的色陰等十一法；但在這裡主要是從六塵來說相分，不說到五色根也是如來藏的相分。因爲相分是我們的覺知心所接觸（看見）的六塵法相，所以稱爲相分。因爲有被見的六塵法相等相分，就一定同時會有能看見相分的能見者，也就是見分，所以見分是指能看見相分的覺知心等功能。有了能見的見分與所見的相分，才能使我們在人間生活及存在。這個相分是境界，見分就是能知能覺。爲了讓行者更加了解二分的意思，接下來還要再從十八界的角度來詳細說明，幫助大眾確實理解二分的意思。

我們的十八界，包括六根、六塵、和六識。也就是說，十八界中有十一個法是相分，就是眼、耳、鼻、舌、身等五色根，加上色、聲、香、味、觸等五塵，以及五塵中顯現出來的法塵（又名法處所攝色），這就是色陰全部。

色陰全部都屬於相分，因爲可以被我們的覺知心所看見，全都是有相之法，稱爲相分。因此，相分是指我們人類自己的十八界內的五根、五塵和法處所攝的五塵中的色法。相對於被接觸（被看見）的色法等相分，十八界法中剩下的七個法，也就是意根及識陰六識，都是能覺知這些相分的心，就稱爲見分，因爲這七識心都是能見者。

以上是從最簡單的二分所作的說明。在這當中，見分又可以再細分爲見分、自證分、證自證分。當見分再細分爲三分的時候，就與相分合稱爲「四分」，而不是只有二分了。七識心見分，簡單的區分爲三分，也就是見分、自證分、證自證分。首先說明見分。見分，是指七轉識自己，也就是眼、耳、鼻、舌、身、意等六識以及意根末那識；這七識心合在一起時，能覺知、能見、能了別六塵諸法，故名見分。把這個見分細分爲三分來說見分時，是說見分對相分有能夠見聞覺知的功能，故有人類的見聞覺知心的功能運作，對於所接觸的色陰等境界相能夠去加以領受，這就是唯識學中通稱的見分。當七識心的見聞覺知性在運作的過程中，能夠知道色陰等境界相的時候，很清楚知道自己所領受的相分境界，不會錯亂。譬如看到黃色時知道那是黃色，不會誤認爲是青色，這就是有自證分；又如聽見父親的聲音時，知道那是父親的聲音，不會誤認爲是母親的聲音；能夠當下確定是父親無誤，這就是自證分。由於能夠確實知道所見所聞的相分，沒有誤會，也就是對境界相了了分明；即使當時是離念的了了靈知，心中都沒有語言文字出現，但已經分明知道自己的所見所聞的內容，沒有錯亂與無知，就是自證分確實存在的具體表現。也因爲我們人類有這個自證分，所以在相分境界出現時，就會有適當的反應出現；但我們人類與畜生的最主要區別，就是人類會反應出人類應有的行爲，而畜生則會反應出畜生應有的行爲。譬如人類看見人類時，不是像畜生一樣覺得自己與人類不同；而畜生看見人類時，會覺得自己不同於人類而產生了自己不如人類的感覺。

以上所說的是自證分，因爲有自證分的存在，就一定會有證自證分的出現。所謂證自證分，就是指意識起念去檢查、反觀自己是否住於六塵萬法中？是否正在領受六塵萬法之苦樂？能了知覺知心對六塵萬法之反應是強或弱，能反觀自己對六塵萬法中的境界，是住在想要繼續或想要停止的意願中；也能反觀自己對所住的境界相是否確實了知，這就是證自證分的功能。

因此，證自證分就是反觀而確認自己確實對境界有所了知，確實住在那些境界之中，這種反觀而作自我檢查的功能，就稱爲證自證分。有了這三分，也就是有了見分、自證分、證自證分，七識心的功能便具足了；如果把這三分合起來說，就簡單稱爲見分，因此當我們說有情有二分時，這二分中的見分，就是在說有情的見聞覺知心。

瞭解以上所說的二分與四分，就能比較容易瞭解如來藏的本覺，也會清楚我們爲何要把佛性說爲如來藏的見分；知道了如來藏的本覺就是如來藏的見分，不是七識的見分，就比較容易知道參究佛性的方向了。但是末學想先向讀者建議：當您眼見佛性的條件還沒有成熟時，請千萬不要急著參究佛性的答案，以免耽誤自己的道業。因爲即使參出來也沒有用，一定是看不見佛性的，會成爲解悟佛性而沒有十住位如幻觀的親證功德；不如先全面瞭解佛性及見性所需的條件以後，確實去履踐，依著善知識的教導，一步一步去努力實修，才能在因緣成熟時，於善知識的引導下親眼看見佛性，確實成爲第十住位滿心的菩薩。

有情眾生覺知心所見的五陰相、六塵相也都是相分所含攝，譬如六塵諸法的色、聲、香、味、觸、法等法相與五根身；甚至於七識心自己的心行等，全都是我們的七識心所識別的法相，由見分七識心所見、所覺知、所了別。對於正在探究生命實相、欲求開悟明心的菩薩來說，見分就是見分，沒有相分；對已明心的菩薩而言，明心時所找到的第八識如來藏，是離見聞覺知的，從來都不了別六塵；因此對還沒有開悟的人而言，應該爲他們說如來藏沒有見分，說如來藏離見聞覺知。然而，如來藏眞的沒有見分嗎？如來藏假使眞的沒有見分，也就是說如來藏如果眞的沒有了知的功能，那又怎能叫作「識」呢？又怎能叫作第八「識」或阿賴耶「識」呢？「識」就是了別，就是見分，所以如來藏一定是有見分的，一定是能了別某一些法，不是七識心所能了知的，所以才會被稱爲心，才會被稱爲阿賴耶「識」、異熟「識」、阿陀那「識」。「識」就是能夠了知、了別的意思，那麼第八識一定是在某個層次中也有了別性，既然也有了知性、了別性，當然也是有見分的；如來藏的這個見分就是佛性，也就是本覺之性。

六識心及意根等見分，所了別的都是六塵中的種種法；但是如來藏的本覺之性，所了知、了別的卻不是六塵中的種種法，而是六塵以外的種種法。因爲如來藏有六塵以外諸法的了別性，所以祂有本覺的功能；既然是有情五陰尚未出生以前就存在的了知功能，當然不是有生有滅的覺，所以不是妄覺而稱爲本覺；這個第八識本有的外於六塵境界的知覺之性，馬鳴菩薩在《大乘起信論》中稱爲本覺；這個本覺自性就是佛性，因爲本覺是依如來藏心而存在，所以本覺之性就是佛性。因此如來藏是心體，本覺之性是如來藏心體的功能自性，所以佛性是如來藏心體的本覺功能性。也就是說，佛性以如來藏心爲體，佛性是如來藏心體的了知功能性，是如來藏心體的作用之性。

如來藏心體雖然是無形無色的，但是從祂的運作過程中，可以顯示出如來藏心體的眞實與如如的運行法相；這個運作過程中所顯示出來的眞實與如如的行相，就稱爲眞如。在《成唯識論》中引述 彌勒菩薩開示而解說「眞如亦是識之行相」之意涵，也就是說，如來藏阿賴耶識運作過程中，一定會顯示出祂的眞實性與如如性，所以說「眞如亦是識之相分」。所以眞如心阿賴耶識，也是有見分與相分的；因爲求見佛性時，並不是要看見第八識的相分眞如，而是要看見第八識的見分佛性。明心而未見性者對此內涵很難理解，往往誤會見性者所說的意涵，錯將自己所看見如來藏的功能當作是看見佛性。

這個第八識擁有的見分功能，不是指眞如的行相，所以眼見佛性時是看見第八識直接出生的見分，不是明心而證得眞如；阿賴耶識的見分（佛性）外於六塵而運作，而於六塵境上顯現出來，這並不是前七識在六塵中的見聞覺知性，而是能了知種種六塵外諸法的見分功能。世尊在《楞嚴經》中說如來藏有「融通妄想」的功能，在《維摩詰經》中也說如來藏有「了眾生心行」的功能；由此可知，如來藏心體當然是有了知的能力，雖然不是如同六識一樣在了知六塵的境界中運作，卻可以了知六塵以外的境界，就由於祂具有這種於六塵外的了別功德，因此而被稱爲「識」。「識」就是了別的意思，這已證明如來藏有見分；而如來藏這種了別的功能就是見分，這個見分是屬於如來藏所運作的佛性的功能。因爲這樣的緣故，平實導師書中說：如來藏心是體，佛性是如來藏心體的作用。開悟明心以後，求見佛性時所應該看見的佛性，是指如來藏見分這個部分，不是要看見如來藏的功能或眞如法性，也不是要證得地上菩薩及諸佛所悟的佛性，更不是凡夫菩薩所知道的七識心的見聞覺知性。也就是說，眼見佛性並不是明心時所看見的如來藏運作的功德，而是看見如來藏於六塵外了別諸法的本覺性。假使無法認同以上所說之知見，再怎麼努力修行欲求眼見佛性，也是永遠看不見十住菩薩所眼見的佛性。眼見佛性的境界，與明心時看見如來藏運作的自性是不同的，在後面第二章中再來詳細說明，這裡就不先作細說。

有關如來藏的見分與相分等二分的道理，以及八識心王都具有四分的道理，對於已經開悟明心欲求眼見佛性的菩薩而言，在即將開始參究佛性前，都應該先深入地探究與瞭解。游正光老師云：【既然前七識運作時都有相分及見分二種，當然第八識也有相分及見分二種，如此才能符合聖　玄奘大師《成唯識論》卷一所說正理：「識謂了別。」第八識相分即能顯現六塵諸法相，第八識見分須依意根末那識方能運轉於三界中，謂第八識能了別意根之作意與思心所，才能在世間運轉，包括能夠了別七轉識的心行而配合七轉識運爲，不隨七轉識在六塵中分別及起貪染喜厭等分別，也能夠知道如何攝取四大種來成就眾生身，也能了知眾生色身之種種運作，並能了別業種的完成而主動記存眾生的謗法、謗賢聖等業種，未來緣熟時也能了知如何讓眾生所造業種現行而受種種善惡業果報皆無差池，亦能作種種七轉識所不能了別諸事等等，都不受前七識的控制，所以因果律會確實顯現、執行；第八識既能了別種種意識所不能了別的事相，當然有見分的功能，只因爲慧廣是六識論者，舔食印順六識論的邪見唾沫，所以不信有第八識，更不信第八識有見分名爲佛性，爲未入地菩薩所能眼見，所以再三的把識陰六識的見聞知覺性強行套在第八識的識性上；他再怎麼想像思惟，假使壽命夠長而能想像思惟三大阿僧祇劫以後，也還是無法眼見的；除非他肯回歸阿含所說的八識論正見，斷了離念靈知意識常住不壞的我見以後，才有可能在未來多世以後親證第八識，才能再歷經多劫以後得以眼見第八識見分示現的佛性。】（《明心與眼見佛性》頁56～57）

游正光老師又云：【同樣的道理，第八識與佛性的關係，不論是明心者眼見成佛之性所說的佛性，或者是眼見佛性者所說的第八識見分佛性，都不能離開第八識心體而有，是由第八識心體的運作而顯現出來的第八識功能性故，是第八識的作用而與第八識心體非一非異故，所以眼見佛性的標的——佛性，是以第八識爲體，由第八識所出生的六塵外的眞覺之性—見分—而伴隨六識的見聞知覺性及六塵上分明顯現，是與六識的見聞知覺性同時存在、同時運作的。如果沒有了第八識心體，連識陰六識都不存在了，何況能有意識來證得第八識的本覺性、眞覺性、「不可知之了」？何況能證得第八識的見分而有眼見佛性的可能？

依世間語言的約定俗成，都是從體起用，而顯現出其法性的；譬如火有熱性、水有濕性，熱性與濕性都是從火體、水體而表現出來的，若無火體、水體，即無熱性與濕性可說；不是由熱性與濕性來出生火體與水體的，當然是由體的作用來示現其性，應該是由體生性，不該是慧廣顚倒想所說的由性生體，或說性即是體。佛性既然是第八識的見分，顯然是第八識出生的作用，是由第八識心體出生的，何況能作爲第八識心體的根本？因此慧廣堅持「性是體」的想法根本是錯誤的，完全不如法，平實導師所說「心是體，性是用」、「『性』永遠都只是作用，而不可能是『體』」完全正確，完全符合佛說，而且還符合禪宗證悟祖師的說法。像這樣符合佛說及禪宗證悟祖師說法，斯有何過，還勞慧廣寫二本書來質問 平實導師？】（《明心與眼見佛性》頁70～71）

游正光老師又描述佛性說：【不僅眼見自己佛性，而且也見其他有情佛性。何以故？眼見佛性是自己一念慧相應而親證的境界（現量境）、親自觸證而引發的智慧（自相智慧）故。眼見其他有情佛性者，是以自己現量境及自相智慧爲基礎，比類推之其他有情亦如是見，比量境、他相智慧故。二者，眼見佛性時，皆可於一切無情物上眼見自己佛性清楚分明顯現，乃至於眼見臭穢大便時，自己佛性還是無絲毫污染而分明顯現，所以者何？無情無覺無知，非是有情，無法像有情能有如此功能差別，但眼見佛性之菩薩卻能從無情物上眼見自己之佛性；但究其實，自己之佛性卻不是在無情物上。故知，眼見無情時，非是無情有佛性，而是自己佛性分明顯現爾。】（《明心與眼見佛性》頁 101、102）

想要眞實理解佛性的內涵是很困難的，即使眼見佛性以後，也不是一時之間就能作深入的理解，只是親眼看見而已，只是眼見的當下有了世界如幻、身心如幻的現量，卻還不是很清楚佛性的本質與其中的深妙義理。雖然親眼見到了，卻仍舊很難解釋佛性的本質及內涵。如果有人來問末學時，在世尊吩咐不許明說密意的情況下，末學也很難用適當言語爲對方說明，恐怕會因無法描述而一時語塞。佛世尊卻已經深入解釋了，在《大般涅槃經》卷八、卷三十二、卷三十五都曾詳細演說佛性妙義，亦都宣示佛性不是六識心的見聞覺知、卻不離六識心的見聞覺知，這也是從聖教量方面證明佛性與六識的見聞覺知是同時同處並行運作的。

譬如卷三十二　世尊開示說：【說佛性者亦復如是，非即六法，不離六法。善男子！是故我說眾生佛性非色不離色，乃至非我不離我。】意思是說，佛性不是六塵中的六入，但也不曾離開六入等法；佛性不是五陰，但也不曾離開五陰獨自存在。世尊於卷三十五中又說：【眾生佛性，非內六入，非外六入；內外合故，名爲中道；是故如來宣說佛性即是中道。】這段經文意思是說，佛性不是內眼入、內耳入、內鼻入、內舌入、內身入、內意入，也不是外色入、外聲入、外香入、外味入、外觸入、外法入。佛性既不是自己的六識所接觸到的內相分中的六入，也不是六根所接觸到的外相分中的六入；而是遍於內六入與外六入中，內六入與外六入相合而不即不離，所以說佛性也和如來藏心體一樣名爲中道。這段經文，在眼見佛性以前閱讀時自以爲懂，其實根本不懂；見性以後恭讀時，卻可以現前一一印證確實是如此。

又《大般涅槃經》卷八〈如來性品〉云：「眾生佛性則不如是假於文字然後清淨，何以故？性本淨故，雖復處在陰界入中，而不同於陰界入也，是故眾生悉應歸依。諸菩薩等以佛性故，等視眾生無有差別。」這段經文意思是說，有情眾生的佛性不必藉由文字開示修行以後才變清淨，爲什麼呢？是因爲佛性的體性本來就是清淨性，雖然處在蘊處界中隨眾生流轉生死，但卻不同於蘊處界、而依然保持祂的清淨體性，所以一切眾生皆應歸依自己清淨無染之佛性。由於眾生都同樣具有清淨的佛性，所以菩薩等視一切眾生無有差別。從以上所舉述的經文中，已經說明了佛性的本質：佛性不是五陰，也不是外六入、內六入、十二處。因此不可以說佛性就是內六入或外六入中的見聞知覺性。佛性雖然處於五陰及內外六入中，也處於十二處、十八界中，卻不是五陰、六入、十二處、十八界法，所以不能說佛性就是十八界裡的六根、六識，也不能說佛性就是六識的見聞知覺性；更不能像落入六識自性見中的外道凡夫那樣主張說「佛性就是六識的知覺之性」，或者主張說「佛性就是離念靈知之自性」，這都是違背 世尊聖教與見性菩薩的現量境界。

誠如游正光老師所說：【十住菩薩眼見佛性時能藉外色塵眼見自己的佛性，即是在一切有情身上眼見自他有情的佛性，以及在無情身上眼見自己的佛性。眼識既如是，耳、鼻、舌、身、意識亦復如是，都能夠親見本識如來藏呈現出來的佛性，此即禪宗祖師所說「一根通，六根互通」、「六根通流」

的道理。因此，有情自無始劫以來，見聞覺知心從來沒有接觸過外境，所接觸者，無非是第八阿賴耶識所變現出來的內相分六塵，再由見分（六識的見聞知覺性）來分別內相分六塵；於其中享樂時，無非是自心玩自心爾，有何眞實可言。此中道理，就好像坦克車駕駛在坦克車內所見的外境一樣，透過坦克車內的三稜鏡反射而眼見，亦如透過監視器或小精靈視訊攝影機攝取外境，再將外境傳輸到電腦螢幕上顯現出來，所見並非外境。表面上看來，有情似乎得以眼見外境，究其實，有情並沒有眞實的接觸外境，因爲不了知其中眞實道理以及虛幻的緣故，誤以爲眞實接觸外境而執以爲實，遂起貪染喜厭等心行而造善惡業，導致輪迴三界六道不得出離。但是未入地菩薩眼見佛性時，已經看見佛性與六識的見分——六識知覺之性——同時在運作，是二者並存的，所以絕對不會誤認佛性爲六識的知覺之性。慧廣不知這個道理，也誤解聖教眞義，所以他只能落在六識的見聞知覺性中，成爲凡夫隨順佛性者。】

（《明心與眼見佛性》頁 106、107）

亦如游正光老師所說：【又譬如在作夢時，意根透過五根接觸外法塵而生獨頭意識，一般人的意識不知自己在夢中，便在夢裡分別法塵之顏色（顯色）、形狀大小長短方圓（形色）、一切行來去止、屈伸俯仰（表色）、氣質氣色（無表色）等。當意識分別法塵的同時，佛性還是異於法塵在運作，而在法塵境上分明顯現，因此佛性在夢中仍然分明顯現，沒有不顯現的。這個夢中佛性的道理，唯有親證佛性的人才能了知，非是執離念靈知心，乃至否定本識如來藏而沒有眼見佛性的慧廣所能了知；因爲佛性是第八識如來藏的本覺之法性，卻是被慧廣所否定的。

游正光老師又如此說：【佛性不論見與不見，包括張眼、閉眼以及進行民俗觀落陰的種種過程在內、白天見或者夜晚見、憑定力見或者在定境中見、醒時見、夢中見，都可以由已見性者自己親見；或如睡著無夢見、悶絕位見，是在當事人知覺之性斷滅時，由已見性的他人看見悶絕者的佛性等等，這是眼見佛性者共同的實證。可見佛性不是六識的知覺之性，都是第八阿賴耶識心體透過六根、六塵所顯的功能差別、所顯的總相作用，也是第八識直接出生的見分，外於六塵而運作，而於六塵境界上分明顯現；不因慧廣看不見佛性，就使他自己的佛性不存在，或使一切眾生的佛性不存在；所以佛性乃一切眾生都有之，平等無二。十住菩薩以下無法眼見佛性，十住菩薩

眼見佛性少分，諸地所見多分，而如來全見。】（《明心與眼見佛性》頁 121、122）

亦如平實導師所說：【六識的自性——見聞知覺性——仍然是在如來藏的妙眞如性佛性所含攝的範圍中，不能外於佛性；但也不等於佛性全部，所以某人眠熟後，他的六識對六塵的分別功能不存在時，十住菩薩仍然可以分明看見那個人的佛性繼續分明現前；顯然可見那個人的佛性並沒有隨著六識的中斷而消失，已中斷的只是六識心對六塵的分別功能；因爲六識心離念靈知已經斷滅了，而佛性仍然繼續存在著。】（《楞嚴經講記》第七輯，頁 229）由此證明佛性不是六識的自性。

想要親眼看見佛性而不是落入六識心的生滅覺知性之中，一定要先相信有第八識，並且要先知道大乘賢聖所證的佛性是第八識的本覺之性，而不是前七識在六塵中運作的妄知妄覺之性，否則即是惡慧，將會錯認七識心或六識心的見聞知覺性爲佛性。一旦否定第八識心的存在，就不可能悟入第八識的境界，更不可能再繼續進修而悟得第八識流露出來的佛性的眞實義；往往會落入凡夫所知的佛性之中，繼續住在識陰六識的覺知性中，那就永遠不可能看見大乘賢聖所悟得的佛性了！平實導師在《入不二門》五十二頁中開示說：【如契經所云：「惡慧不能知，藏即賴耶識。」此謂邪惡之智慧，根本不能知曉：如來藏即是阿賴耶識。由不能知曉如來藏即是阿賴耶識之故，便欲在棄捨或否定阿賴耶識心體之後，別覓永不可得之眞如心體；如是之人，將永遠墮於虛妄想之中，將永遠不能啓發般若智，將使其原有之證悟般若智慧，開始產生邪慧，最後必定否定阿賴耶識心體，以及產生「將一貫整體之佛法加以肢解，令佛法開始支離破碎」之現象。由是緣故，說如是偏斜之智慧爲惡慧。同理，禪門之中亦有惡慧；此謂眞實之正慧者，乃是於參禪之時，已自了知參禪宗旨即是明心與見性。既言明心，則知必定有一眞心，是吾人所應親證者；親證此眞實不壞之金剛心已，方可名爲明心也！既言見性，則知必定有佛性可以眼見；親眼看見佛性分明顯現而無染污時，但覺世界如幻、身心如幻，唯有佛性如是眞實不壞而又無隱無遮；如是眼見佛性者，即是見性也！合此明心與見性二門，即是禪宗行人所應努力進求之目標也！是故禪門行者，必須了知：禪門之宗旨即是明心與見性。】（《入不二門》頁52）

明心與見性的不同，是一切眞正開悟明心的菩薩，在悟後修集了見性所應具備的條件以後，想要證得眼見佛性境界的人所應該努力探究的差異所在。然而尚未明心的人，對於「見性與住心看靜」的意識境界差別應該先予以瞭解，才不會誤會而自以爲見性了。眼見佛性與住心看靜，兩者是不同的；見性的菩薩所見是第八識的本覺之性，而住心看靜時所看見的境界，只是離念靈知所住的六塵境界而已。今舉 平實導師在《大乘無我觀》七十九～八十二頁中的說明，來敘明見性與住心看靜兩者之間的差異：

【某師兄問：（錄音不太清楚，大意如下）我想請問老師：老師說眼見佛性，那眼見佛性跟住心看靜有什麼不同？

蕭老師答：住心看靜和眼見佛性不一樣的，住心看靜就是你的心是有所住的，你在六塵諸法之中清清楚楚分明了然的去觀察六塵萬法，而不起心動念、不起語言文字、保持一念不生；可是眼見佛性是在六塵諸法之中，去看見佛性，不是看六塵境中的萬法，也不是看覺知心自己有沒起語言妄想，兩個不一樣。但是眼見佛性的現量境界很難解釋，不像明心的人互相之間可以用語言說得清楚，這是唯證乃知的。就算是你已經知道佛性的名義，並不見得你就是眼見佛性了，因爲見性必須有功夫；明心不一定要有定力，見性則必須有動態中的定力。你如果定力不夠，你就看不見佛性；你如果看見佛性的時候，以後不再增長你的定力，或不保持定力——定力退失了，你也會漸漸地看不見了。

那這個眼見佛性很難解釋，只有見與見的人，互相能夠討論了知自他互相之間的心意，沒有眼見的人聽不懂，無法了知，聽了一定會誤會的。所以這個不能跟你解釋；因爲解釋了也完全沒有用，完全只是在語言表相上面在說明，而聽了對你一點兒幫助都沒有；講出來的都是我的東西，對你完全沒有利益。因爲我舉出來的已經夠多了，我再講，還是那一些東西：非六入，不離六入；非見聞覺知，不離見聞覺知。你聽了，等於錄音帶再重複放一遍而已，對你終究還是沒有幫助。

這個眼見佛性，你必須要有功夫，還要有福德；有功夫有福德，還要加上有慧力，祖師們也常說要有時節因緣。定力、慧力、福德，三者缺一個，或者三者之中有一件不太具足，你就一定看不見佛性，就算是參出佛性的名義來，也是沒有用的。

師兄又問：（大意爲）老師說眼見佛性，那如果說見了佛性，定力退了就看不見佛性了嗎？

蕭老師答：定力退了就看不見了！但是如果你把定力再修回來，你又可以重新看見。佛性無形無相，但是看得見，所以很奇妙；我們在座有好多位同修跟我一起來，他們是看見的。……有見性的人會這樣說──依我來講、依我們這些有見性的幾個同修來講──他們從我身上看見我的佛性，也可以從我身上看見他自己的佛性；他也可以從牆壁上看見他自己的佛性，所以說：「哪裡沒有佛性？」牆壁上也有佛性可以看見啊！但是看見的佛性卻不是牆壁的佛性，而是他自己的佛性，所以這是很妙的、也是很奇怪的事！什麼無情的牆壁上怎能看見自己的佛性？就是可以看見！如果不是這樣，就不是眼見佛性。

那沒有看見的人，聽人家說牆壁石頭上都可以看見佛性啊，他就以為牆壁石頭眞的有佛性。其實不是，是人家眼見佛性的人，從牆壁上，從石頭上看見自己的佛性，但自己的佛性卻不在牆壁石頭上。所以，從他來講，什麼東西上面都有佛性可見，但不是講那個東西有佛性，也不是講自己的佛性在所見的無情物上面，懂了嗎？所以，說法要很小心，如果你沒有親自的證驗領受，沒有親自觸證，而以自己想像的就去說，有一天，如果有人證道了，

就都會被人家一一拆穿。】（《大乘無我觀》頁76～82）

由以上平實導師的開示，可以更瞭解佛性的眼見，既不是六識的知覺性，更不是住心看靜的離念靈知心境界。也就是說，這種眼見佛性的境界，如果沒有實證，眞的講不出來；譬如末學在剛剛實證的時候，也不太會說明，只知道自己在山河大地、有情無情上面都眞的看見了，但是仍然無法言說佛性的其他深妙內涵。

第二節 求見性者應先尋覓真善知識

在說明過佛性的本質之後，繼續爲求眼見佛性的已明心菩薩們，解釋佛性名義的二種差別。佛性的第一種定義是如來藏具有使人成佛之自性，第二種定義是《大般涅槃經》所說的佛性，是說如來藏的本覺之性，可以被十住滿心菩薩所看見。這個看見佛性，不是只在有情身上看見，也能在無情上面看見自己的佛性，與明心者只能在別人身上看見別人的如來藏自性不同。這第二種定義的佛性，才是十住菩薩所眼見的佛性。假使沒有把這種定義先弄清楚，就會把明心時看見別人身上的如來藏自性，當作是已經眼見佛性，就會自以為是十住菩薩而誤犯大妄語業，不可不慎。

在禪宗公案中，禪師有時說「性」，有時說「佛性」，往往是說眞如的自性——如來藏具有可以使人成佛的自性；這裡所說的見性，仍不是《大般涅槃經》中世尊所說的眼見佛性，兩者不能混為一談。這裡面的差異，自古以來眞正明心而沒有眼見佛性的大禪師們也無法瞭解，得要明心以後又親眼看見佛性的再來菩薩才會知道；但這種菩薩在人間是很少見的，雖然如此，卻還是可以有緣值遇的；但是如果在往世不曾與眞善知識結下善緣，則是很難值遇的；或者遇到了卻無緣獲得指導，乃至指導了也不信受。因此，行者如果不想自己障礙佛菩提道，想要避免誤犯未見言見的大妄語業，應該親隨已經實證的大善知識來修學，才能清楚其中的微細差異，才不會多走許多冤枉路。假使有人覺得自己很行，想要自己弄清楚明心的內容，也想要眼見佛性，而不願親近眞善知識，其實是沒機會的。

有幸的是在末法時代還有眞善知識在世間住持正法，並且還可以讓我們親近及追隨。二十年來，平實導師不眠不休、力挽狂瀾弘傳如來藏正法，爲我們詳細解說二乘菩提的解脫道，也爲大家詳細解說大乘佛菩提道的深妙義理。行者若欲了知三乘菩提的內涵與修證次第，可以先從 平實導師所寫的〈佛菩提二主要道次第概要表〉中，先作概略性的閱讀、思惟與瞭解，就可以概略得知佛法修學的方向、內涵與次第，就會漸漸知道修學大乘佛法時應該如何下手，應該從什麼地方開始。平實導師也在許多書籍中，將佛菩提道的見道是依什麼爲根本，加以詳細證明及解說。行者可以藉由無相念佛的憶佛拜佛功夫來修習動中定力，努力修集證悟如來藏所需具備之福德資糧，並隨著眞善知識的教導熏習第一義諦的知見、乃至熏習如來藏唯識正理。如是諸多條件圓滿具足時，就有因緣一念相應親證如來藏本體；當你一旦親證如來藏心體之後，就能親自體驗 世尊在《心經》中所開示的「不生不滅、不垢不淨、不增不減」等實相中道的眞實法義，不會僅是單憑意識思惟理解而在意識層面去遠離各種的兩邊而說爲中道。

行者如果不以先入爲主的觀念排斥 平實導師的書籍，願意捨棄以前所學的六識論邪見，願意正心誠意來閱讀 平實導師的所有書籍，並且能夠詳細思惟理解而不是斷章取義或誤會其中的法義，今生也許仍有開悟的因緣。因此，千萬不要隨人輕嫌善知識、或者隨意毀謗善知識，因爲不經意的毀謗，往往會斷了今生和善知識的法緣，這是一切想要實證佛菩提的人應該特別注意的地方。如果願意深入研讀而且具有信心，有一天也有可能親自證實《金剛經》所開示「**若見諸相非相，則見如來**」的法界實相正理，那時自然就能發起根本無分別智了。所謂發起根本無分別智，就是因爲親證如來藏眞心而產生了智慧，能夠現觀第八識本有的—不是修來的—眞如法性，也就是證眞如；由於親證眞如，對法界實相就能夠親自現前觀察及理解，因而產生實相般若智慧，這就是唯識學中所說的根本無分別智。

所謂根本無分別智，是說這個智慧只是根本智，也是後得智發起時所依的根本。雖然證得的是無分別的心，卻有智慧能夠廣作法義上的種種分別，是有分別作用的智慧與無分別的心同時存在的。有智慧而能對法界實相境界作種種了知及分別的心，是參禪時的離念靈知心，是參禪時能夠看話頭、參話頭的覺知心；無分別的心是被能參禪的覺知心所證得的第八識如來藏，祂從無始以來就是無分別的心。證得第八識無分別心以後，參禪的覺知心中生起了能夠現觀法界實相的能力，就有妙觀察智，所以就有了法界體性智；而這個法界體性智不是本有的，是開悟明心後才有的，是從證得無分別的第八識心以後才出生的，也是依無分別的第八識心而出生的，所以稱爲根本無分別智。這種智慧也是未來悟後進修各種更深細法界實相智慧的所依，未來更深妙的智慧，都是悟後進修才能獲得的，所以又稱爲後得智；但這個後得智是依剛開悟時所發起對於法界實相了知的基礎智慧而出生的，以剛開悟時的基本智慧作爲根本，依憑根本智而繼續進修以後才能生起的，所以稱爲後得無分別智。如是甚深微妙的智慧，在末法時代的今天，也還是有善知識能夠自己親證而教導大家，這就是正覺同修會的 平實導師。

平實導師不僅能教導弟子們證得根本無分別智，也能教導弟子們進修後得無分別智，教導大眾悟後要轉依如來藏心體的清淨性，改變染污不淨的自己，轉依本來清淨涅槃的如來藏心體，於是就有了實證本來自性清淨涅槃的解脫功德受用，願意轉而依止如來藏識本來無生的體性。平實導師常勉勵弟子們應當修集更廣大的福德，當福德具足以後，又指導有緣人繼續進修更深厚的看話頭功夫；當慧力與福德都圓滿以後，就能藉深入鍛鍊的更深看話頭動中定力，在因緣成熟時得以一念相應清楚分明眼見佛性。因此，開悟明心的方向是與眼見佛性的參究方向完全不同的，若沒有眞善知識的開示與引導，是很難實證的。

一旦眼見佛性後，自然會生起二種功德受用：第一種是身心及世界如幻的現觀，在眼見佛性的當下就親眼看見自己五陰身心和山河世界全都虛幻。接著觀察佛性有沒有辦法消滅？發覺除了入無餘涅槃以外，根本沒辦法消滅佛性；因爲聲聞緣覺無法證悟佛性，所以永遠也看不見佛性，又怎能滅除佛性？只有在進入無餘涅槃以後，他們的佛性才不會繼續現前運作。但菩薩卻是永遠不入無餘涅槃的，所以佛性也是永遠不會中斷、永遠不會消滅的。在不入無餘涅槃的情況下，佛性就無法消滅，不論是悶絕或眠熟以後都是如此，死亡後則會轉入中陰身中，從比量上也會知道同樣可以看得見自己與別人的佛性。在眼見佛性的當下，親眼所見的佛性，不論是自己的或別人的，都是那樣眞實而不可壞，盡未來際都會眞實存在而不斷運作；從眼見佛性的眞實，相較之下，山河大地、五陰身心全都變成假有，而且都是生滅不住、虛幻不實之法，這就是眞正的如幻觀；是眼見佛性的當下的直接領受，眼裡所見的五陰身心與山河世界全都虛幻不實。由以上所說，可以知道不論是否已經明心開悟，凡是想要眼見佛性成功的人，都應該選擇眞正的大善知識，並且緊緊跟隨修學，才有可能快速成就佛菩提道的見道及眼見佛性。

凡是自認爲已經開悟而有心護持 世尊正法的菩薩，對佛性的二種定義都必須弄清楚，以免因爲不知而誤會善知識所說的法，以爲前後不同，因而加以毀謗，難免會成爲嚴重的破法者，遮障自己的道業。由於誤會善知識的說法而想要加以糾正，護法的結果反而會成爲嚴重破法。所以經教中或禪宗祖師語錄中說的佛性二字，確實有二種不同的意義，修學大乘佛法的人都必須設法區分清楚；在參禪以及尋求眼見佛性的過程中，才不會盲修瞎練而白白浪費一生寶貴的生命與錢財，也才有開悟見道及眼見佛性的因緣。眞正用心弄清楚的人，就不會由於誤會而對善知識心生不服，不會因爲慢心及愚癡而造下謗勝妙法、毀謗大善知識的惡業以後，還自以爲正在護持正法、破邪顯正。

在一般經典或論典中說的「佛性」二字，大多是說第八識心本具的成佛之性；也就是爲佛弟子們說明，眾生都有第八識如來藏，這個如來藏心不但含藏著能使眾生輪轉三界生死的無明種與業種，也含藏一切無漏有爲法的功德與解脫功德，可以使眾生藉祂的清淨自性及眞如法性，次第進修以後成就佛道；這是所有親證第八識如來藏的祖師們都能觀察到的，所以就將這種能令眾生成佛的體性稱爲佛性。當祖師們看見如來藏這種具有使人成佛的自性時，就說是見性了，這個見性是指「開悟明心」，不是《大般涅槃經》中世尊說的「眼見佛性」。明心以後如果能夠安忍不退，一定會看見第八阿賴耶識具足這種能令眾生成佛的自性，所以有些經典中或已明心祖師的語錄中，也常出現這種親見成佛之性而稱爲見性的開示。但這都不是第二種見性的眞義，不是《大般涅槃經》佛所說的眼見佛性所說的佛性意涵。這裡面的差別，如果不是眞正明心又眞正眼見佛性的善知識，是無法瞭解及指導別人的，所以想要具足這二關證量的人，都應先尋找眞善知識，追隨學法。

第二章　明心與見性的差異

第一節　明心與見性的差異

游正光老師說：【眼見佛性中所說的佛性，是專指第八識自身的局部功能，也就是唯識種智中所說的「不可知之了」。若能眼見佛性，方能以肉眼親見這種第八識專屬的不可知之了；這種境界相的親證，與明心時眼見如來藏的運作，是截然不同的。若是只有明心而不曾眼見佛性的人，聽了眼見佛性者對這種境界相的述說時，永遠都會認爲是與自己明心所看見的如來藏運作的自性一樣，永遠都會認爲自己已是眼見佛性的人。但是，自己是不是已經眞正眼見佛性了？可以由這個說明中來作自我的判斷：眞正見性者，可以從一切無情物上，譬如牆壁、山河大地、石頭、樹木上面看見自己的佛性，然而實際上自己的佛性卻不在那些無情物上面。可以從一切有情身上看見他們的佛性，也可以從他們身上看見自己的佛性。如果不能如是，那就是以明心的看見如來藏運作的體性而誤認爲即是眼見佛性。這種肉眼親見佛性的境界相，並非只有平實導師一人親證，正覺同修會中，現有十餘人都能如是親證、如是親見，所以並非平實導師的專利境界，而是可以經由平實導師的教導，以及自己的依教奉行、努力如實的修行，而在平實導師的指撥之間就可以親見的；這就是《大般涅槃經》中佛所說的以父母所生的肉眼親見佛性，名爲眼見佛性。與明心者的看見如來藏的體性完全不同。】（《眼見佛性》頁216、217）

關於游正光老師所引述的「不可知之了」，其實就是如來藏的本覺之性；既然稱爲本覺，表示有覺了的功能；但這種「不可知之了」是不在六塵中了別的功能，不是六識心對六塵的了別。若是六識對六塵的了別，這是一般學佛人久學以後就能夠觀察出來的，不需等到眼見佛性時才了知，屬於凡夫學佛人「可知之了」。如來藏的本覺之性所了別的都是六塵以外的法，但與六識在六塵中的了別性同時同處存在，卻是所有凡夫位的學佛人以及二乘聖人所不知道的了別功能；眞正開悟明心的菩薩們雖然能聽懂善知識對「不可知之了」的開示，卻仍然無法親眼看得見，所以有一部分仍然是「不可知之了」。

十住菩薩親眼看見了這個「不可知之了」，親見山河大地及虛空中都有自己的佛性，但自己的佛性卻不在山河大地及虛空中，才終於知道在六識、六根、六塵中都有自己的佛性，卻不是指第八識具有的能使人成佛的自性；這個「不可知之了」就是如來藏的本覺之性，就是十住菩薩眼見佛性時所看見的佛性。想要解釋與說明這個道理，是非常困難的，不是剛剛眼見佛性的菩薩能夠解釋及說明清楚的，得要在見性的境界中，經過長時間來思惟應該如何向人解說時，才能說明出這麼一點點道理來；何況是尚未看見佛性的人，如何能夠一聽就懂呢？因此，想求親眼看見佛性的菩薩們，都應該依止眞善知識修學，才有希望看見佛性。

在這裡，末學只能依目前所知，加上 平實導師以及已經見性的老師們所曾經開示過的道理，綜合之後匯整爲大家說明明心與見性在各方面的差異：

一、明心所需之定力只要會看話頭、會思惟觀即可，見性卻必須看話頭到特定的層次才能看到。這意思是說，明心參禪時所需要的定力不必很深厚，證悟第八識如來藏與定力之間並沒有直接的關聯；明心需要鍛鍊定力的原因，是要把覺知心鍛鍊得細膩一些，才不會粗心大意，才能找得到眞心如來藏。悟前所修的定力在悟後即使全部退失了，也不會看不到如來藏的所在，所以開悟而找到眞心如來藏，與定力之間並沒有直接的關係，因此不必擁有很深厚的定力。可是眼見佛性的人，所修的定力如果沒有到達一定的層次，當他參出佛性的內涵時，就會看不見佛性而成爲解悟佛性的人，大多不能滿足十住心，所以開悟明心與眼見佛性在修證上確實有定力深淺的差別。

二、明心與見性所需要的慧力不同。明心時需要的是思惟觀的功夫及深入觀察的智慧，眼見佛性時需要的是某一種特定的差別智——不許爲人明說。眼見佛性所需要的慧力，除了參究佛性名義的慧力是屬於佛法的慧力以外，見性時以及見性後繼續保持見性境界的慧力，是在世間法上利樂眾生的過程中去發起的一種慧力；由這種不可以直接爲人明說的慧力，配合動中定力——深入看話頭的動中定的定力，當一個參究佛性的人，到了大福德具足時，才能在參出佛性的內涵時可以當下眼見佛性。由於見性所需要的慧力，與明心所需要的慧力大不相同，由此證明見性所需要的慧力遠超過明心時所需要的慧力，這也能證實明心與見性是不同的。

三、明心後的智慧不會因爲定力退失而失去，依舊了知所悟到的如來藏在何處，依舊可以清楚觀察如來藏的體性與運作，因此明心後不會因爲定力退失而找不到如來藏。明心者所謂的退轉，是因爲慧力不夠及福德不足，或者因爲性障、慢心而不肯接受善知識的攝受，心生懷疑而無法承擔所悟得的心確實是如來藏；或者希求意識神異境界而不能安忍於無境界的如來藏心，就開始疑心生暗鬼，懷疑所悟的心不是眞的如來藏心，就會因此而自我否定，產生退轉的現象。有許多人在退轉之後，轉而退回到離念靈知之中，如是退轉卻往往自以爲是道業增上，智慧開始下降了卻自以爲智慧上升呢！但這些人雖然退轉了，卻還是知道以前善知識幫他開悟的如來藏妙心在什麼處，都還能清楚的觀察出來，由此證明他的退轉其實與定力的是否退失並無直接關聯。只要有一天，他依照經中 世尊開示的法義思惟清楚了，把經中的法義與所找到的如來藏一一比對之後，願意重新承擔起來，認定以前善知識幫他找到的就是如來藏心，他的般若智慧就會漸漸回復，並且越來越深妙，如是現象卻是與動中修來的定力是否退失無關。

但眼見佛性的人，若是沒有繼續保持動中修來的定力，見性後都不再禮佛修無相念佛的功夫，當他有一天失去動中定，就看不見佛性了，不論他怎麼瞪起眼睛也看不見。這時他還是知道佛性的內涵，卻是看不見的，與明心後退轉者完全不同；而他並沒有懷疑以前參出來的佛性的內涵，也沒有懷疑那是不是佛性。這時如果想要重新看見佛性，只要重新再每天禮佛作無相念佛的功夫，當他把見性所需的動中定重新修回來時，才能重新再看見佛性。這就可以證實眼見佛性時所見的佛性，會因爲定力的退失而看不見；但明心者在定力退失後，並不會看不見自己或他人的如來藏，由此證實明心與見性是不同的。

四、明心需要很大的福德莊嚴，見性所需福德則十百倍於明心所需的福德莊嚴。不論是開悟明心或者眼見佛性，都屬於菩薩所修的佛菩提道；凡是佛菩提道的見道，都需要很大的福德作爲見道的資糧。因爲這樣的緣故，有的人辛苦參禪一生，終究無法悟入，抱憾而終；有的人則因爲過去世及今生都沒有與眞善知識結過善緣，或者今生雖與善知識相逢，卻因爲過去世曾與善知識結過惡緣，使善知識一見之下就流注出惡劣感覺的種子出來，因此就無法獲得善知識的指導；或者善知識雖然願意指導，卻是以很平淡、很難悟入的機鋒來指導，如此一來就不可能有開悟的因緣了。這種明心所需要的福德，需要很努力修集才能獲得，若是往世以來所修集的福德不夠多，資糧有所欠缺時，這一世在護持正法上面如果能夠努力用心去做，也可以彌補過去生福德不足之缺憾，而使見道因緣早日成熟。

如果和眼見佛性所需要的福德來比較的話，明心所需的福德相對就少多了。因爲眼見佛性的位階是三賢位中的第十住，而明心不退的人在三賢位中只是第七住位，雖然只相差三個位階而已，卻需要再修行一大阿僧祇劫的十分之一呢！對一般菩薩而言，那是要明心以後再繼續修行很多劫才能達到的證量，由此可以證明二者所需要的福德是差很多的。再從 平實導師度眾的經驗來看，也證明這是無庸置疑的事實。有很多人很努力修行，定力、慧力都非常好，這一世也很努力修集福德，可是在參究佛性這一關被引導出來而知道佛性的內涵以後，卻仍然看不見佛性；從定力與慧力都很好的事實上，來推究他們看不見的原因，當然就只剩下一種原因了，就是福德仍然不足。也就是說，這一世雖然很努力，但是因爲往世學佛以來的時間還不夠久，修集的福德還不夠多，所以這一世還沒有眼見佛性的因緣。由此也可以證實明心與見性是不一樣的。

五、明心者不能在無情上面看見自己的如來藏，也不能在他人身上看見自己的如來藏；但眼見佛性的人，卻可以在無情上面看見自己的佛性，也能在其他有情的身上看見有情的佛性，也可以從其他有情身上看見自己的佛性，這是非常明顯的差異性。

又譬如有情睡著以後，他的知覺性消失了，而他的如來藏仍然繼續存在而不中斷，沒有一絲一毫的遮隱；所有開悟明心的人都可以看見眠熟者的如來藏存在，不曾離去，卻無法從眠熟者身上看見自己的如來藏；但是眼見佛性的人，仍然可以從眠熟者身上看見眠熟者佛性繼續存在，也能從眠熟者身上看見自己的佛性，這也很清楚證實明心與見性的差異處。

不可以說見性者所看見眠熟者身上的佛性是知覺性，因為眠熟者的知覺性已經不存在了，才能稱為眠熟；而六識的自性並非佛性，因為六識的識性—見聞知覺性—仍然是在如來藏的妙眞如性佛性所含攝的範圍中，不能外於佛性；但也不等於佛性全部，所以某人眠熟後，他的六識對六塵的分別功能不存在時，十住菩薩仍然可以分明看見那個眠熟者的佛性繼續分明現前；顯然可見那個人的佛性並沒有隨著六識知覺心的中斷而消失，已中斷的只是六識心對六塵的分別功能；因爲六識心離念靈知已經斷滅了，而佛性仍然繼續存在著。

而且明心者可以看見眠熟者如來藏繼續存在，但看不見眠熟者的佛性；眼見佛性的人卻可以看見眠熟者的如來藏，也同樣看得見眠熟者的佛性，是同時看見眠熟者的如來藏與佛性兩種；並且還可以從眠熟者身上看見自己的佛性，如同在山河大地及無情上面看見自己的佛性一樣，是明心者看不到的，從這裡也證實明心與見性是不同的。

六、明心者沒有世界如幻觀，見性者在眼見佛性當下成就世界如幻觀。明心者的如幻觀，是憑智慧思惟比對，由如來藏心無法被毀壞的金剛性，了知如來藏的常住不壞性，然後比對出世界終究會毀壞的事實，心中了知世界是不實如幻的，純粹是由明心開悟實相的智慧來比對出來的。但是眼見佛性者卻是從佛性的眞實與具體可見，而在眼見佛性的眼見之下就看見世界的虛幻不實；這是因爲佛性的眞實而當下就看見世界虛幻，全都是猶如幻化出來的一般。這種世界如幻的現觀，不是經由智慧上的思惟比對才產生，而是在見性的當下不必經由智慧來觀察，就伴隨著所見的佛性而同時存在的。由此證實明心與見性是完全不同的。

七、明心者是找到第八識及現觀第八識的功能，但看不見第八識的本覺，只知道其本覺確實存在，而在六塵中離見聞覺知；這是由如來藏的功能來推論出如來藏必定有本覺之性，因爲如來藏確實會配合七轉識而運作，既能配合，表示如來藏確實有了知七識心意願的了知性，可是卻無法以眼睛看見如來藏的這種本覺之性，更不可能在山河大地上面看見自己如來藏的本覺之性。但是見性者不但了知明心者所了知的，還可以在無情上面看見自己第八識的本覺之性，也可以從他人身上看見自己如來藏的本覺之性，並且還可以從他人身上看見他人如來藏的本覺之性。細心觀察以後，也看見第八識的本覺性都不離見聞覺知，除非眠熟時六識心的見聞覺知消失了；這證明見聞覺知是與佛性同時同處而存在，是可以被眼見的；但是明心者卻只能知道而無法眼見，證實明心與見性是不同的。

八、明心者悟後只有實相般若智慧，是無境界、無所得法；眼見佛性者卻可以在山河大地及有情身上看見佛性，雖然也是無所得法，卻是有佛性的境界可以看見。因此剛見性者會覺得佛性很稀奇，才會在所見的一切事物上都加以觀察，包括聲塵、香塵乃至法塵中，都會特別加以觀察，證實佛性是無處不在的，是遍於十八界的；然而明心者對於如來藏遍十八界的觀察，有一些卻是從智慧的推論來證實的；因爲十八界全都是從如來藏中出生的，又不能離開如來藏存在，當然是與如來藏互緣而不分離的，當然如來藏遍十八界；但這個推論的結果，眼見佛性的人卻可以從親眼所見當中，證實十八界的每一界都同時有佛性存在，可以藉眼睛看得出來。由這個能從眼睛看得見，以及明心者只憑智慧推斷而不能藉眼睛看得見，也能證實明心與眼見佛性的不同。

九、明心者不知道佛性即是第八識如來藏的見分，眼見佛性分明的人深入觀察思惟以後，能知佛性是第八識的見分。明心者自己無法觀察出佛性是如來藏的見分，因爲他還不知道佛性的內涵是什麼；而眼見佛性的人在見性後經過一段時間的觀察，然後加以思惟整理以後，可以了知佛性其實就是如來藏的見分，因爲佛性就是如來藏的本覺之性，能了知眾生的心行；而眾生的見聞覺知等六識自性，其實全都是由如來藏的佛性運作的緣故，才能出生及存在。這是很深妙的法性，見性者也不一定能知道。但 平實導師在《楞嚴經講記》中，已經把 世尊開示的如來藏妙眞如性加以詳細的闡述，眼見佛性的人因此就能更深入了知，佛性就是如來藏的見分。由此也證實開悟明心與眼見佛性的差異很大。

十、第十住位的菩薩雖然眼見佛性了，但是還沒有能力與眾生心直接感應，這就是未入地菩薩所見的佛性；但已入地菩薩所見的佛性，可以開始多分或少分與眾生心感應。由能否與眾生心互相感應的事，也證實明心與見性是不同的。

以上所說的道理，散見於 平實導師的諸多著作中。譬如 平實導師在《鈍鳥與靈龜》中，就有如下之開示：

【復次，明心與見性二關，迥然大異；明心者，找到如來藏眞實心，現觀如來藏之常住性、無生性、涅槃性、眞如性、中道性、離言性、離覺觀性，此名明心。然而明心之人，不能於山河大地上面看見自己的如來藏，不能於他人身上看見自己的如來藏；眼見佛性者，則悉能於山河大地上眼見自己之佛性。又觀我會中十餘人，亦能在平實教導之下，如平實一般，在山河大地上、在有情身上看見自己的佛性，並非明心親證如來藏者所能眼見，因爲並不是在山河大地上面看見自己的如來藏；是故，明心不同於眼見佛性，是故方有我會中學員於明心時撰寫見道報告後，再於後來眼見佛性之時，又復寫作眼見佛性之報告以呈。由當代明心之後又復眼見佛性之事實，證明眼見佛性之異於明心者，二關之差異極大矣！

復次，明心者，悟後不論是否信受所悟之如來藏，乃至退失信心而否定所悟之如來藏以後，名之爲退失者，然而彼所親證之如來藏都不會消失不見；但眼見佛性者即不然，不論其信或不信，乃至完全具足信心者，當他的定力退失時，其所眼見的佛性，即無法眼見分明而漸漸消失不見。但若再度補修定力之後，則於定力回復之時，其眼見佛性之境界及受用，隨即又回復如初。換句話說：明心後所證之如來藏證境永遠不會消失，與定力之退失與否無關；但眼見佛性之親證者，一旦定力退失時，則一定會失去眼見佛性的境界，僅餘者爲仍然了知佛性之名義爾。由此可以證實明心與見性，是截然不同的二種證境，不可混爲一譚。

復次，若人強言明心即是眼見佛性者，則有過失，與事實不符：眼見佛性者，能於他人親見他人之佛性，但也能於他人身上親見自己之佛性。明心者則唯能於他人身上親見他人之如來藏，不能於他人身上親見自己之如來藏；若明心即是見性者，則明心之人應都能於他人身上親見自己之如來藏；然而事實不然，是故明心不即是見性，大異於眼見佛性。至於其他更深細之差別，牽涉到未入地菩薩隨順佛性異於已入地菩薩隨順佛性之密意，事涉種智，不宜於書中明言，暫且略之。是故，明心與見性二關是截然不同的，而未入地菩薩的隨順佛性與已入地菩薩的隨順佛性，也是截然不同的；眼見佛性爲何又異於明心而能夠在山河大地上親見之？親見佛性遍滿山河大地、虛空之中，卻又爲何不在山河大地、虛空之中？這其中的道理，都不是天童宏智未見之人所能得知者，更不是今時連明心證境都不懂的凡夫與阿羅漢、辟支佛所能知之。所以未入地的十住菩薩眼見佛性境界，大異於七住菩薩的明心，更異於凡夫所隨順的六識見聞知覺性；此一境界已非眞正明心之人所能知之，更非凡夫與二乘愚癡聖人所能知之。】（《鈍鳥與靈龜》頁289～291）

十一、見道的人都有見地，與聽聞、熏習及思惟所得的知見不同；明心者的見地智慧不會退失，只有自我否定而使智慧開始產生偏差，所以名爲退失；但否定之後所知之如來藏心仍然存在不失，仍舊知道如來藏的所在，不因自我否定而不知其所在或不知其如何運作。但見性則不然，純依定力之退與不退，令其見性境界隨之退或不退。從明心與眼見佛性所需要的功夫不同，也可以證實明心與眼見佛性不同。比如有人專門修練靜中相應的定力，當他的覺知心夠細膩而且知見正確及具足時，就可以明心開悟了；可是眼見佛性者需要事先鍛鍊的定力，則必須是動中修來的功夫，否則是看不見佛性的。也就是說，求證眼見佛性境界的學人，如果沒有特定的動中定力（看話頭的動中定力），就算他很聰明伶俐，能參出佛性的密意內涵，也不能眼見；即使他有很深厚的未到地定功夫，在法座上參究出來時，還勉強可以看得見佛性；但才剛下座不久，由於他的定力不是動中修得的定力，下座以後開始不與定力相應了，佛性就模模糊糊乃至看不見了。但是靜中修得定力的人，明心以後的見地智慧卻是完全不受影響的。由明心與眼見佛性所需要的定力不同，也可以證實明心與眼見佛性之不同。這種眼見佛性所需要的定力，就是看話頭的功夫，屬於楞嚴定中的一種，可以由無相念佛的功夫作爲方便入手而鍛鍊成功；若沒有這種看話頭的功夫，縱然參出佛性的內涵時，也只能以六根體會感覺佛性，仍然是無法眼見的。

第二節　平實導師對明心與見性差異的開示

上一節中的說法，也可以在 平實導師的書中證實：【已經眼見分明之人，得大受用；一見之後，則隨時隨地皆可見之；若不欲見時，亦可唯見外色塵，不見佛性；若欲見時，但起作意，立即可見，不必再作任何加行。又眼見佛性時，餘五根亦皆同時可見；故余諸書中云：「一根若見，六根俱見。」

然此見性之人，若不保持定力，從此放逸散心，則必因定力之漸漸散失而漸漸不見佛性；雖其見性之證悟仍在，終不能再眼見佛性——心不退於見性之證悟與見地，而不能眼見之。見性一法，心不欲退，然因定力之退失，必定導致其見性境界退失——不能再眼見佛性。明心之人若因緣不具足（善根慧力不足，遇惡知識否定），便轉認意識爲如來藏，認爲如此方是眞正之證悟宗通，而不承認自己退失於明心宗通；然若福慧因緣具足，則永不退失；非如見性之不欲退失，而必隨定力之退失而失其眼見佛性之境界。】（《宗通

與說通》頁263）

若是明心親證實相以後，想要進一步求眼見佛性，對於明心與見性的異同，對於佛性與見聞覺知的異同，當然應該分別清楚才好。平實導師在《入不二門》書中曾有這樣的開示：【一般大小善知識與諸學人，皆未將眞實心與佛性分清楚，含糊籠統。不明眞實心而求見佛性者，每墮覺知心之感覺中，每墮覺知心之見聞知覺性中，只是感受妄心之覺知性爾，不能眼見眞實佛性之存在，便將明心認作一念不生之覺知心，便將見性當作見聞覺知性之感覺，與眼見佛性者迥異，只成個凡夫隨順佛性爾，有何眼見佛性可言耶？如是見聞知覺性，乃是生滅法，身死即滅，眠熟悶絕時即無，正死位及二種無心定中皆斷滅，求得何用？復又是眾生不斷煩惱之凡夫位中必有，而且是不修佛法時便有之，乃是我見之內涵所攝者，何須求之？

眞實佛性即不然，乃至眾生悶絕、不醒人事之時，眼見佛性之菩薩，亦能分明親見彼悶絕者之佛性分明現前，故說見聞知覺性乃是凡夫所隨順之佛性，不是十住菩薩所眼見之佛性也。如是見性者，方是《大般涅槃經》所說之十住菩薩眼見眾生所有佛性也！亦即是《圓覺經》所云之「未入地菩薩隨

順佛性」也！是故明心與見性二關，有其迥異之處，不可同日而語，不可等視而觀。】（《入不二門》頁133、134）

平實導師又說：【亦有明心之人，悟後便生大我慢，不信余所說理，心中如是認定：自己親見如來藏現行運作之體性時即是見性。不知如是之見性者，乃是《六祖壇經》所說親見眾生成佛之體性而已，而非經中所說十住菩薩眼見佛性之境界與正理也！由於不信余所說眼見佛性之境界與正理故，便主張道：「明心即是見性，見性即是明心，二者並無不同，所以明心以後不必再求見性。」如是之人，名爲淺機新學菩薩，尚未於眞善知識具有完全之正信，此世終將無緣眼見佛性，唯有繼續堅持「明見如來藏現行運作之體性即是見性」之邪知邪見，終將繼續堅持「親見成佛之性時即是見性」之邪見，難有眼見佛性之因緣也！

明心云何異於眼見佛性？謂明心之後復又眼見佛性者，可以現觀悶絕、眠熟位之眾生，其眞如心體阿賴耶識繼續不斷運作時，亦有佛性同時存在現行，非唯得見悶絕、眠熟者之眞如心體存在運行；乃是如來藏存在運行之時，別有佛性同時現行運作，可由明心及眼見佛性者所現觀，如來藏與佛性同時並行運作不輟，而非唯有如來藏現行運作；此一境界，非諸明心者所能現觀與了知，必須明心之後加以眼見佛性之人，方能現觀與了知也；由是故說明心者只是親見眾生之如來藏具有成佛之性，只是明心之境界，與眼見佛性之境界迥然大異，不可妄謂明心即是見性，不可妄謂無此二關也！】（《入不二門》頁 134、135）

末學於此特別向想要求見佛性的學佛人呼籲：在求眼見佛性之前，應該先求開悟明心；求開悟明心之前，應該先瞭解禪宗祖師所悟的眞心是什麼心？然後才求開悟明心，明心以後才能求見佛性。如果還不能明白眞實心，就想要看見佛性，難逾登天。因爲佛性是第八識如來藏的本覺之性，假使否定了如來藏，卻想要看見如來藏的本覺之性，那將永遠沒有眼見佛性之時。見性前想要明心的人，必須先明白禪宗祖師所悟的眞心是什麼；這個問題不難解決，因爲 平實導師在《鈍鳥與靈龜》書中，已經爲我們作了諸多開示：以看話禪著名而法脈綿延不斷的 大慧宗杲禪師，以及與 大慧宗杲齊名一時的默照禪天童宏智正覺禪師，同樣都是悟得第八識如來藏，都是以如來藏作爲所悟之標的。而他們二人的不同師父，也都同樣是因爲證得如來藏而開悟，也都同樣爲他們這樣子印證；所以想要看見佛性的人，應該先求明心；想要明心的人，應該先求證第八識如來藏；想要求證如來藏的人，應該先深入理解第八識如來藏的各種法義，然後鍛鍊看話頭的功夫，如此一來，參禪時才容易找到如來藏而證悟實相。

再引述 平實導師對明心與見性兩者的差異所作的開示，使行者更加瞭解，以作爲這一節之總結說，見性時獲得的如幻觀，是比明心所得的無我觀更徹底的：【然後他再從這個如來藏來觀察我們這個世界：當我們跟人家祝壽時都說：「祝您老：壽比南山。」可是南山，這一個大劫過去時，南山也壞掉了，這個世界也壞掉了，可是我的自心眞如還在——永遠不壞；所以他從眞如的永遠不壞，來看這個世界，也是猶如幻化。這個無我觀的境界，必須要證得眞如，才能有這種覺受出現，這是七住菩薩的無我觀。

但是七住菩薩的無我觀，是以如來藏自體的對照，而經由觀行來的；如果你進修到九住圓滿，再修眼見佛性的法，因緣具足時忽然親眼讓你看見佛性，那又整個不同了，那個解脫的覺受又更強烈，如幻的這種覺受也變得更強烈。這個十住位的如幻觀，不是由觀行而得來的，而是恆常處於世界如幻的境界中，現前觀見唯有眞如與佛性是眞實法，世界與身心都是猶如夢幻一般的不實在。這不是由次第觀行而得到的境界，而是見性時便在剎那間住入這種境界中，由肉眼看見世界與身心（七識心）的如幻不實。如幻觀成就了，才算是滿足十住位的無我觀的修行。】（《大乘無我觀》頁26～27）

第三節 眞如與佛性的異同

眞如與佛性究竟有什麼差異呢？又有什麼相同之處呢？我們援引 平實導師書中現成的說法，行者讀後加以思惟就會明白。

【有師姊問：（大約是問：眞如與佛性有何不同？）

蕭老師答：眞如與佛性，因地叫作如來藏與佛性，祂們是非一非異的，關於這個問題，在我的《正法眼藏》書裡面有說明。另外還有人提出質疑，不相信，他認爲眞如就是佛性，是一，所以寫了信來質問，那我們答覆的時候也出了一本書，叫《平實書箋》。這本《平實書箋》的書皮是深藍色的，等一下散會時，諸位請儘量走那邊下去，那邊有書，你們儘量要搬走，我們省得再帶回去啦！那麼眞如與佛性非一非異的道理，在那本《平實書箋》裡面說了很多，最主要的一點可以證明不是同一個，也不能說祂不是同一個：佛性在你正死位的時候，正死位祂不現前；你入無餘依涅槃的時候，祂也不現前；可是其他的時候祂現前。好！既然入無餘依涅槃……的那些時候佛性不現前，可是無餘涅槃當中又有如來藏啊！如來藏還在，可是佛性不在啊！那妳想，這樣佛性和如來藏是不是同一個？

打一個比方：太陽現在照進來，太陽光跟太陽是不是同一個？對不對？比方說一盞燈：燈點亮了以後，燈發出來的光，跟燈是不是同一個？你不能說它不是同一個啊！因爲光就是由燈所照射出來的啊！可是你也不能說它是同一個啊！因爲你把它開關一扭，燈還在，光沒啦！所以光與燈非一非異，不是同一個，也非不是同一個，所以不能單方面的主張是「一」。那麼這個道理我們在《平實書箋》裡面解說了很多，請諸位回去的時候不要客氣，每一種書都把它拿一本回去。不要說拿兩本三本不好意思，不會！我們印出來就是要送給大家的；既然今天結了這個法緣，那你就好好把它帶回去啊！

那些書籍裡所說的法，都是諸位在市面上沒見過的，你走遍了全球也見不到這種書的。

因爲前面所比喻的道理，因此說眞如與佛性並不是同一個，也不能說祂不是同一個。這個道理很難體會，只能用光與燈來作一個比喻，讓妳比較瞭解；但是妳眞正的證驗祂、瞭解祂，如實現觀，還是要在妳破參明心，再加上眼見佛性以後，妳才會眞的瞭解（作者補註：這是從十住菩薩的眼見佛性的層次來作說明。但是還有凡夫位的隨順佛性，已入地菩薩的隨順佛性，諸佛的隨順佛性，層次與內涵就有所不同。此處暫時不作分解，略而不述）。】（《大乘無我觀》頁111～113）

以上文字中說的眞如是指第八識如來藏，佛性是指如來藏的了別作用。其中說的「佛性在你正死位的時候，正死位祂不現前」，這是對尚未見性的凡夫菩薩而說，也是對十住菩薩剛見性時所見亡者的境界而作的方便說，因此在文末特地指出來：「但是還有凡夫位的隨順佛性，已入地菩薩的隨順佛性，諸佛的隨順佛性，層次與內涵就有所不同。此處暫時不作分解，略而不述。」其實，末學在眼見佛性以後，想要看一看亡者的佛性，曾經特地去爲亡者助唸及觀察。當人間有情進入正死位時（第八識阿賴耶識開始捨離色身時），佛性還是繼續在運作的，才能使死亡的有情捨離色身而開始出生中陰身；只是在他死亡的過程中，眼見佛性的菩薩已經看不見亡者的佛性了，因此方便說亡者的佛性在正死位的時候不現前，其實還是在繼續運作不斷的。後來自己再繼續思惟及觀察，知道佛性如果眞的永滅而不現前，則只有在無餘涅槃位，其餘時間佛性都還是繼續運作而不會中斷的。

此外，已明心而已經具足見性條件的人，當他開始參究佛性時，還特別要注意的知見是：證眞如不等於眼見佛性。此處所說的證眞如，意思是與禪宗祖師所說的明心一樣，不是指唯識學中說的證眞如，因爲唯識學中說的證眞如，是證得如來藏而能夠觀察如來藏的眞如法性。因此，明心後參究佛性時，應該先知道如來藏（眞如）與佛性非一亦非異的道理，才不會被錯悟者誤導而向虛空去尋找佛性，也不會誤把明心當成見性。例如 平實導師在《平實書箋》中曾云：

【「眞如與佛性非一非異，明心非即見性。」所以者何？眞如佛性若一，則無餘涅槃位之佛性滅而不現時，眞如亦應成斷滅，二者是一故；則佛性滅後應不復起，便無來生，即成斷見；謂汝義：「佛性非由眞如生故，佛性即是眞如故；佛性滅時，無有眞如獨存故，故佛性滅時眞如亦成斷滅故。」若眞如此，亦應解脱聖者入無餘界時，與諸斷見外道無異；據此而觀，君乃佛門中之斷見外道。

雖不可謂眞如佛性是一，亦不可謂眞如佛性是二；眞如佛性若異，則佛性應可離眞如而獨存，亦應可離眞如而起佛性用。則無餘涅槃位中，不唯眞如斷除見聞覺知而獨存，亦應仍有佛性現前運作，則不得名爲無餘涅槃；若狡辯此時即是涅槃，則同外道五現見涅槃，非佛法所説無餘涅槃。眞如佛性若異，則君理應可由眞如隨身住於家中，配合五蘊書寫化名函責我，而汝佛性可以同時來至正覺講堂覓我身口意諸過，則君理應是二有情，非一有情。輾轉生諸過故，不應言眞如佛性是二。體不離用，用不離體故，不得謂眞如佛性是異。佛性由眞如生故，以是故言眞如與佛性非一非異。

譬如燈之與光非一非異；若言光即是燈，燈即是光，二者是一，則應人受燈光照時，名爲觸燈；觸光即是觸燈，光燈是一故；然實觸光而不觸燈。亦應燈之能源斷而無光時，名爲燈滅不存；光滅時，燈亦應滅故，光燈是一故；而燈實不滅，唯光不現爾，是故光燈非一。

若光燈是一，汝買燈時，店家應隨燈而附不滅之光；然店家不售光，唯售燈與汝；雖拔去插頭或電池後無光，汝亦不得因此退貨。猶如君之不信眞如佛性非一非異，堅執光即是燈，要求店家拔去插頭後之燈仍應有光，店家必笑汝愚癡無智，無人願售彼燈與汝；眞如佛性亦復如是，非即是一；若汝欲求佛性恒時現前作用之無餘依涅槃位眞如，法界之中實無此種眞如，亦無此種無餘涅槃；若有者，名爲外道五現見涅槃——生死流轉之常見外道法也。

以燈光不得離燈獨存故，無燈即無光，故光與燈非異；燈光必須藉燈與電方能發光，若燈不存，或電源斷時，光即不現。佛性亦復如是，以眞如（如來藏）爲體，藉一念無明四住地煩惱及所知障爲緣，而有有根身、命根、五勝義根、五扶塵根、意根、前六識、八識心王之五遍行、前六識之別境五、煩惱……等，而有受想行覺，佛性於中現前運作，亦復不離如來藏所現內外相分，若缺其一，佛性即不於人間現前。而此諸法皆由八識心王所生故，七轉識復由如來藏眞如生故，命根及諸法亦由眞如生故，則佛性云何離於眞如獨存？是故佛告迦葉：「實有殺生，何以故？善男子！衆生佛性住五陰中，若壞五陰，名曰殺生。」然五陰不得離眞如而生，譬如燈光不得離燈獨存，佛性亦復不得離於眞如而獨存，故不可謂眞如與佛性是異、是二。】（《平實書箋》頁30～32）

平實導師這些開示，是教導大家正確的佛性知見：從第八識心體流注出六塵外的了別功能、覺知的功能，這種本覺、眞覺的功能就是佛性；但這種本覺的功能不在六塵中知覺，而是對六塵外的一切法加以知覺。也因爲有這種本來就具有的六塵外的知覺，才會有意根的持續不斷，才會有色身的出生，才會有六塵與六識的出生，六根與六識的功能才能維持與繼續，這樣就顯示都是因爲佛性在運作，才能使有情可以生存及活動，否則七轉識就不能運作了。平實導師在《楞嚴經講記》中，對這個道理有更深一層的開示；眼見佛性的人讀了以後，將比明心而未見性、或解悟佛性的人，有更深刻的理解與體會。

平實導師的意思是說：佛性是如來藏的妙眞如性，所以妙眞如性（佛性）是從如來藏心體中生出來的；由於有如來藏的妙眞如性，所以如來藏有眾生所不知道，連二乘聖人也不知道的「不可知之了」，就是佛性的本覺作用；

這個本覺作用，明心的人可以推斷及觀察祂的存在，但是看不見；十住菩薩雖然看見了，也無法運用祂，只能看見祂存在，是由祂自己在運作的。眼見佛性的菩薩們可以藉比量來推知，由這個本覺在作用，如來藏可以了知十八界諸法的一切所需，了知因果的報應是應該在什麼時候報應出來，了知有情生存時所需配合的各種情況而給予支援，有情才能生存及生活。菩薩們就在這樣的智慧中，廣度眾生而流轉生死，清楚看見佛性在有情的十八界中普遍存在與運作。

一切已經開悟明心的菩薩，如果進而眼見佛性之後，都不會認爲眞如心與佛性是相同無異的，也都不會認爲眞如心與佛性是相異而毫無關聯，一定會認同眞如心與佛性不一亦不異的正理。也會認定佛性是如來藏心（眞如心）所出生的妙用，當然都知道眞如心是體，佛性（妙眞如性）是眞如心的性用；所以說「心是體，性是用」，因爲佛性確實是從眞如心中出生的，不能反過來說眞如心所生的佛性出生了眞如心。因此，凡是想要眼見佛性的人，應該先相信有第八識眞如心如來藏存在，也都應該先相信佛性是眞如心生出來的作用；然後才開始參禪尋找眞如心之所在，有一天破參明心而找到眞如心如來藏的時候，再來思惟這個道理，自然就會更加明白了。

可是，如果錯以爲眞如心就是佛性的時候，不論怎麼思惟、不論如何去看眞如心的運作，就是無法從山河大地及虛空中看見自己的眞如心，也無法從別人身上看見自己的眞如心。但是眼見佛性的菩薩，卻可以在山河大地及虛空中都能看見自己的佛性，而不是看自己的眞如心，這時就會完全相信善知識所說「眞如心不等於佛性，明心不等於見性」的開示了。以上所說，是對想要看見佛性的六識論者所說的，希望他們趕快棄捨六識論的邪見，轉而信受八識論，才不會對眞如心與佛性的義理全無所知。如果否定了第八識，卻還想看見第八識出生的佛性，就會落入識陰六識的見聞知覺性中，也將永遠住在凡夫隨順佛性之中了。這樣出家努力修行一世，最後卻落得一場空，於三乘菩提的實證，竟連一點點的成績都沒有，眞是可憐喔！

第三章　眼見佛性與聞見佛性

第一節　二種見性

見性有二種，第一種是眼見佛性，第二種是聞見佛性。《大般涅槃經》卷二十六〈師子吼菩薩品〉世尊說：【善男子！復有眼見：諸佛如來、十住菩薩眼見佛性；復有聞見：一切眾生，乃至九地，聞見佛性。菩薩若聞一切眾生悉有佛性，心不生信，不名聞見。】

世尊的意思是說，見性有二種不同，第一種眼見佛性的證量，只有諸佛如來下至十住菩薩才能親眼看見的；但是還有一種見性是只有聞見佛性，就是下自一切眾生，上至九地菩薩爲止，只有聞見佛性而無法親眼看見佛性。

如果只從這一段經文的字句表面來理解時，可能產生誤會，以爲經文講錯了，或者以爲印經文時印錯了。因爲九地菩薩遠超過十住菩薩的證量，怎麼可能只有聞見佛性而沒有看見佛性呢？但其實經文並沒有印錯或譯錯，這種情況是可能存在的，因爲還沒有實證的緣故。

這經文中的意思是說，有的菩薩在因地無法眼見佛性的因緣還沒有成熟，也許是心性喜歡在智慧上面精進研求，不樂意在修學定力上面用功，當他的智慧很好而定力仍然不足就參究出佛性的意涵時，就無法看見佛性了；但他仍然可以繼續往前進修佛菩提，一世又一世、一劫又一劫，到三地時也沒有想要看見佛性，直接深入四禪八定……等靜慮中實修，那時定力又太深而如同三明六通阿羅漢一樣看不見佛性；再繼續努力進修到達九地，都沒有眼見佛性的因緣，於是就這樣進修而到達第九地滿心。這一類菩薩都知道有佛性，因爲曾經讀過經典或聽過善知識的開示；也知道佛性可以眼見，只是自己一直沒有因緣親眼看見，就暫時放下，先不理會眼見佛性的實證，直接進修佛菩提直到第九地，所以這一類菩薩都是聞見佛性的人。

當九地滿心菩薩想要進入十地時，就必須設法求見佛性了；等他看見佛性時，直接成就諸地菩薩隨順佛性的境界，就不必再經過十住菩薩眼見佛性的階段，那時是同時證得十住菩薩的證量，直接進入第十地中。但是有一類十住菩薩先放下智慧的快速增長，暫時先努力修集福德及增長定力，因此就在值遇善知識指導的因緣下，於十住位就看見佛性而成爲眼見佛性的人，成爲十住滿心的菩薩。

但是如果有人聽聞到一切眾生身中都有佛性，也聽聞到確實有佛性可以實證（可以眼見）時，心中並不相信，那麼他就還不是聞見佛性的人，更不可能成爲有因緣眼見佛性的人。相信有佛性可以眼見，卻只能聞見佛性，最主要原因是什麼呢？就是沒有定力。因爲單單具有慧力而能參究佛性的內涵，若沒有定力輔助，還是不可能看見佛性的；因此 平實導師引述 世尊的開示說：【然佛性眞實可見，非不可見。佛云：「凡夫常當繫心觀身，有二十事……五、以何方便得見佛性？六、云何修定得見佛性？……」】（《平實書箋》頁62）

平實導師又云：【佛性可以肉眼而見，可以心眼而見，可以耳根乃至意根而「見」；此種正受與定相應，非如明心非必與定相應；未證者不解，必覺玄之又玄；已證者能了知此境，無有絲毫玄妙。未證之人設使多方探問，亦必無法眼見，必須定力方能相應故。】（《平實書箋》頁65、66）

從正覺同修會中的實證者作爲例子來說，也證實想要眼見佛性的人，必須先修學動中的定力，才能眼見佛性。譬如何老師說：【恩師曾言：「眼見佛性須定力、慧力、福德因緣三項具足，缺一不可。」

禪三第二天，恩師……依舊要我們好好的拜佛及看話頭；或許內心已急，眼看出去，立刻落入境相，雖然有外緣使其在耳根、身根冒出；眼根卻變弱。元覽居士即是未能定心作功夫，差在眼見爲憑上。我一定要看的分明才算。看！看！看！聽聲以耳看、嚐物以舌看、淋浴以身看、樹葉亦將其揉碎以鼻看，都能分明；何以一個眼會立刻落入覺知與境相？是太急了嗎？

禪三第三天，恩師又言：「見性者第四天再小參，見性者要在總相上見，看到就看到，若定力不夠，答案明說，爲其引導也看不到。」……早上經行，恩師將我叫出，問我狀況，對曰：「佛性在六根上覺知前顯現。」恩師指著樹葉問：「話頭是否清楚？」「清楚！」恩師告示：「拜佛的功夫不夠，要加強！」上午在外面看話頭時，看到詹組長、游老師、蔡老師及護三男眾菩薩在搬運瓦斯，護三女眾菩薩爲我們打理齋飯，我怎堪承受此諸見性菩薩恩呢！下午心中更急，眼淚不住的流出。深知如此對見性有礙，淚水閉眼由鼻孔流出，張眼由眼眶流出，拿它一點兒辦法也沒有，只好不斷的攝心拜佛；……晚餐前，恩師提醒我：「身心要完全融入憶佛的念中。」因身心完全內攝，坐在餐桌前，完全不覺四周情況，許久後，忽見轉盤動，自知功夫回來了——未落入境相、覺知中。

晚間恩師慈悲垂問下午狀況……恩師要我以手觸地，並指示：「佛性與○○相似，可以二字形容。」難倒我了，怪自己平時不看書，要如何找出二字來形容這個本然具足、遍身皆具，歷緣對境比誰都利，未曾稍歇、然事事卻又與其無關之佛性呢？放香打板後，繼續拜佛，夜深時，抱著毯子坐在外廊看佛性，葉動、火車聲，回頭看到遮陽布下吊著二個保特瓶因大風而跳躍著，好清楚、好親切。看著、看著，趴在水泥欄上睡著了……

禪三第四天，用完早齋，求見佛性的人全都出去看佛性，我要求自己定要看個清楚。此時尚有三點未破：一是要哪二個字形容？二是眼根需再加強，三是缺少一念相應遍身發之觸證。

在斜坡看佛性時，一隻蝴蝶飛過，牠飛到哪兒，我眼球轉到哪，這不就是佛性眞如的用與體嗎？師母與護三菩薩故意拿著竹掃把，大力揮舞著掃地，恩師拿酸梅要我們吃，點點滴滴用心良苦。爲再加強眼見之功夫，回到

外廊看跳躍的保特瓶，整個世界只有瓶與我。快午齋前，被召到走廊，

恩師問我：「佛陀〇〇〇〇？」

告之：「〇〇。」

恩師又問：「佛性〇〇〇〇？」

答曰：「〇〇！」

恩師慈悲的指著樹葉：「再看！」一剎那全身撼動，眼根再看出去，一念相應，遍身皆發。

佛性、〇〇、看話頭，如此親切；難怪恩師要我們加強定力、要我們看話頭。恩師復要我到廚房看看每個人的佛性，一看到師娘帶著笑容慈悲的眨個眼，自此完全擔當承受下來。中午過堂後，恩師又命我去沖澡；看著蓮蓬頭，水柱衝出那一剎那，全身開始顫抖，淚水又奪眶而出；洗澡從小洗到大，第一次不會洗澡了；喜好游泳戲水的我，第一次與水對上了，從頭到腳每個毛孔都與水對上了。佛性覺受之特殊，六根之敏銳非筆墨所能形容，我抓了一輩子東西、執著了一生七情六慾，忽然覺得盡是如此不堪；眞如與佛性如此清淨無染，自此完全了知。】（《我與無我》頁88～93）

廣義的聞見佛性，還包括曾經聽聞善知識開示或閱讀經典中說有佛性可見，信受而不懷疑的人。再進一步來說，另一種聞見佛性的人，則是參究佛性而悟知佛性的內涵時，由於福德、定力、慧力三者還未完全具足，因此無法看見佛性而成爲聞見佛性的人。或者參究佛性的人，只具備了福德與慧力，但是並沒有修習定力；或者他的定力是靜中修來的定力，全都偏向定境，動中定力不足，一旦起身離開禪坐的境界時就沒有定力了，這當然無法在山河大地上眼見自己的佛性，也看不見眾生身上的佛性，更不可能從眾生身上看見自己的佛性；像這樣的菩薩，只是參出佛性的內涵而不能眼見，也屬於聞見佛性的人。這也說明一個事實，有沒有動中修來的定力，會影響到自己將來能不能眼見佛性。

除了以上所說的二種見性以外，還有另外二種見性（不同定義的眼見佛性與聞見佛性），與上面引述 世尊所說以肉眼看見佛性的經文義理又有不同，不能一概而論。例如《大般涅槃經》卷二十七〈師子吼菩薩品〉中還有這麼說：【「善男子！若有善男子善女人欲見如來，應當修習十二部經，受持讀誦、書寫解說。」師子吼菩薩摩訶薩言：「世尊！一切眾生不能得知如來心相，當云何觀而得知耶？」「善男子！一切衆生實不能知如來心相，若欲觀察而得知者，有二因緣：一者眼見，二者聞見。若見如來所有身業，當知是則爲如來也，是名眼見；若觀如來所有口業，當知是則爲如來也，是名聞見。若見色貌，一切衆生無與等者，當知是則爲如來也，是名眼見；若聞音聲，微妙最勝，不同衆生所有音聲，當知是則爲如來也，是名聞見。若見如來所作神通，爲爲衆生？爲爲利養？若爲衆生不爲利養，當知是則爲如來也，是名眼見；若觀如來以他心智觀衆生時，爲利養說？爲衆生說？若爲衆生不爲利養，當知是則爲如來也，是名聞見。云何如來而受是身？何故受身？爲誰受身？是名眼見；若觀如來云何說法？何故說法？爲誰說法？是名聞見。以身惡業加之不瞋，當知是則爲如來也，是名眼見；以口惡業加之不恚，當知是則爲如來也，是名聞見。」〕

這是從是否眞的有實證佛菩提的智慧，表現在一個人有無智慧親自判斷所遇見的佛是否眞的成佛，來說明什麼是眼見、什麼是聞見佛性。意思是說，應該從所値遇的佛是否確實親證佛地功德顯示出究竟佛的自性，從能見的菩薩有無智慧觀察所遇見的佛是否眞的佛陀出現在人間，或是化佛的示現，或是地上菩薩方便度眾而示現爲佛；由這種能夠判斷是否究竟佛，作爲眼見佛性與聞見佛性的不同定義。也從看見佛陀色身的光明相等法來定義爲眼見，從聽聞佛陀說法的音聲等法來定義爲聞見。

從這段經文中的不同定義，認爲能夠自行判斷的人，當他們親眼看見究竟佛時，能夠自己看見究竟佛顯示出來的諸佛自性，那麼他就是眼見佛性的人；當他們親耳聽聞究竟佛說法或種種口業，可以明確判斷所遇是究竟佛，就是聞見佛性的人。若是不能夠自行判斷的人，當他們看見究竟佛時無法自己判斷出來，只能聽從別人所說而信受，一起認定當時示現在人間的佛陀是眞的佛陀；但他對於佛陀所顯示出來的佛地各種自性無法自己判斷，只隨順能夠判斷者的說法而信受，無法自己觀察出來，就不能稱爲眼見佛性。若是親耳聽聞究竟佛說法時，還是無法理解究竟佛所說的法義時，表示他無法聽聞到究竟佛的妙法，就不能稱爲聞見佛性。這是從另一個面向來說明佛性的眼見與聞見，就是從這位菩薩有沒有抉擇正法的智慧，來定義他有沒有眼見或聞見佛性。

《大般涅槃經》卷二十七〈師子吼菩薩品〉另外一段經文所說，也和這一段經文的意思相同：【若見菩薩初生之時，於十方面各行七步，摩尼跋陀、富那跋陀、鬼神大將執持幡蓋，震動無量無邊世界，金光晃曜彌滿虛空，難陀龍王及跋難陀，以神通力浴菩薩身；諸天形像，承迎禮拜；阿私陀仙，合掌恭敬；盛年捨欲，如棄涕唾，不爲世樂之所迷惑；出家修道，樂於閑寂；爲破邪見，六年苦行；於諸眾生，平等無二；心常在定，初無散亂；相好嚴麗，莊飾其身；所遊之處，丘墟皆平；衣服離身四寸不墮；行時直視，不顧左右；所食之物，物無完過；坐起之處，草不動亂；爲調眾生，故往說法，心無憍慢，是名眼見。

若聞菩薩行七步已，唱如是言：「我今此身，最是後邊。」阿私陀仙合掌而言：「大王當知：悉達太子，定當得成阿耨多羅三藐三菩提，終不在家作轉輪王。何以故？相明了故。轉輪聖王相不明了，悉達太子身相炳著，是故必得阿耨多羅三藐三菩提。」見老病死復作是言：「一切眾生甚可憐愍，常與如是生老病死共相隨逐，而不能觀；常行於苦，我當斷之。」從阿羅邏五通仙人受無想定，既成就已，後說其非；從鬱陀伽仙受非有想非無想定，既成就已，說非涅槃，是生死法；六年苦行無所剋獲，即作是言：「修是苦行，空無所得；若是實者，我應得之；以虛妄故我無所得，是名邪術，非正道也。」既成道已，梵天勸請：「唯願如來，當為眾生廣開甘露，說無上法。」佛言：「梵王！一切眾生常為煩惱之所障覆，不能受我正法之言。」梵王復言：「世尊！一切眾生凡有三種：所謂利根、中根、鈍根；利根能受，唯願為說。」佛言：「梵王！諦聽！諦聽！我今當為一切眾生開甘露門。」即於波羅奈國轉正法輪，宣說中道：「一切眾生不破諸結，非不能破，非破非不破，故名中道；不度眾生，非不能度，是名中道；非一切成，亦非不成，是名中道；凡有所說，不自言師，不言弟子，是名中道；說不為利，非不得果，是名中道。」正語、實語、時語、眞語，言不虛發，微妙第一，如是等法是名聞見。善男子！如來心相，實不可見，若有善男子善女人欲見如來，應當依是二種因緣。】

這段經文的意思是說：「如果看見菩薩初生在人間的時候，於東西南北上下等十方面各都行走七步；摩尼跋陀、富那跋陀鬼神等二位大將執持幡蓋，震動無量無邊世界，這時金光晃曜彌滿了整個虛空，難陀龍王以及跋難陀各自以神通力，從天空降注一冷一熱等二道淨水下來，混合為一道不冷不熱的清淨水浴菩薩初生之身，這時候即使是世人所雕刻而供奉在寺廟中的諸天的形像，如果是剛好也在現場時，都會起身承迎初生的菩薩，並且都恭敬禮拜菩薩；無比莊嚴的仙人，也前來向菩薩合掌而恭敬瞻視。菩薩於盛壯之年就捨棄五欲，猶如捨棄涕唾一般，不被世間五欲樂所迷惑，出家修行成佛之道而樂於閑暇無事又寂靜的境界，爲了破壞邪見而勤修六年的苦行。成佛以後對於所有眾生都是平等無二對待，心永遠住在定中，從來沒有散亂的時候；以三十二種大人相及八十種隨形好等莊嚴殊麗莊飾自己的色身，所遊歷之處因爲有金剛力士先行剷平而使小山丘等全都平坦無礙；佛陀身上的衣服縱使離身四寸也不會下墮，行路的時候向前直視而不左右亂看；所吃過的食物完全消化吸收，不會完整地通過腸道而不能吸收營養；所坐過而起身以後的處所，那些草也不會動亂不齊；爲了調伏眾生的緣故而前往眾生處說法時，心中沒有自驕及傲慢。像這樣親見佛陀顯示出成佛後的絕對清淨與功德自性的人，名爲眼見佛性。

若是聽聞菩薩下生以後行走七步之後高聲唱出這樣的言語：『我現在這個色身是最後的生死邊際。』莊嚴無比仙合掌而說：『大王您應當知道，悉達多太子一定會在將來成爲無上正等正覺，終究不會住在家裡而作轉輪聖王，什麼緣故呢？因爲三十二大人相顯示得很明了的緣故。轉輪聖王三十二大人相的顯示不很明了，悉達多太子的大人身相很明顯，輕易就能看得出來，由於這個緣故必定會證得無上正等正覺。』又因爲悉達多太子看見人們有老病死而又這樣子說：『一切眾生非常令人憐愍，永遠與這樣的生老病死共同相隨追逐而不能觀察出來，永遠造作各種身口意行而住於三界苦中，我應當斷除這些苦。』於是隨從阿羅邏五通仙人受學無想定，等到成就無想定了，然後觀察並非離苦的涅槃而說仙人的無想定不是涅槃；又隨從鬱陀伽仙受學非想非非想定，既成就這個定境以後，又判定說這也不是涅槃，依舊是生死法。然後自己用了六年時間勤修苦行，對涅槃仍然沒有實證，就這樣子說：『修鍊這種苦行以後也是空無所得，若苦行的結果是眞實涅槃的話，我早就應該得到了。由於苦行虛妄的緣故而使我在涅槃上的實證上面都無所得，這個苦行應該名爲邪術，不是實證涅槃的正道啊。』既然已經成道以後，大梵天王前來勸請：『非常希望如來不久以後爲眾生廣開甘露法門，演說無上的勝妙法。』佛陀說：『梵王！一切眾生永遠被煩惱所遮障覆蓋，沒有智慧能夠領受我所說正法的種種言語。』梵王又請求說：『世尊！一切眾生大約有三種，所謂利根、中根、鈍根；其中的利根眾生能夠領受正法，至誠希望世尊爲這些利根眾生演說佛法。』佛陀說：『梵王！詳細聽著！詳細聽著！我如今將會爲一切眾生打開甘露法門。』隨即就前往波羅奈國鹿野苑中運轉正法之輪，宣揚解說中道：『一切眾生雖然沒有破壞各種結使、並非不能破壞，非破非不破，所以名爲中道。還沒有得度的眾生，也並非不能度，這個名爲中道。眾生並非一切法都成就，亦非都不能成就，這個名爲中道。於佛法中凡有所說，不自己宣稱是永遠的師父，也不自稱是永遠的弟子，這個名爲中道。說法時不是爲了利養，也不是不能獲得證果，這個名爲中道。』正語、實語、時語、眞語，凡有所說，每一句話都不是言而無義，微妙第一。聽見如來有這樣的各種勝妙法，這個名爲聞見佛性。善男子！如來眞實心無垢識的法相是眞實的而無形色，不可能看得見，如果有善男子、善女人，想要看見眞實如來，應當依止這二種因緣。」

因此，佛性有許多種不同層面的定義，對於經典中、論典中、祖師語錄中所說的佛性二字，究竟是什麼定義，在求證《大般涅槃經》中所說的眼見佛性的實證以前，應當先加以正確的瞭解以後，再來用功；然後再來確定自己是不是眞的眼見佛性了，再來確定自己是哪一種見性，以免大妄語而在未來世枉受長劫痛苦惡報。

再從眼見佛性的實證來說，平實導師曾開示說：【但是我們參禪人的首要就是眼見佛性。要眼見佛性就必須要去參究，參究又必須要有一個疑情。疑情的這個念相續不斷。在心中雖然沒有語言文字而能夠去做思惟的作用和觀察。這個不是離念法，離念、無念就變成修定。如果修無念的法——一念不生，即使修到了第四禪乃至於修得四空定，那仍然無法明見佛性。因爲定不是禪的緣故。】（《禪—悟前與悟後》上冊。頁 141）

世尊說：【眼見者：謂十住菩薩、諸佛如來，眼見衆生所有佛性；聞見者：一切衆生、九住菩薩，聞有佛性、如來之身。】世尊說，見佛性有兩種，一種是聞見，一種是眼見。聞見佛性是說一切衆生乃至於還沒有進入第十住的菩薩，聽見人家說一切衆生皆有佛性，他心裡面就信受了，稱之爲聞見佛性。眼見就是用父母所生眼看見佛性，這是十住菩薩或者諸佛如來，親眼看見衆生所有佛性，因此見性分明而不退失就是十住菩薩。

平實導師又說：【有的菩薩，他是聲聞種性迴心，有的菩薩他是緣覺種性迴心，跳過眼見佛性階段。這樣的菩薩，他依明心的功德，漸次修到第九地還是未曾眼見佛性，因此《大般涅槃經》卷二十七裡面世尊云：「復有眼見：諸佛如來、十住菩薩眼見佛性；復有聞見：一切眾生，乃至九地，聞見佛性。菩薩若聞一切眾生悉有佛性，心不生信，不名聞見。」

這一段經文就很清楚的告訴我們，有眼見佛性的菩薩，那是十住菩薩；就好像諸佛如來一樣，可以親眼看見佛性。但是也有聞見的，譬如一切眾生乃至十信、十住、十行、十迴向一直到第九地為止的菩薩，是聞見佛性——相信一切眾生皆有佛性，但是無法用父母所生眼看見佛性。所以有的菩薩修到九地而不見佛性，因此不可以說某人沒有看見佛性，那一定是九住以下，他也有可能已經到了第九地了。我們只能說他不是十地菩薩，因為要進入十地之前必須眼見佛性才能夠進入第十地。】（《禪—悟前與悟後》下冊。頁44）

以筆者自己親自修證的眼見佛性境界來檢驗，也可以證明佛性眞的可以眼見，不是指開悟明心時所看見的如來藏具有使人成佛之性。不但筆者如此，正覺同修會中一切眼見佛性的同修們也都是如此。由上面列舉出來的聖教經典中的開示，以及會中十餘位已經親自眼見佛性的菩薩們的實證境界，都可以證實佛性有二種或三種不同的定義，也可以證實眞的有眼見佛性與聞見佛性等二種不同的境界。

第二節 見性雜說

第一目 天眼能看見佛性嗎？

一定會有人這樣子想：「有天眼的人能看得見佛性嗎？」平實導師對這個問題的答案是：「佛性非天眼所能見。」如果不肯修學大乘菩提的《大般涅槃經》，不具備眼見佛性的三個條件，而主張說有天眼的人就能眼見佛性，這個說法是不如理的。因爲 世尊在這部經中說過，一定要具備了首楞嚴定的定力，再加上福德莊嚴、慧力莊嚴，才可能眼見佛性的；欲界天、色界天、無色界天的天人，他們都有天眼，但他們的天眼是報得的天眼；即使往生到天上以前就在人間修得天眼了，生到天界以後也一樣是天眼，與天人沒有什麼差別。但是天人的天眼只能看到自己所住的天界境界，以及下界的境界，依然沒有具備眼見佛性時應有的慧眼，也還沒有具備眼見佛性時應有的福德；而天人們的欲界定或色界定等，也都與首楞嚴定不同，偏在很深的定境中，不是動中修得的定力，想要看見佛性是不可能的，所以 世尊說：【善男子！十住菩薩智慧力多，三昧力少，是故不得明見佛性；聲聞緣覺三昧力多，智慧力少，以是因緣不見佛性；諸佛世尊定慧等故，明見佛性了了無礙，如觀掌中菴摩勒果。】（《大般涅槃經》卷30〈師子吼菩薩品〉）

也由於這個緣故，平實導師常說：「聲聞緣覺定多慧少，不見佛性；十住菩薩慧多定少，雖見佛性而不明了。」意思是說，想要親眼看見佛性的人，除了要有大福德以外，還要具備足夠眼見佛性的首楞嚴定與慧力，才有可能眼見佛性。大福德與慧力先不說它，單單只說三昧定力：不論是諸天天人報得的天眼，或是生天前就已修得的天眼，並未修學首楞嚴定而得到動中定，縱使具備了天眼，一樣是無法眼見佛性的。就算天人、天主具備了大福德與慧力，但是若沒有修學首楞嚴定的動中功夫，有天眼也一樣無法看得見佛性。所以 平實導師在書中說：「天道中之菩薩若不學大涅槃經之法，亦無由以其天眼而見佛性。天道中之菩薩若修大涅槃經之法，亦能以天眼而見佛性。」這眞的是誠實言，也是過來人親自驗證後的正確說法，由此證明：單有天眼是無法看得見佛性的。

不斷我見煩惱的人，不信有第八識如來藏的人，以及不信如來藏能出生佛性的人，乃至不信佛性非六識見聞覺知性的人，一定都不可能眼見佛性。比如《大般涅槃經》卷二十八〈師子吼菩薩品〉世尊說：【「善男子！一切眾生不可思議，諸佛境界、業、果、佛性，亦不可思議；何以故？如是四法皆悉是常，以是常故，不可思議。一切眾生煩惱覆障，故名爲常，斷常煩惱故，故名無常。若言一切眾生常者，何故修習八聖道分？爲斷眾苦。眾苦若斷，則名無常；所受之樂，則名爲常。是故我言：一切眾生煩惱覆障，不見佛性；以不見故，不得涅槃。」】

意思是說：「一切眾生在三界中的存在，以及一切眾生所造作的善、惡業，將來一定會獲得的果報也不可思議；諸佛所住的境界，佛菩提道一切淨業所證得的果報，以及所證得的佛性也同樣不可思議。爲何這麼說呢？是因爲這四個法（一切眾生、諸佛境界、業果、佛性）全部都是常，由於都是常的緣故而說是不可思議。但一切眾生所知道的常，卻與聲聞緣覺及諸佛菩薩所說的常，並不一樣；一切眾生都是因爲被我所執、我見、我執等煩惱所覆障的緣故，所以把無常的眾生五陰等法說成是常，認爲死後還可以繼續受生而使這一世的意識覺知心去到未來世永遠存在，因此錯把無常的五陰等法誤認爲是常住不壞的自我。等到有一天證得聲聞緣覺菩提而斷除我見、我執時，就把以前錯認爲常的五陰自我否定，因此而斷除了五陰常的煩惱；斷了這種常見煩惱的緣故，就把原來還在凡夫位中所說的五陰常，改名爲無常。如果有人說一切眾生五陰是常的話，又是爲了什麼緣故而修習聲聞菩提的八種聖道各種法義？爲了想要斷除五陰常的種種苦。當一切眾生修習八聖道的種種法以後，我所執、我見、我執等種種苦惱如果已經斷除了，就說五陰是無常；像這樣子斷除我所執、我見、我執以後所領受的涅槃之樂就稱爲常。由於這個緣故，我釋迦牟尼佛說：『一切眾生都是因爲被煩惱所覆障的緣故，不能看見佛性；由於不能看見佛性的緣故，不能證得大般涅槃。』

這四種人，爲何 佛說他們不可能眼見佛性呢？

一、不斷我見煩惱的人，一定會落入識陰中，錯把識陰等六識的自性當作是佛性，就不可能眼見佛性了。當他落入識陰六識的自性中時，一定會誤以為眼識能見色塵之性就是佛性，誤以為耳識能聞聲塵之性、鼻識能嗅香塵之性、舌識能嚐味塵之性、身識能覺觸塵之性、意識能知六塵之性就是佛性。因為他不肯斷我見，老是把自我抱得緊緊的，不肯死掉（否定）自我，就不可能以這個假有的自我來尋找佛性，當然會繼續住在我見中，繼續認定能見聞覺知的六識識性就是佛性。如果沒有宣稱自己看見佛性了，就沒事，否則會成為大妄語業。

二、不信有第八識如來藏的人，是不可能斷我見的；就如同 平實導師在《阿含正義》書中，舉出 世尊的聖教說：不信有第八識如來藏是無餘涅槃中的本際的人，當他想要否定五陰全部或否定十八界全部而斷我見時，他心中會有恐懼，以為滅盡十八界、滅盡五陰入無餘涅槃以後，一定會成為斷滅空；因此心中有恐懼，就無法斷我見。不能斷我見，一定會繼續把握自我，永遠想要繼續當自我、作自我，就不可能參禪尋找第八識如來藏；不能找到第八識如來藏，就無法進一步眼見如來藏所運作的佛性。

三、不信如來藏能出生佛性、能運作佛性的人，縱使找到如來藏了，但是得少爲足，不肯信受善知識的教導，也不肯信受大乘經中的聖教，就會以他自己明心時看見了如來藏具有使人成佛的自性，就說他已經親眼看見佛性了，同樣會成爲大妄語人。但是，眼見佛性的人都可以在山河大地上面看見自己的佛性，他卻無法在山河大地上面看見自己如來藏能夠使他成佛的自性，所以明心看見的如來藏具有使人成佛的自性，只是某些禪宗祖師說的看見第八識可以使人成佛的自性，方便名爲見性，並不是《大般涅槃經》中世尊說的十住菩薩眼見佛性。所以開悟明心以後，一定要相信自己找到的如來藏，是以佛性在運作；佛性是從如來藏心中出生而運作，祂的存在是可以被十住菩薩眼見的；要這樣相信，才能在明心以後繼續進修見性應有的三種莊嚴，然後才能眼見佛性。

四、不信佛性非六識見聞覺知性的人，即使已經明心了，也會錯將識陰六識的功能性，誤認爲佛性；這時其實是已經連明心的功德都失去了，重新回到我見之中安住，就不是解悟佛性的人，當然更不是眼見佛性的人。因此，明心以後，一定要相信善知識所說「佛性不是見聞覺知，但也不離見聞覺知」的開示，否則一定會自以爲見性了，因此不肯依照善知識的教導，繼續努力修集見性所必須具備的三種莊嚴，就無法眼見佛性。由於以上的道理，說明這四種人都不可能眼見佛性。

第二目　眼見佛性時是以什麼眼看見佛性？

菩薩眼見佛性時，究竟是以什麼眼來看見佛性？例如《大般涅槃經》卷八〈如來性品〉：【迦葉菩薩白佛言：「世尊！佛性如是微細難知，云何肉眼而能得見？」佛言：「迦葉善男子！如彼非想非非想天，亦非二乘所能得知，隨順契經，以信故知。」】這是說，講經當時還沒有看見佛性的迦葉菩薩請問佛說：「世尊！佛性是如此的微細而難以了知，為何肉眼竟然可以看得見？」佛陀開示說：「就好比非想非非想天的境界，也不是二乘聖人所能夠知道的，但因為二乘聖人隨順於契經的緣故，由於對契經具足信力的緣故而相信有非想非非想天的境界，才知道確實有非想非非想天的境界。」眼見佛性的道理也是一樣，還沒有親眼看見佛性的菩薩們，對於佛性是不能如實知道的；但是由於是對 世尊所說法義具足信力的緣故，所以相信確實有佛性存在，也相信確實有佛性可以眼見。如果信力不夠，讀了《大般涅槃經》中佛說的眼見佛性的開示以後，還是不會相信，就不信肉眼確實可以看得見佛性，將來也不可能有機會親眼看見佛性。

誠如平實導師在《平實書箋》書中所說：【見性須以眼見爲憑，其意在此。若眼能見佛性者，不惟見他人之佛性，亦能於一切無情上見己佛性，此非君以感覺體會之所能知。……

譬如人間有情眼根具者，一念相應時能以眼睛而見佛性；中陰有情亦復如是，若其見色功能完具時，亦可於眼見未來世父母和合時，清楚眼見彼未來世父母之佛性，如果此一中陰有情於捨報時未失眼見佛性境界的話。中陰如此，天道、鬼道、畜生道、地獄道中之大願菩薩亦復如是眼見佛性，初不論其究爲扶塵根、淨色根之肉眼所見。（《平實書箋》頁 68、69）

余言肉眼可見佛性，實非單指肉眼，所以者何？若單一肉眼能見佛性，亦應單一肉眼能見青黃等，則死人肉眼亦應能見色像。所謂肉眼者須是有情之有根身肉眼；有根身之肉眼，在人間者有扶塵根、淨色根、眼識、意識、末那、如來藏，及諸心所之同時運作，方能眼見青黃長短等；見諸色像時如是，見佛性時亦復如是，非單肉眼之所能見。中陰見色像等亦如人間之見色像，必須有能見之條件，條件若不具足，則不能見一切色像。人間肉眼壞時，眼根不見一切色像，則亦不能眼見佛性，然可由餘根而見。……（《平實書箋》頁68）

慧眼明見諸有情之如來藏，不因老花而不見；見佛性者亦復如是，不因老花眼而見不分明，唯除定力退失者。……（《平實書箋》。頁70）

若尚未知曉佛性總相義之人，只需具足動中定力及慧力，而又無畢竟障礙佛法之種子者，善知識只須明告佛性名義，禪者當下便得眼見佛性，了了分明。】（《平實書箋》。頁90）

這已經說明一個事實，就是眼見佛性的人確實是以肉眼來看見佛性；但是肉眼看見佛性時，還得要有其他條件配合才能看得見。單單肉眼是看不見的，如同剛死不久的人也還有未壞的肉眼（還可以移植給別人使用），但已經沒辦法看見佛性了。但是活人的肉眼乃至已經成爲三明六通大阿羅漢了，也還是看不見佛性；因爲三昧力多而慧力少，是因爲他們都有很好的定境實證，但是偏在定上面，而且他們的定也偏在靜中而不是首楞嚴定，因此看不見佛性。大阿羅漢們看不見佛性的原因，也是因爲求見佛性以前應該修集圓滿的福德未具足，就無法看得見佛性。另一個原因是阿羅漢們所修得的慧力，與菩薩所修得的慧力不同；阿羅漢們修得的慧力僅是解脫慧，十住菩薩們修得的慧力則是包含解脫慧在內的甚深微妙之佛菩提慧，由於慧力層次的差別，十住菩薩可以看見佛性，阿羅漢們卻看不見佛性。

然而菩薩們看見佛性時，當然是隨著所住的境界不同而各自看見的。比如人間的菩薩會在山河大地上面看見自己的佛性，這時除了要有定力、慧力、福德以外，也還要有肉眼、慧眼、外六塵、內六塵、五陰十八界等法的配合，才能看得見；不是離開這些條件的配合，單單肉眼就能看得見。如果是生在天界的菩薩修學佛菩提而看見佛性時，則是以天眼及天身等條件的配合，才能看得見佛性；不管是在欲界天或色界天中的天人，看見佛性時都不是單單肉眼或單單天眼就能看見的。這時，天界的菩薩修習佛菩提而看見佛性時，就說是天眼看見佛性，不能再以肉眼來說見性了。但是除了見性的菩薩以外，所有的天主與天人雖然都有天眼，他們的天眼卻還是看不見佛性的。但是善知識如果去到天界爲天界有情解說見性的事情，一定會以「天眼可以看見佛性」來說明；可是，那時其他的天人依舊不可以質疑說：「你說天眼可以看得見佛性，那我們這些天人爲何還是看不見佛性？」這是因爲這些天人們並沒有適當的定力、慧力以及福德等三種莊嚴，雖然有天眼還是看不見。因此，當人間的菩薩眼見佛性時，確實是以肉眼來看見佛性；而天界的菩薩修行而眼見佛性時，則要說是以天眼來看見佛性；雖然在人間時說是肉眼，在天界時說是天眼，其實道理都是一樣的，對於眼見佛性的人間菩薩或天界菩薩而言，並沒有差別，心中也都不會有什麼疑惑。當人間與天界的見性菩薩相見而談到所見的佛性時，一定都不會有隔閡或誤會的，因爲所看見的佛性都是相同而沒有差別。

第三目　二乘聖人能不能眼見佛性？

二乘聖人不能眼見佛性。他們爲什麼不能眼見佛性？這是因爲二乘法的修學熏習實證，結果只是能夠使他們出離三界生死輪迴的痛苦，所修證的內容不是菩薩所證的佛菩提道內容，因此不可能眼見佛性，當然也不能成佛。

爲何二乘聖人所證的智慧不能使他們成佛呢？因爲成佛所證的是一切種智，是函蓋四種智慧而且是圓滿具足的，就是經由明心而發起對於法界萬法體性的智慧（簡稱法界體性智），出生了般若實相智慧；這是證得二乘菩提而能解脫生死以後，還要進一步從實證法界實相的方向與智慧來下手實證的。最後的成就則是一切種智，函蓋了大圓鏡智、平等性智、妙觀察智、成所作智。這些都不是二乘聖人所修的解脫道中所能實證的法義，二乘聖人所證的只是斷除我所執、我見、我執而已，對於成佛之道所應實證的佛菩提道的內容並沒有實證；既然不曾實修佛菩提道的法門與智慧，不曾實證佛菩提道的內容，當然不可能獲得十住菩薩所修、所證的眼見佛性境界；因此二乘聖人修到究竟果而成爲三明六通大阿羅漢時，還是無法看見佛性。

換句話說，聲聞人修的解脫道與菩薩所修的成佛之道，內涵是不同的。只有修學菩薩道的人，才能眼見佛性；聲聞解脫道中不必修習眼見佛性的法門與內容，連開悟明心證如來藏的內容都不必修，只要斷盡我所執、我見、我執就完成解脫道實修的全部內容了，當然也不必修證眼見佛性的境界。但是想要成佛的人，必須修習菩薩藏；先要修集廣大福德，然後求開悟明心證如來藏——證眞如；證眞如以後，接著還要再修更廣大的福德，然後修學可以眼見佛性的法門，於眼見佛性以後再進修一切種智；這是要歷經十信、十住、十行、十迴向、十地、等覺、妙覺，經過三大阿僧祇劫利人利己以後，才能成佛。但是聲聞解脫道之中，都不必修學這些法，也不必看見佛性，就可以出離三界生死痛苦了。聲聞聖人既然不必修學及實證佛菩提道的法，而眼見佛性正是佛菩提道中才有的法，所以不迴心進修菩薩道的聲聞聖者，都是沒有看見佛性的人。

第四目　眼見佛性的境界只有諸佛才能證得嗎？

落入意識境界中的慧廣法師，在書中曾經說，只有證得佛果、究竟成佛時才能眼見佛性，主張要有佛眼才能看得見佛性。慧廣法師說：【所謂「眼見佛性」的意思，不是某居士等人所說的以「肉眼見佛性」，而是以「佛眼見於佛性」的意思。此段經文可證：「善男子！如汝所問：『十住菩薩以何眼故，雖見佛性而不了了？諸佛世尊以何眼故，見於佛性而得了了？』善男子！

慧眼見故不得明了，佛眼見故故得明了。」「佛眼見故故得明了」，說的多清楚。】（六龜鄉空生精舍慧廣法師於《僧伽雜誌》12卷第4期—總48期—〈眼見佛性的含義〉一文。）

但在這一段經文中，世尊已經如此說：「善男子！如汝所問：『十住菩薩以何眼故，雖見佛性而不了了？』意思是說，十住菩薩的三昧力不夠，主要是以慧眼來看見佛性，所以雖然看見佛性了，卻是看得不很明了，不能像 世尊一樣完全看見，才說「雖見佛性而不了了」，不是完全沒看見。若十住菩薩是完全沒看見佛性，世尊就不會說「雖見佛性而不了了」，就會和聲聞緣覺一樣說是「不見佛性」。由此證明，並不是只有成佛時才能看得見佛性。世尊又說十住菩薩的見性是「慧眼見故不得明了」，只是看得不完整、不究竟，要到達佛地時才會完整而全部明了，所以說「佛眼見故，故得明了」。這已經證明不是只有成佛時才能看見佛性，而是從十住位開始，各個不同階位的菩薩們都可以有因緣看見佛性。也正因爲如此，所以 世尊才會說四種隨順佛性的境界：凡夫隨順佛性、未入地菩薩隨順佛性、已入地菩薩隨順佛性、諸佛隨順佛性。

第五目　眼見佛性的妙法只傳給菩薩

為何　世尊不把眼見佛性的勝妙法傳給不肯迴心大乘的二乘聖人？這是因為必須是菩薩種性，傳給他眼見佛性的妙法才有意義。凡是不肯迴心大乘法中來當菩薩的二乘聖人，死後一定會進入無餘涅槃中，不再來三界中弘法利樂有情了；對這種只求自己解脫生死的自了漢，只要傳給他們足以解脫三界生死痛苦的聲聞緣覺法就夠了，不必再傳給他們佛菩提道中的各種勝妙法。只有眞正的菩薩，世尊才會傳授佛菩提道中的勝妙法；因此，只有眞正的菩薩，而且眼見佛性的三個因緣（三種見性時必須具備的條件）都已經成熟了，世尊才會傳授這個眼見佛性的妙法，所以只有菩薩才能眼見佛性。聲聞緣覺不必證得眼見佛性的境界，就能出離三界生死，世尊也不必傳授見性的境界給聲聞緣覺。而且眼見佛性必須具備三種莊嚴，聲聞緣覺也沒有在這三種莊嚴上面修學，當然也不可能眼見佛性。

眼見佛性的勝妙法，世尊只傳給菩薩，不傳給二乘聖人，這也有經中的聖教可以證明：比如《大般涅槃經》卷三〈壽命品〉說：【「世尊！譬如老人年百二十，身嬰長病，寢臥床席不能起居，氣力虛劣餘命無幾；有一富人，緣事欲行當至他方，以百斤金寄是老人而作是言：『我今他行，以是寶物持用相寄，或十年還、二十年還，汝當還我。』是時老人即便受之，而此老人復無繼嗣，其後不久病篤命終，所寄之物悉皆散失。財主行還，償索無所。如是癡人，不知籌量可寄不可寄，是故行還，債索無所，以是因緣喪失財寶。世尊！我等聲聞亦復如是，雖聞如來慇懃教誡，不能受持令法久住，如彼老人受他寄付。我今無智，於諸戒律當何所問？」佛告諸比丘：「汝等今者若問於我，則能利益一切眾生，是故告汝：聽隨所疑，恣意而問。」爾時諸比丘白佛言：「世尊！譬如有人年二十五，盛壯端正，多有財寶金銀琉璃，父母妻子眷屬宗親，悉皆存在；亦有人來寄其寶物，語其人言：『我有緣事欲至他處，事訖當還，汝當還我。』是時壯人守護是物，如自己有；其人遇病，即命家屬：『如是金寶，是他所寄，彼若來索，悉皆還之。』智者如是善知籌量，行還索物，皆悉得之，無所亡失。世尊亦爾，若以法寶付囑阿難及諸比丘，不得久住。何以故？一切聲聞及大迦葉悉當無常，如彼老人受他寄物，

是故應以無上佛法付諸菩薩；以諸菩薩善能問答如是法寶，則得久住無量千世，增益熾盛，利安眾生，如彼壯人受他寄物。」】

又如《大般涅槃經》卷四〈如來性品〉：【佛云：「汝若有緣欲至他處，應驅惡子令出其舍，悉以寶藏付示善子。」女人白佛：「實如聖教，珍寶之藏應示善子，不示惡子。」「姊！我亦如是：般涅槃時，如來微密無上法藏、不與聲聞諸弟子等，如汝寶藏不示惡子；要當付囑諸菩薩等，如汝寶藏委付善子。何以故？聲聞弟子生變異想，謂佛如來眞實滅度，然我眞實不滅度也；如汝遠行未還之頃，汝之惡子便言汝死，汝實不死；諸菩薩等說言如來常不變易，如汝善子不言汝死。以是義故，我以無上祕密之藏付諸菩薩。」】

以此緣故，平實導師如此說：【大乘妙法——尤其是眼見佛性之法——既非付囑聲聞比丘，乃付菩薩，則比丘二眾於諸比丘中不能覓得眼見佛性之人，而向在家菩薩求法，此時勸勉超越聲聞戒，依止菩薩戒，斯復何過？譬如佛云：「若有受持聲聞戒者，當知是人不見佛性及以如來；若有受持菩薩戒者，當知是人得阿耨多羅三藐三菩提，能見佛性、如來、涅槃。」佛子若欲眼見佛性者，當依佛語，以菩薩戒爲依止。欲唯求聲聞解脫果者方以聲聞戒爲依

止。今余勸諸出家法師欲見佛性者，應以菩薩戒爲依止……。】（《平實書箋》頁26）

爲何 平實導師要如此說呢？這是因爲依止菩薩戒的人才是菩薩，依止聲聞戒的人則是聲聞人。比如有人出家正受聲聞戒，同時也正受菩薩戒以後，卻以聲聞戒作爲正解脫戒，反而以菩薩戒爲別解脫戒，這樣的人就是聲聞人，因爲他的心態是聲聞心態。如果出家後受了聲聞戒也受了菩薩戒，但他是以菩薩戒爲正解脫戒，以聲聞戒爲別解脫戒，他才是菩薩。以聲聞戒爲正解脫戒，而以菩薩戒爲別解脫戒的出家人，本質是聲聞人；因爲聲聞戒只能受持一世，死後生到下一世時就不存在了，要重新再受才能再得聲聞戒比丘戒。如果聲聞人已證四果了，當他證得阿羅漢果時，捨報後一定會入無餘涅槃中，沒有下一世了，已經不需要聲聞戒的戒體了，所以 世尊依這個原因，施設聲聞戒的受戒者都是一世受；沒有人是這一世受聲聞戒以後，還可以多世存在聲聞戒體的，因此說聲聞戒並沒有如同菩薩戒一般盡未來際受持。

如果把佛菩提道中的勝妙法（眼見佛性）傳給只看重聲聞戒的人，當他成爲阿羅漢以後，捨報就會入涅槃，不再來三界中受生了；那麼眼見佛性這個勝妙法就會在人間失傳了，猶如寄放寶物於不久就會捨壽的老人一般；如果傳給不依聲聞戒而依止菩薩戒的菩薩，他會一世又一世住在三界或人間，猶如寄放寶物給年輕力壯可以活很久的人一般；那麼眼見佛性的妙法就能由這個菩薩繼續在人間弘傳，一世又一世而不會斷絕，就能利樂很多有情。

世尊是從領受妙法的人能不能長久住在三界中利樂有情，來決定要將勝妙法傳給什麼人。至於什麼人才是適合的人，就從眾弟子中持戒的心態來觀察；除此以外，還要從眾弟子所發的願力上面來觀察；凡是想要證聲聞果而出離三界生死的弟子，都是聲聞人，他們證得聲聞初果以後，最多七次人天往返以後，還是會入涅槃，不會繼續久住於三界中利樂有情。如果是發願一定要成就佛果，這是要歷經三大阿僧祇劫修行才能成就的；當他在三大阿僧祇劫自度度他的過程中，一定會利樂很多有情同樣成就佛道，也會利樂不少人成就聲聞解脫道；而且他未來成佛以後，也都不會入無餘涅槃，會永遠長住三界中利樂有情。所以，如果有人確實發起成佛之願而不是求聲聞解脫道，那就是菩薩種性的人，就是應該被傳授勝妙法的人，世尊就把眼見佛性的妙法傳給他。在《大般涅槃經》卷二十八〈師子吼菩薩品〉中，世尊也如此開示：【戒復有二：一、聲聞戒；二、菩薩戒；從初發心，乃至得成阿耨多羅三藐三菩提，是名菩薩戒；若觀白骨，乃至證得阿羅漢果，是名聲聞戒。若有受持聲聞戒者，當知是人不見佛性及以如來；若有受持菩薩戒者，當知是人得阿耨多羅三藐三菩提，能見佛性、如來、涅槃。】因此，世尊將這個眼見佛性的妙法，只傳給菩薩而不傳給聲聞聖人，所以聲聞聖人是不能看見佛性的。

聞見佛性與眼見佛性的定義有很多種，也都很嚴謹，各有不同的定義，不可以混亂解釋或套用；並且，同樣都屬於眼見佛性者，互相之間所見的證量也是大不相同的；所以從戒體、心態、所學諸法的不同，都會導致能不能眼見佛性的差異。比如《大般涅槃經》卷二十八〈師子吼菩薩品之二〉世尊說：【復有二種：一為利養，二為正法；為利養故受持禁戒，當知是戒不見佛性及以如來，雖聞佛性及如來名，猶不得名為聞見也；若為正法受持禁戒，當知是戒能見佛性及以如來，是名眼見，亦名聞見。】

這意思是說，縱使是大乘的菩薩行者，想要求見佛性時並不是一定都能看得見；因爲心態不同的緣故，就只能聞見佛性而不可能眼見佛性。

譬如有人已經以受持菩薩戒作爲正解脫戒，他也出家而同時受了聲聞比丘戒或比丘尼戒，把這個聲聞出家戒作爲別解脫戒，而他從來都不求名聞與利養，一心只想要以實證的佛法來利樂眾生；在這種心態下，他就是眞正的菩薩種性者，那麼他一定會值遇眞正的善知識而受學修行，就會有因緣可以眼見佛性；眼見佛性的人，當然也同時具足聞見佛性的功德。反過來說，若是以受持比丘戒、比丘尼戒等聲聞戒作爲正解脫戒，以菩薩戒作爲別解脫戒，這就是聲聞心態的表相菩薩，不是眞正的菩薩；這種人不論如何用功修行，即使有善知識指導，也都是無法眼見佛性的。假使有人出家時只受持正解脫戒的菩薩戒，不受持別解脫戒的比丘戒、比丘尼戒等聲聞出家戒，已經是眞正的菩薩種性了，但是他卻常常貪求名聞與利養，縱使有善知識指導，也是一樣無法證得眼見佛性的證量。這就是說，一定要修除聲聞種性，並且以無私的自利利他心態修學佛法，將來在遇到善知識指導時，才有可能眼見佛性。

第六目　沒有眼見佛性就無法入地嗎？

沒有眼見佛性，也可以入地，因爲有的菩薩一直沒有因緣眼見佛性；但是從其他方面努力修行，具足其他的功德，也是可以入地的。所以《大般涅槃經》卷二十六〈光明遍照高貴德王菩薩品之六〉說：【善男子！一切菩薩住九地者，見法有性，以是見故不見佛性；若見佛性，則不復見一切法性；以修如是空三昧故，不見法性，以不見故、則見佛性。】這是說，在法無我性上面沒有好好用功，所以直到九地時還是看不見佛性。凡是已經看見佛性的人，都不會落入法我性中，因爲在眼見佛性當下，就親眼看見山河大地以及五陰身心的全然虛妄，當然不會落入法我性中。由此經文中的聖教開示，證明沒有眼見佛性的人，還是可以進入初地乃至以上果位的。但是如果在十住位中就能眼見佛性了，因爲解脫正受功德較僅明心的菩薩來得大的緣故，以後漸修十行、十迴向位以及諸地的功德時，乃至在九地時想要轉入十地之中，都會比較容易而且快速。

問：明心而不見佛性者亦得漸修而到九地滿心位，為何仍勸大眾要求見佛性？

平實導師曾就此開示說：【眼見佛性之法，與境界相應，受用更大，其解脫正受功德遠過於破參明心，是故當修當證。復次，見性之法若得先證，未來於九地滿心欲入十地心時，即得無礙，速得轉入十地，是故當證。復次，後身菩薩初夜明心時，大圓鏡智及上品妙觀察智平等性智起已，猶待夜後分之目睹明星眼見佛性後，方起成所作智，是故當求眼見佛性之法。若於明心入七住後，復於第十住眼見佛性者，後後世中欲求見性者，俱得相應而無障礙，是故應證。由斯四緣，一切已經眼見佛性之善知識攝受眾生時，當教學人修學見性應具之功夫，以備緣熟時得見佛性。】（《宗通與說通》頁 182）

平實導師在《平實書箋》中又針對眼見佛性者與聞見佛性者，在悟後進修時的差別，如此開示：【眼見佛性者，則能深信佛語真實，……復起諸解脫功德正受，……故明心後而又眼見佛性者，必定不入二乘，復以眼見佛性之解脫正受功德，自知當來之世必定成佛。……佛性乃諸心心所法之性用，不可滅此佛性而成佛，便得轉發十無盡願，而見佛性別相；或蒙佛加持而見

佛性別相，起諸大用，是故十住先見佛性，不因未離胎昧而無作用。】（《平實書箋》頁132、133）

由於這四個緣故，開悟明心以後還是應當求見佛性，未來世繼續行菩薩道時，道業的增長才會快速增上，就能利樂更多有情。

又，想要增上修證而快速完成三大阿僧祇劫的佛菩提道，先求證眼見佛性的境界是比較好的路子；因為眼見佛性是不通二乘聖人的，卻是佛菩提道中的實修菩薩們很重要的一關，也是遲早都應該實證的境界，所以《大般涅槃經》卷二十九〈師子吼菩薩品之五〉中 世尊說：「**諸阿羅漢不見佛性，以不見故，不得阿耨多羅三藐三菩提。**」這也是在告訴所有佛弟子們，阿羅漢為何不能成佛？原因是阿羅漢們都沒有眼見佛性；如果這段經文中說的佛性是指第八識如來藏的成佛之性，意思就是說，阿羅漢們因為沒有明心而無法發起實相般若智慧，因此就無法成佛。所以阿羅漢們永遠都不是佛，因為阿羅漢們都沒有明心而沒有佛菩提道的智慧。即使明心而不退轉、不自我否定所悟的第八識確實是眞心，也還只是第七住位的賢位菩薩而已，距離成佛還很遙遠；得要趕快再進修眼見佛性的法門，實證以後才能滿足第十住位，距離佛地也還是很遙遠。

但是要如何才能眼見佛性呢？還是要以遠離聲聞心態爲主，還要以佛菩提道爲所歸依之法，而不是以聲聞解脫道作爲全部的歸依處，所以《大般涅槃經》卷二十七〈師子吼菩薩品第二十三之一〉世尊說：「聲聞緣覺見一切空、不見不空，乃至見一切無我、不見於我，以是義故，不得第一義空；不得第一義空故，不行中道；無中道故，不見佛性。」這意思是告訴我們，如果想要眼見佛性的人，千萬不要否定第八識如來藏，因爲如來藏即是第一義空的所依理體；這個理體若不存在，第一義空就成爲戲論，根本不可能開悟明心，就無法證得第一義空；不能證得第一義空，就無法證得第一義空理體如來藏所流注出來的佛性——如來藏的本覺之性。所以，一切想要眼見佛性的人，都應該趕快遠離六識論，趕快回歸三乘菩提諸經中所宗本的八識論，才能明心；明心後才能眼見佛性，將來繼續進修佛菩提道的速度就會更快。

假使這一世在眼見佛性的三個條件還沒有具足時就參出佛性的內涵了，一定是無法眼見佛性了，他就已經成爲解悟佛性的菩薩。假使有人是如此的，也不必耽心；因爲實證第八識如來藏而成爲實證第一義空的人，一定能詳細觀察三界一切法無常虛妄故空，實證三界一切有情無我；這時因為已明心的緣故，也同時看到眞實我——第八識如來藏，這是見一切無我，也同時見我，一定可以繼續進修而入地，也可以在入地以後繼續進修而到達九地；所以解悟佛性的人也不必灰心，仍然可以繼續進修佛道而不會有障礙。聲聞人則是「見一切無我，不見於我」，由於不能看見眞實我如來藏的緣故，不能證得第一義空，就永遠無法眞的邁向成佛之道。

第七目　眼見佛性者的證量都一樣嗎？

《大般涅槃經》卷二十三〈光明遍照高貴德王菩薩品之五〉云：【善男子！譬如有河，第一香象不能得底，則名為大。聲聞緣覺至十住菩薩不見佛性，名為涅槃，非大涅槃；若能了了見於佛性，則得名為大涅槃也。是大涅槃唯大象王能盡其底，大象王者謂諸佛也。】

所謂大河，是說連世上最大的香象也不能踩到河底，那條河就稱為大河；只有大象王才能踩到河底，大象王則譬喻佛陀。這經文中說，聲聞阿羅漢，或者阿羅漢進修因緣法而成爲緣覺，都是看不見佛性的；十住未滿心的菩薩也看不見佛性，甚至有的十住菩薩也是看不見佛性，只能暫時放下而直接進修初行位的功德。凡是沒有看見佛性的人，所證得的涅槃都只是有餘或無餘涅槃，都不是大涅槃。如果已經看見佛性了，而且是了了而見，沒有一絲一毫不見的人，就是證得大涅槃的人，那就是諸佛，名爲大象王。所以十住菩薩如果看見了佛性，還不能稱爲見性成佛，只是因地見性假名爲佛，因爲看見佛性了；所以，十住菩薩所眼見的佛性，並不是了了具足的，只是少分而已。入地菩薩所見的佛性是極清楚分明的，所以能與一部分有緣眾生的心中種子直接感應，但仍舊不是了了具足而見。

《大般涅槃經》卷二十七〈師子吼菩薩品第二十三之一〉說：【善男子！若有人見一切諸法無常、無我、無樂、無淨，見非一切法無常、無我、無樂、無淨，如是之人，不見佛性；一切者名爲生死，非一切者名爲三寶。聲聞緣覺見一切法無常、無我、無樂、無淨，非一切法亦見無常、無我、無樂、無淨，以是義故不見佛性；十住菩薩見一切法無常、無我、無樂、無淨；非一切法分，見常樂我淨，以是義故，十分之中得見一分；諸佛世尊見一切法無

常、無我、無樂、無淨，非一切法見常樂我淨，以是義故，見於佛性如觀掌中阿摩勒果；以是義故，首楞嚴定名爲畢竟。】

「一切法」或「一切諸法」，是指三界中的一切法，最主要是指五陰、十八界等法；「非一切法」是常住於三界中利樂眾生永無止期的大乘諸佛、佛菩提法、大乘勝義僧。「若有人見一切諸法無常、無我、無樂、無淨，見非一切法無常、無我、無樂、無淨，如是之人，不見佛性；一切者名爲生死，非一切者名爲三寶。」如果有人看見三界有情的五陰、十八界等一切諸法都是無常、無我、無樂、不淨，這就是看見三界無安無常的斷我見或者斷我執的聖者；這主要是指二乘聖人，但是菩薩也同樣要實證這種聲聞菩提的眞實觀察境界。如果有人像二乘聖人這樣子觀察以後，同時也把「非一切法」大乘三寶也認爲是無常、無我、無樂、無淨的，不相信大乘三寶是常住不滅的，以爲佛陀以及勝義僧也像他們一樣會入無餘涅槃而灰身泯智，那麼這種人雖然已是解脫三界生死的聖人，他們永遠看不見佛性的，這就是聲聞與緣覺的境界。

「十住菩薩見一切法無常、無我、無樂、無淨；非一切法分，見常樂我淨，以是義故，十分之中得見一分」，三賢位的第十住菩薩與聲聞緣覺一樣看見五陰、十八界等一切法無常、無我、無樂、無淨，早已在第六住滿心位證得能取與所取都空的智慧境界，但是另外對「非一切法」大乘三寶也看見一分常、樂、我、淨。由於分見大乘三寶常樂我淨的緣故，所以對佛性的內涵，十分之中可以看得見一分；因爲已看見這一分佛性的緣故，因此成就如幻觀，眼見山河大地的虛幻不實，也眼見自己和有情的五陰、十八界虛幻不實。這也證明十住菩薩眼見佛性的境界不同於入地及諸佛，因爲十分之中只見一分。

「諸佛世尊見一切法無常、無我、無樂、無淨，非一切法見常樂我淨，以是義故，見於佛性如觀掌中阿摩勒果」，諸佛世尊當然也看見五陰、十八界等一切法無常、無我、無樂、無淨，而且究竟無餘；但是諸佛世尊也看見「非一切法」的大乘三寶是常樂我淨，而且究竟無餘，所以看見的佛性完全究竟無餘，猶如世人觀察自己掌中的阿摩勒果一樣清楚分明。「以是義故，首楞嚴定名爲畢竟」，這都是由於在因地就修學首楞嚴定，所以眼見全部佛性而沒有遺餘；如此了了明見時，才能發起成所作智，使前五識以及心所法都能各自運作而化身無量，利益無量眾生。這證明同樣是眼見佛性的人，所見的佛性層次是不會完全相同的。

眼見佛性的實證，除了要有很大的福德來莊嚴以外，還必須同時具備定力與慧力二種莊嚴的；因此，一切眼見佛性的人，智慧與證境都不會完全一樣的。所以同樣眼見佛性，諸佛如來是見性了了，十住菩薩雖見佛性卻猶未了了。所以 平實導師於《禪—悟前與悟後》書中引述經文說：「十住菩薩智慧力多，三昧力少，是故不得明見佛性。聲聞、緣覺三昧力多，智慧力少，以是因緣不見佛性。諸佛世尊定慧等故，明見佛性了了無礙。」佛性是要眼見爲憑，不是用思惟揣摩來體會的，因此在《大般涅槃經》中又講：「復有聞見佛性。」所謂聞見佛性是：「菩薩聽聞一切眾生、乃至十信、十住、十行、十迴向的菩薩悉有佛性，心能信受。」這叫作聞見佛性。如果聽聞一切眾生皆有佛性而心不信受，那就不叫聞見佛性，更別說是眼見佛性了。在正覺同修會中的實證事實上來說，關於親眼看見佛性的證量，也證明只有諸佛如來了了分明而具足眼見，諸地菩薩比十住菩薩見得更深刻，因此能與眾生心多分或少分感應，了知部分眾生的根性與學法的因緣；而十住位的菩薩雖然已經眼見佛性了，但還沒有完全了了分明具足，就無法與眾生心互相感應，遠不如諸地菩薩眼見佛性的功德。由於這個緣故，所以上面的經文意思是說：「十住位的菩薩慧力多而定力少，以這個緣故而不能非常分明地看見佛性；聲聞與緣覺因爲定力多而慧力少，以這個緣故而看不見佛性。諸佛世尊則是因爲定力與慧力都具足而且相等的緣故，非常分明地看見佛性而全部了知佛性的作用，可以完全運用而沒有絲毫障礙。」

第三節　教作功夫準備見性

第一目　爲什麼要鍛鍊定力？

關於眼見佛性所需要的淨念相繼和看話頭的功夫，留在後面第四章的第四節與第六節中再作詳細說明，這裡只談見性與定力的關聯性、必要性。修學佛菩提道的人，想要眼見佛性的話，一定要先開悟明心；如果眞的想要開悟而求明心，想要進入大乘別教的眞見道位中，進而求證眼見佛性的境界，必須心細，才能開悟而證得第八識如來藏；因爲如來藏運行時的法相很微細，不是那些粗心大意的人所能明白、所能實證的緣故。善知識爲了想要幫助修學佛法（不是幫助修學羅漢法）的人，可以開悟見道明心的緣故，必須先教導大家精勤修練基本定力：不論是在靜態或動態中，都可以時時住於一心不亂或者淨念相繼的境界中，而不會妨礙世間生存或生活中的種種行爲。能夠具備這種動中功夫的人，縱使他在這一生中都沒有證悟的因緣，沒辦法開悟見道，至少也會因爲這種動靜之中都能一心不亂或淨念相繼的功夫，而獲得很大的受用，乃至自知有能力上品往生諸佛國淨土。

如果是想要求證《大般涅槃經》中 佛陀說的眼見佛性境界，就必須再進一步轉爲看話頭的功夫；所謂看話頭，是能在話的前頭就看住，了了清楚那一句話的意思，可是卻不會在心中出現那一句話。如果心中已經出現某一句話了，才住於那一句話的意思之中，就已經落入話尾了。那是在心中唸出一句話以後才住在那一句話的意思中，因此說他已經落入話尾了。而且，想要眼見佛性的人，必須在動態中修成這種定力，不應該在靜態、靜坐中修成這種定力；否則縱使有一天因爲福德具備、慧力具備而參出佛性的內容時，就只能在靜坐很久以後才能眼見佛性；只要一下座走動，幾分鐘以後定力開始散失了，就開始看不見佛性了。那麼，如果完全沒有這種看話頭的功夫，連靜中的看話頭功夫都沒有，那麼他一定不可能眼見佛性，不論是在動中或靜中都一樣。

而且，從求實證上面來說，已經眼見佛性的菩薩們，如果因爲眼見佛性了就開始放逸，不能繼續每天禮佛保持定力，也不能每天靜坐保持定力，當他的定力失去時，就看不見佛性了，一定會失去原來眼見佛性的境界。唯一的補救辦法，就是每天繼續努力靜坐；或者每天以無相念佛的功夫繼續禮佛半小時，專作無相念佛的功夫；等到回復定力的時候，才能再度眼見佛性分明。所以，眞正的善知識，一定要教導學人們修學定力，不是進入定境中享受定境。而定力的教導，還是應該以動中功夫最重要；因爲動中修來的功夫，在行住坐臥之中，不論如何繁忙的狀況下，都同樣可以清楚看見佛性；若是靜坐中修學來的看話頭定力，下座走動去看佛性時，定力就會散失而漸漸看不見佛性；必須回座繼續修定而使心定下來以後，才能再看見佛性；所以平實導師常說：靜中修得的看話頭功夫，見性的品質都不佳。因此，善知識教導大眾修學看話頭的定力時，應該以動態定力的內涵來教導，不應該以靜中定力來教導。動中定力的教導，「首楞嚴定」是最好的方法；無相念佛正是首楞嚴定的方法，也最適合現代社會生活環境的學佛人。

想要眼見佛性的人，一定要先鍛鍊定力，這個定力一定要在動中修來的才有用。見性以後，這種動中定若是消失了，在山河大地上面看見自己佛性的境界就會跟著消失。因此，本會游正光老師在書中曾經如此說：【定力若退失，佛性將會看不清楚，乃至完全看不見。譬如《大般涅槃經》卷二十七所說，十住菩薩眼見佛性而不明了，以首楞嚴三昧力的緣故即可了了而見；因此眼見佛性不是不見，仍是有見，只是見少分佛性而不明了，若是能修學首楞嚴三昧（譬如念佛圓通章的無相念佛）動中定力，就能了了而見；不是像慧廣在〈眼見佛性的含義〉謬義文中所說，唯有「佛眼見於佛性」（詳見慧廣《禪宗說生命圓滿》一五八頁）。因此，眼見佛性是必須有動中定力的，當定力退失的時候，佛性跟著定力退失就會看不清楚，乃至完全看不見；雖然看不見，但佛性仍然繼續在運作著，也知道如何可以再度眼見，慧力照見其理以及已曾體驗的緣故，所以了知自己只需修回已失去的定力，即可重新看見佛

性。因此當定力退失，再繼續培植定力，並於定力恢復後，又可以隨時隨地在山河大地上看見自己的佛性了。】（《明心與眼見佛性》頁107、108）

由此也可以證明，如果沒有動態中隨時隨地都能看話頭的定力，就不可能在山河大地上面看得見佛性。假使已經看見佛性了，以後若都不肯禮佛保持定力，當他的定力失去了，同樣會像見性前一樣看不見佛性。如果發覺自己有一天竟然看不見佛性了，因爲知道必須有定力才能看見的原理，所以只要好好再重新把定力修回來時，他又可以重新再看見佛性了。

第二目　眼見佛性的定力需要很強嗎？

如果明心以後想要親眼看見佛性，這種定力的層次並不需要很高，用不著修練到初禪或二禪的定力，只需要在動態中修練看住話頭的前頭的功夫；這種功夫修練成功以後，要常常保持而不忘失，就已經具足見性的定力了，所以並不需要初禪或二禪等定力。但是必須經由動態中來鍛鍊而成就的未到地定定力，也就是在動態中可以隨時隨地看話頭，才能看見佛性而且清楚分明。如果有人想要修學這種定力，可以依照 平實導師寫的《無相念佛》法門來用功，如果讀了以後沒有誤會書中講的意思，也肯努力用功的話，這是很快就能修成的功夫。無相念佛的功夫修得很好以後，就可轉成看話頭的功夫，再繼續深入看話頭功夫中鍛鍊。如果自己讀了以後還是不會無相念佛，也可以來正覺同修會中修學，親教師們都會詳細教導的。

當學人把無相念佛的動中定修成以後，時時刻刻都住在憶佛的淨念相繼境界中，也就是住在無相念佛的清淨念佛境界中，繼續深入修練到無相念佛的功夫很好時，就可以選擇適當的時機轉為看話頭。這時候不再用無相念佛的功夫來憶佛念佛了，而是改為禪宗門庭的話頭來看著，不讓它消失。比如參禪是誰？念佛是誰？吃飯是誰？說話是誰？……等話頭。但這時心中都不會再唸出這些話來，而是住於所看的那一句話的前頭（如果那一句參禪的言語已經在覺知心中出現了，覺知心就已經住在那一句話的後面了，就不是住在話頭而是住在話尾了）。然後繼續鍛鍊，使自己的覺知心在人間的種種活動之中，都能同時安住於所看的那一句話的前頭，不會生起妄想妄念，這時就是具足眼見佛性的功夫了。

當然，看話頭功夫是不是已經具足了，還是得要由善知識來觀察判斷，因爲看話頭的境界會有一些變化；還沒有完全成熟之前，最好是繼續看下去，繼續前進而使功夫更深厚，到達某一種層次時，再來參話頭，那時參出來才能看得見佛性；或者看話頭功夫具足成熟時，再由善知識來引導，那時就能親眼看見佛性。若是功夫還沒有成熟，就先參究佛性而被你參出來時，還是看不見佛性的。依據 平實導師度眾與教學的經驗，一旦參出佛性的內涵而看不見時，這一世就沒什麼機會可以看得見佛性了，只好等未來世再說了。末學可以說明的是，看話頭功夫的鍛鍊，不必修練到初禪或二禪的功夫，但必須經歷看話頭功夫的一些演變狀況，到達某一層次時（末學奉命不許加以說明，以免有人妄稱已經有那個層次而被引導時，一定看不見佛性，這時講出來的人就是在害人看不見佛性），才來參究佛性的內涵，才會比較有把握。

這意思是說，想要眼見佛性的人，除了其他條件以外，都必須有看話頭的功夫。如果不想成爲解悟佛性的人，不想因爲看不見佛性而一生都覺得遺憾，就必須鍛鍊看話頭的功夫；否則參出佛性的內涵時就會成爲解悟而無法眼見佛性，因此末學必須先說明看話頭與眼見佛性的關聯。

眼見佛性必須有正確的看話頭功夫，但明心者不是必須有看話頭功夫；善知識教導學人看話頭之目的，只是要使參禪者心思細膩敏銳而比較容易找到如來藏；心思如果粗糙，是找不到如來藏心的。但是找到如來藏心以後，會自己確定一個事實：能不能找到如來藏心，以及找到如來藏心以後會不會退失而看不見如來藏，其實都與定力無關。因爲即使看話頭的功夫全部失去了，還是會繼續清楚分明看見如來藏心的所在。可是若想要親眼看見佛性，甚至於在山河大地、虛空之中，都可以看得見自己的佛性，就必須具備很好的看話頭功夫，而且必須是動態之中修得的看話頭功夫，才有可能看得見佛性；靜中修來的看話頭功夫，大多數是看不見佛性的。這就是說，只要明心以後作錯功夫，那是看不見佛性的，最多只能看見如來藏的成佛之性，也就是只能維持明心的智慧。

由於這個緣故，游正光老師說：【欲眼見佛性的佛子們，應先勤練無相憶佛、次拜多尊佛及鍛鍊思惟觀功夫，然後還須勤練看話頭功夫，並努力消除煩惱之遮覆及懺悔毀謗勝義僧之重罪（不論是性罪或戒罪，或者兩者都是），並且修集眼見佛性所需之大福德；直到因緣成熟時，於 世尊冥助之下，而

獲得 平實導師的幫助，方得眼見佛性。從此不疑 世尊所說究竟是以肉眼見？還是慧眼眼見？正當眼見佛性時，其實都沒有所謂的以肉眼、或者以慧眼見的問題存在，就以父母所生眼而清楚分明看見了佛性。所以眼見佛性是很單純的事情，越單純越好，思惟越多，就越不能眼見佛性。（《眼見佛性》頁272）……奉勸欲求眼見佛性的佛弟子們，唯有精勤鍛鍊看話頭功夫、熏習眼見佛性的正知見、培植眼見佛性應有的福德莊嚴，於時節因緣成熟時，方能在 世尊冥助下，而在善知識的親自指授之下眼見佛性。此外，奉勸只想在經典裡探究佛性答案而不肯下功夫鍛鍊看話頭功夫的佛子們，在福德、定力、慧力都尚未具足的情況下，或者尚缺其一的情況下，一旦先知道佛性答案者，則今生一定無法眼見佛性，只有期待來世了。就算是三者都已經有了少分，則眼見佛性之覺受非常淡薄，乃至不現，解脫功德小矣。若想能夠眼見佛性清楚，則不僅必須付出比他人多倍之心力，而且不若直心學人依善知識開示，勤練看話頭功夫，於因緣成熟一念慧相應而眼見佛性清楚、之全身覺受強烈、之解脫功德大，是故學人不可不愼。（《眼見佛性》頁292）……借用禪宗祖師的四句偈來開示眼見佛性正理作爲結尾，那就是：「青青翠竹悉

是法身，鬱鬱黃花無非般若；溪聲盡是廣長舌，山色無非清淨身。（《眼見佛性》頁 297）」】

張正圜老師說：【明心而證得如來藏的人，所了知的是：如來藏自無始劫來，不曾於六塵萬法起一念一剎那之見聞覺知，一向離見聞覺知故，於六塵中所出現的萬法都不起分別；而「眼見佛性」者，眼見見聞覺知等七識十八界之總性，不以看見能見之性、能聞之性乃至能覺知性之現行爲見性也，是故佛性可以眼見，名爲十住菩薩眼見佛性——即是未入地菩薩隨順佛性。若如上平居士等人，於眼等六根體會見聞覺知等六性者，俱名凡夫隨順佛性，不名眼見佛性。非是禪宗所言之見性也，非是《大般涅槃經》所說之十住菩薩眼見佛性也。

明心之人，可以眼見如來藏之運作，可親眼看見如來藏運作時之體性，若無大善知識攝受，往往以爲如是明心即是眼見佛性，然實非是。十住菩薩眼見佛性，必須先有看話頭之定力功夫，功夫純熟而且具足慧力與福德以後，再參究佛性名義，方可在參得佛性名義時見之。】（《護法與毀法》頁 285、286）

由筆者自己的眼見佛性親身體驗，再由游老師、張老師書中這些開示，都證明眼見佛性所必須的定力，不必很深厚，因此不必等到修得初禪、二禪時再來求見佛性；但是看話頭的功夫卻必須修得很好，一定要經歷某些過程，才能在參出佛性的內涵時看得見佛性。而這些過程是不是已經全部完成了，應該由過來人善知識勘驗判斷，學人自己是不清楚的。所以，求證眼見佛性的境界固然不必有初禪、二禪的定力，還是必須具備看話頭的深入修練，經歷某些演變狀況而獲得提升到某一程度時，才有可能在參出佛性內涵時眼見佛性，不是從無相念佛的動中功夫剛剛轉過來的粗淺看話頭功夫，就能眼見佛性。關於看話頭功夫的理論與行門，將在下一章的第二節「定力莊嚴」及第四節、第六節中加以敘述。

第四章　眼見佛性的條件

眼見佛性者必須有三個條件：慧力、定力、福德等三種莊嚴。若是欠缺了其中的一種，或是雖不欠缺其中一種，但是其中的一種不夠具足，也會在參出佛性內涵時看不見佛性。以下針對這三種見性時必須具足的莊嚴，大約分爲三節來說明。

第一節　慧力莊嚴

看話頭的功夫，可以廣利禪宗的學人，這是很重要的功夫。但是看話頭功夫，必須跟參禪的知見結合起來，才有可能開悟明心。如果連我見都沒有斷，連明心時是要證第八識的知見都沒有，反而每天都在反對第八識的正法，縱使給他鍊成看話頭功夫了，也是一定無法開悟明心的，更不可能開悟佛性而看見佛性。因此，游正光老師說：【而此阿賴耶識正是　佛說法四十九年開示的「我、無我、本際、涅槃、如來藏、非心心、無心相心、無念心、無住心、阿陀那識、異熟識、眞如」等等異名，也是禪宗所言「祖師西來意、本來面目、佛法大意」等等異名。由此可知，明心證悟之人所悟的心，就是第八阿賴耶識，因證得阿賴耶識故，般若總相智慧出現，絕非慧廣法師所說的離念靈知的意識心。爲了求證阿賴耶識而勤鍊看話頭功夫，於參究中體驗阿賴耶識在種種作用中，與妄心意識覺知心和合運作似如一心之正理，並且確定所悟之阿賴耶識心體是法界之根源而轉依之，才是禪宗的明心現量。又於明心之後修集福德，爲眼見佛性而作莊嚴；並進一步增修看話頭的功夫，定力與福德都足夠以後，由於一念相應慧而能眼見所有眾生的佛性，親證身心及世界如幻觀，此乃禪宗所謂見性之正理，亦是 平實導師所開示「明阿賴耶識本體以後，再過重關、眼見佛性」的道理。】（《眼見佛性》頁 156、157）

《大般涅槃經》卷二十七〈師子吼菩薩品〉說：【下智觀者不見佛性，以不見故得聲聞道；中智觀者不見佛性，以不見故得緣覺道；上智觀者見不了了，不了了故住十住地；上上智觀者見了了故，得阿耨多羅三藐三菩提道。】

世尊在這一段經文中說：以下等智慧來觀察的時候，是看不見佛性的，因爲他們是以下等智慧來觀察的緣故，與大乘法中應證的佛性不能相應，只能證得聲聞法的菩提道。至於凡夫眾生們，在三乘菩提中來說，是還沒有智慧可說的。在三乘菩提中，還有中等的智慧，就是因緣觀的修學者，在實證因緣法以後所發起的智慧，就是中等智慧；以中等智慧來觀察時，還是看不見佛性的，因爲看不見佛性的緣故，他們只能證得緣覺法的菩提道。

若是以上等智慧來觀察時，就是以佛菩提道的智慧來觀察時，雖然能夠看得見佛性，但也還是無法全部看見；因爲所看見的佛性是限制在看見上面，無法直接從所看見的佛性中生起作用來，只能產生如幻觀而獲得解脫智；也只能產生佛性極度眞實不虛的現觀而不會再一心想要入涅槃，願意生生世世在人間行菩薩道，不再畏懼隔陰之迷，仍無法像入地菩薩一般與眾生心感應而了知眾生與他的往世因緣，所以 世尊說「上智觀者見不了了，不了了故住十住地。」必須見性後再經過精進修習菩薩道，努力自度度他，入地後再經過二大阿僧祇劫的修行，進入佛地而具有上上智時，才能看見全部佛性的一切作用；才能生起成所作智而能化身無量無邊，在十方世界住持佛法利樂無量有情。由此可見，即使只是想要獲得十住菩薩眼見佛性的證量，也得要有上智才行；聲聞羅漢法所證得的下智，以及緣覺辟支佛所證得的中智，都是無法看得見佛性的。

再從另一段經文中來證明，欠缺智慧莊嚴的人也是看不見佛性的。《大般涅槃經》卷二十七〈師子吼菩薩品〉：【爾時世尊告師子吼菩薩摩訶薩言：「善男子！汝若欲問，今可隨意。」師子吼菩薩摩訶薩白佛言：「世尊！云何為佛性？以何義故名為佛性？何故復名常樂我淨？若一切眾生有佛性者，何故不見一切眾生所有佛性？十住菩薩住何等法，不了了見？佛住何等法而了了見？十住菩薩以何等眼，不了了見？佛以何眼而了了見？」佛言：「善男子！善哉！善哉！若有人能為法諮啓，則為具足二種莊嚴：一者智慧，二者福德。若有菩薩具足如是二莊嚴者，則知佛性，亦復解知名為佛性，乃至能知十住菩薩以何眼見，諸佛世尊以何眼見。」師子吼菩薩言：「世尊！云何名為智慧莊嚴？云何名為福德莊嚴？」「善男子！慧莊嚴者，謂從一地乃至十地，是名慧莊嚴；福德莊嚴者，謂檀波羅蜜乃至般若、非般若波羅蜜。復次善男子！慧莊嚴者，所謂諸佛菩薩；福德莊嚴者，謂聲聞緣覺、九住菩薩。」】

這一段經文中說，想要見性的人必須要有大乘佛菩提道的智慧作為莊嚴，才有可能看得見佛性；而智慧的層次高低有很多的不同，導致所有能看得見佛性的菩薩們，所見的佛性也有不同層次的差別；所以同樣是見性的菩薩，見性後所得到的智慧也是有各種不同層次的差別，不能一概而論。

比如佛性的定義，有時是說第八識如來藏所具有的能令菩薩成就佛果功德的自性，有時是說第八識如來藏運作各類種子而能出生十八界法、出生五陰、出生山河大地等法。但是佛性二字，有時則是說如來藏的本覺性，這才是十住菩薩所眼見的佛性。據 平實導師的開示，諸地所見的佛性則是可以使十八界法產生各類作用，譬如證實佛性使六識能見聞覺知，使五色根及意根能接觸外六塵，也使六識能接觸與了知內六塵……等，這也都是如來藏自身的佛性功德，就不是三賢位菩薩所能知道的。若是佛地所見的佛性，能夠出生成所作智，連妙覺菩薩都不知道，更不是十住菩薩以及凡夫菩薩所能知道的。

禪三時 平實導師曾對護三的糾察菩薩說過：諸地菩薩捨壽繼續生在人間時，雖然還沒有遠離隔陰之迷，但是重新見性時就會與有緣眾生的心直接感應。這不是眼見佛性的十住菩薩所能知道的，由這類事實可以證明眼見佛性的菩薩們各自的智慧，確實有許多不同層次的差別。但是這些差別，都是上地能知下地事，下地不知上地事；證明妙覺菩薩還沒有成佛以前，尚未生起成所作智，根本不能理解諸佛眼見佛性所發起的成所作智是什麼境界。因此，這一段經文中，佛說：智慧莊嚴及福德莊嚴互不相同的緣故，導致見性後的所見與功德各不相同。所以同樣是眼見佛性的菩薩之間，也不能一概而論，也不需要等視齊觀、互相比較。

師子吼（獅子吼）菩薩見性後，由於比別人擁有更多的智慧莊嚴與福德莊嚴，才能爲大眾向 世尊請問「十住菩薩以何眼見，諸佛世尊以何眼見」的問題，一般眼見佛性的十住菩薩們是無法如此請問的，連這個問題都還沒有想到。因爲師子吼菩薩已經知道這個內容，故意向 世尊請問，由 世尊向大眾開示。十住眼見佛性時是以什麼眼看見佛性的？這個題目，平實導師在《平實書箋》中已經有很詳細的解說，末學在此書中就不再重複，有心探究的菩薩們可以直接請閱。

末學在此要說的是，十住菩薩雖然眼見佛性了，卻無法爲人說明肉眼親見佛性時究竟是以什麼眼來看見佛性的，而諸地菩薩又是以什麼眼來看見佛性的；只有入地以後的菩薩，才有智慧能夠爲人說明十住菩薩是以什麼眼來看見佛性的，以此緣故，世尊說：「若有人能爲法諮啓，則爲具足二種莊嚴：一者智慧，二者福德。若有菩薩具足如是二莊嚴者，則知佛性，亦復解知名爲佛性，乃至能知十住菩薩以何眼見，諸佛世尊以何眼見。」然後又對「能知十住菩薩以何眼見」的智慧，加以定義：「慧莊嚴者，謂從一地乃至十地，是名慧莊嚴。」佛直接說明：要有入地的智慧，才能爲人解說十住菩薩以肉眼眼見佛性時，究竟是單憑肉眼就能看見呢？或是還需要其他的條件才能看得見？這已直接點明必須有入地的智慧才能爲人解說，如果有人來向末學直接質問：「眼見佛性時，究竟是以什麼眼看見佛性？是單憑肉眼就能看見佛性嗎？」末學還是難以解釋的，因爲還是要藉 平實導師的說明，才能爲對方解釋。

但是，入地菩薩是否憑入地的智慧，就能爲人解釋十住菩薩是以何眼看見佛性嗎？是單憑入地後的無生法忍智慧就行嗎？其實還得要有入地後應有的廣大福德作爲支持，才有能力依其智慧爲人解釋十住菩薩是以何眼而眼見佛性的。世尊這一段經文聖教中的開示，直接證明了福德的重要性。從正覺同修會中的眼見佛性者，還不能像　平實導師一般為人解釋十住菩薩以肉眼看見佛性時，是以何眼看見佛性的事實，就能知道　世尊這一段經文聖教所說是眞實不虛。所以諸地菩薩所見佛性各不相同，而十住以上未到初地的賢位菩薩所見的佛性，也一定與入地菩薩所見有所差別；那麼諸地、等覺、妙覺菩薩所見的佛性，也一定是與諸佛所見不同。這些不同，都是由於智慧與福德的差異而產生的；可是未滿十住位的菩薩，還沒有見性時應有的智慧，當然也就看不見佛性了，何況還應有定力及福德等二種莊嚴才能見性呢！

第二節　定力莊嚴——看話頭

這一節中要先說明話頭禪之緣起。話頭禪的弘揚，在　大慧宗杲時期達到頂峰，是因為　克勤圓悟大師的啓發所致；最早時趙州從諗禪師教人看「狗子無佛性」，於是開始有人看「無」字。後來　克勤大師也曾教導　大慧宗杲禪師這個話頭禪，大慧宗杲禪師從話頭禪得到大受用，便繼承下來傳授給徒眾們；有一些徒眾也因此而在「無」字不知不覺地出口時就悟了，門人因此也弘揚這個話頭禪，世代相承而傳承到現在，平實導師也大力弘揚話頭禪。

弘揚話頭禪的宗派，正法弘揚時間之久，遠超過默照禪。克勤圓悟大師傳下來的 大慧宗杲一脈，以及虎丘紹隆一脈，都是話頭禪的弘揚者；在南宋時期，這二門都是禪宗叢林宗門正法裡的二大甘露法門。但虎丘紹隆一脈傳到南宋理宗時，距離 大慧宗杲禪師入滅才不過六十年，已經落在離念靈知意識心境界中。原因是虎丘紹隆的弟子，在天童宏智正覺禪師入滅後，因為並無適合的住持人選，於是由虎丘紹隆的弟子前往住持天童一脈的門庭；他們因為是住持天童山，於情於理都應該要兼弘天童默照禪法；也因為看話頭功夫不易鍛鍊，若沒有明師指導，更難練成；於是後來漸漸轉為較簡單的默照禪的行門。如此傳承了六、七十年以後，傳到癡絕禪師時已經落入意識境界中，開始極力提倡離念靈知，使虎丘紹隆及天童宏智正覺二脈合一的如來藏正法眞旨，因此而在天童山失傳。此後天童山的這二個法脈中的所有後人，都不再有人能悟得第八識如來藏，只剩下表相的法脈繼承與弘傳。由此可見，天童山的默照禪法絕非禪門宗旨容易證悟的妙法，確實極難令人悟入。反觀 克勤、大慧師徒一脈所弘揚的看話禪，則是源遠流長，永續不絕而到現在的正覺同修會中，仍然繼續在弘揚，而且確實成績可觀。

關於天童宏智正覺與 大慧宗杲二位禪師，都同樣是弘揚如來藏法的事實，末學在此處省略不言，有興趣的讀者可以直接請閱 平實導師寫的《鈍鳥與靈龜》，其中有許多明文考證及闡釋，閱後自然會知道，末學於此便不再重新贅言。這裡想要提出的一些知見是：天童宏智正覺自己的證悟，是在公案的參究下證悟的，不是由於默照禪的實修而證悟的。而且，大慧宗杲禪師明心後又再眼見佛性的境界，天童宏智正覺是還沒有實證的，所以他仍然無法了知 大慧宗杲的眼見佛性境界，一生都無法提示眼見佛性的內涵與實修方法，自然也不曾教導弟子實證眼見佛性的境界，因為他自己也還沒有眼見佛性。

眼見佛性的三種難處之一，就是必須鍛鍊看話頭的功夫；而天童宏智正覺禪師是沒有看話頭功夫的，他的靜中功夫，在眼見佛性上面是沒有什麼用處的，所以縱使能參出佛性的內涵，也一樣看不見佛性。所以想要見性，除了必須有智慧與福德二種莊嚴以外，還要有看話頭的功夫；這個功夫還得要達到一定的標準時，才能在參出佛性內涵時眼見佛性。所以，深厚的看話頭功夫，是求見佛性者必須具備的動中定力；假使缺乏定力，即使慧力莊嚴、福德莊嚴都足夠了，還是一樣看不見佛性。

看話頭的功夫，不論是在破初參的明心初關，或者是破重關的眼見佛性上面，都是非常重要的。參禪的法門假使不勝妙，就不可能證悟第八識如來藏，更不能眼見佛性，這是可以從禪宗歷史記載中證實的。除 克勤圓悟大師傳下來的 大慧宗杲與虎丘紹隆禪師的苗裔以外，其餘禪師所傳的法脈，大多不久就中斷不繼了，都因爲法門不勝妙而不懂得看話頭的功夫如何修習的緣故。這可以由天童山的虎丘紹隆一脈改用默照禪法，才剛傳到南宋理宗時，便已經落在離念靈知意識心境界中的事實而證明。

天童山的虎丘紹隆禪師也是 克勤大師傳下來的法脈，但虎丘紹隆禪師很懶，不肯辛苦精勤度人，也不肯採取 大慧宗杲的看話禪方法度人，所以克勤大師曾說他是瞌睡虎，對於摧邪顯正是不會有作用的。因爲他自己就懶懶散散的，於是他的門徒們就以最容易的坐禪默照的方法度人及修禪，不必辛苦鍛鍊看話頭的功夫；因此天童山的虎丘禪師的子孫們，在 大慧宗杲入滅後才六十餘年，就落入離念靈知心意識境界中；從那時開始，天童山的默照禪中就不再有人眞的開悟了。後來傳承到明朝末葉時的天童山圓悟禪師，更是極力提倡離念靈知，都不知道他的祖師虎丘紹隆悟的也是如來藏正法，還寫文章辱罵 大慧宗杲，說 大慧禪師不是 克勤大師的正傳弟子。可見 大慧宗杲辭世六十年以後的天童山默照禪中，正法眞旨早已失傳了，只剩下表相的法脈傳承；原因都是因爲想要兼弘天童宏智正覺的默照禪法，不想辛苦鍛鍊難修的看話頭功夫，無法以看話禪的勝妙法門求悟；所以後來天童山的虎丘後人，全落在離念靈知心中，不再有人能悟得第八識如來藏了。

從歷史記錄中來觀察虎丘禪師這一脈正法傳承的衰落，可以證明原因就是禪悟的法門不勝妙而導致的；因此緣故，才不過傳承幾代以後就失去正法妙旨，只剩下法脈傳承的表相。這已證明南宋末葉和元、明時期的東山禪，仍然是由 克勤、大慧師徒一系的弘揚而繼續發揚光大；天童宏智禪師則是後繼無人，由虎丘紹隆的弟子應菴禪師前去主持正法；而虎丘禪師這一脈才傳了四、五代，就跟其他的凡夫禪師一樣落入離念靈知意識心中，這已經足夠證明默照禪確實很難使人開悟。

看話禪的功夫雖然難修，卻能夠源遠流長，使克勤、大慧這個宗派一直流傳不絕，一直都有門人證悟而出世弘揚宗門正法。後代禪門不知道這裡面的根本緣由，每隔一段時間就會有人出來弘揚默照禪，全都落入離念靈知意識心中，連我見都斷不了；因此，弘揚默照禪的大師們，連聲聞初果都無法證得，何況是佛菩提道的禪宗開悟明心呢！學佛人讀到這個歷史記載的事實時，就應當了知默照的法門所默照的離念境界，絕對不是禪門宗旨應當證悟的妙法了。由此事實，不但顯示出看話頭功夫對於眼見佛性的重要，也顯示看話頭功夫對於開悟明心的重要性。

由於離念靈知是常見外道所墮的意識境界，是一切尋求宗門證悟者不應該犯的大過失，所以古時 大慧宗杲才會極力提倡看話禪，這就是 大慧禪師對話頭禪大力弘揚的緣由。古時如此，現代也是如此，不會因爲時間的轉變就使禪門證悟的內容有所轉變；既然證悟如來藏的方法及眼見佛性的方法，都同樣是以看話頭的方法最勝妙，因此，學禪的人都應該設法學會看話頭的方法。而且看話頭的禪法，在古時就已經顯放出優秀的光芒了，根據《永覺和尚廣錄》卷十一的記載：【至於話頭上一步死工夫，則實非吾之臆說也！

昔者黃蘗肇端，諸師遵承，而大慧尤主張之。夫大慧中興濟北之道，豈其機用弗具？而開示來學，一一例以一句話頭塞斷其咽喉，消磨其伎倆，然後顯大機大用，以激發其精光，故依而獲證者四十餘人。】

又《雲門麥浪懷禪師宗門設難》卷一如是說：【其柰情與世異，道隨物遷，學者不以生死大事爲重任，惟期明會機緣，向古人舌頭上安身立命、望空穿鑿；人我是非逾高逾大，生死牢關逾深逾固。嗚呼！欲求禪道之興，其可得耶？所以大慧、高峰，一味教人看話頭、下疑情；孜孜密密，苦口叮嚀；如貓捕鼠，如雞抱卵；至於用力之久，一旦豁然開悟，可謂慶快平生者矣！觀彼死坐蒲團、一念不動者，乃告子之弗求、無想之異熟，佛祖叱此輩爲外道，孔孟拒此輩爲異端；污辱宗門，無過於是。】

這也是責備那些專門靜坐求一念不生的愚癡人，猶如告子所說的一切都無所求，認爲這樣就是悟了；又好像是修得最好的靜坐者，只不過是死後可以往生在無想天中，依舊離不開往生無想天中的異熟生死果報；世尊及所有禪宗眞悟祖師們都大聲斥責這一類人是外道。麥浪禪師還罵這種落入離念靈知中的禪人，是污辱禪宗門庭的不孝子孫；認爲污辱禪門的人，不論怎麼污辱，都不會像這些人污辱得這麼嚴重。寫到這裡，末學認爲，有智慧的學禪者，都應該趕快遠離一念不生、離念靈知的意識境界，以後千萬別再靜坐默照一念不生了，應該趕快依照大慧宗杲禪師看話頭的方法來學習參禪的功夫，然後用看話禪的方法來參禪，才會有開悟明心乃至於見性的因緣。

最後，再引用平實導師的開示，指出想要修成看話禪功夫的人，應該修學的方法與過程：【如何才能修得動中定——一念相續、淨念相繼的功夫，只要練成無相念佛功夫，自然可以成就。未具備無相念佛功夫之修禪者，可以閱讀《無相念佛》、及《如何契入念佛法門》，鍛鍊無相念佛功夫，只要無相念佛功夫練成了，自然而然就會看話頭、參話頭與思惟觀的功夫。】（《禪——悟前與悟後》上冊．頁 36）

第三節　看話頭功夫與眼見佛性的關係

上一節偏在看話頭與開悟明心的關係上面說，這一節要偏在看話頭與眼見佛性的關係上來說。缺乏定力、慧力者，都不能眼見佛性，都有經文聖教中的根據。如前所舉《大般涅槃經》卷二十八〈師子吼菩薩品〉中說：【善男子！十住菩薩智慧力多，三昧力少，是故不得明見佛性；聲聞緣覺三昧力多，智慧力少，以是因緣不見佛性；諸佛世尊定慧等故，明見佛性了了無礙，如觀掌中菴摩勒果。】

世尊開示：十住菩薩因爲慧力比較多，首楞嚴定的定力比較少，由於這個緣故而無法很清楚分明地看見佛性，不能像諸地菩薩或諸佛所見那樣清楚分明或究竟具足。阿羅漢與緣覺則是定力比較多，而慧力比較少，是因爲沒有上智，所以看不見佛性，也就是沒有開悟明心，沒有般若智慧了知佛性是什麼，因此無法親眼看見佛性。諸佛世尊則是由於定力與慧力全都具足且定慧相等的緣故，因此分明而且具足地看見佛性的一切內涵而了了無礙，猶如現前觀看自己手中的清淨果一般，就能夠運作佛性而有無量無邊的大功德，於是出現了前五識相應的成所作智。

凡是看見佛性的時候，也都可以稱爲證得捨相，因爲都棄捨了以前認爲「三界有爲法眞實」的邪見，而依止佛性的緣故。佛地則是因爲捨棄了三界有爲法的一切習氣種子，也斷盡了無始無明，究竟具足了捨相，才能究竟轉依如來藏的佛性，於是使前五識發起成所作智。諸地菩薩及諸佛所見的佛性，我們是仰望不及的；所以末學只談十住菩薩的眼見佛性境界，一定要有看話頭的功夫及必須經歷的一些過程，然後才能在參得佛性的內涵以後，親眼在山河大地上看見自己的佛性。這證明看話頭的功夫，與眼見佛性的實證，是不可分離的，也是必須具備的條件之一。

末學如此詳細說明、再三說明以後，想要求證眼見佛性境界的菩薩們，更不應該盲從迷信大法師的說法而繼續用默照離念的方法修禪，應該趕快回到古時大慧宗杲禪師倡導的話頭禪的法門來修行。雖然現在修起來比較辛苦，但是將來修成後，不但容易開悟明心，而且也容易眼見佛性。末學看到有一些友人仍然用默照禪的方法求開悟明心，其實是沒有什麼希望的；因此想藉著本文來勸請一切以前的同修友人：默照禪法門的不論古今，一切修學者都會同樣遇到這個困難：如果沒有眞善知識教導默照禪的眞實內涵，想要求悟不容易，眼見佛性的境界更不用提了。默照禪的法門，不論古今，一切修學者都會同樣遇到這個困難，就是求悟無門，眼見佛性的境界就不必再提了。原因是，天童宏智正覺禪師自己的開悟，是先依法成枯木禪師提點以後，再於丹霞子淳禪師打他一拂子的時候眞正悟入的；由這個歷史事實，證明天童禪師是在禪師的現成公案提點的情況下悟入的，不是由靜坐默照的方法悟入的。這是以他自己的具體經歷，證明默照的方法並不是開悟的好方法，很容易落入離念靈知意識境界中，無法開悟。不但天童禪師的後人是這樣，直到現代所有弘揚默照禪的佛教道場也都是如此。

記得以前有一位研究佛教的學術界人士，大力讚歎默照禪，反而對大慧宗杲的話頭禪加以貶抑；他其實是不懂默照禪，也不懂話頭禪的人，是以外行人的既定立場，來評論他自己所不懂的事情，難免使知道內情的人覺得可笑。看話頭的功夫及話頭禪的勝妙處，不是沒有看話頭功夫的人所能想像的；所謂「百花叢中過，片葉不沾身」，是必須牢牢看住話頭而不受百花雜葉所影響的人，才能有資格說的話，哪裡是沒有看話頭功夫的人所能評論的？更何況是不懂話頭禪而隨意加以評論？假使連看話頭的功夫都不懂，而能評論看話禪的優劣，就如同三歲不識字的小兒，在評論大學裡的文學教授一般，不免使人啼笑皆非。

想要眞的懂得參禪而開悟明心，一定要學會看話頭的功夫，再修學參禪時應有的正知正見；也必須知道開悟所證的是第八識如來藏，那時再來參禪才有希望開悟，否則縱使驢年眞的來到了，還是求悟無門的，更何況是妄評看話禪的勝劣。進一步說，如果有人開悟明心以後，還想要眼見佛性，看話頭是眼見佛性的唯一親證法門；捨離了這個勝妙的法門，不可能有別的法門可入，也沒有別的法門可以鍛鍊眼見佛性所必須具備的定力，更不可能眼見分明（但這功夫只是眼見佛性的條件之一，當然還必須遵行世尊的聖教，同時具備了應該有的大福德與正確的慧力，才有可能眼見佛性，並非只依靠看話頭功夫就可以見性）。

至於那位佛教研究學者推崇的默照禪，教人靜坐而默照有沒有妄念的方法，或者追求覺知心中的離念靈知境界，都只是在修定而與參禪無關，連明心的機會也無，更何況是眼見佛性。像這樣的人，假使有一天眞的讓他參出佛性的內涵時，也只能解悟佛性，而且一定會落入識陰六識的見聞覺知中，回墮於我見中，他這一生永遠都與眼見佛性的實證無緣了。因爲他一定會落入凡夫所墮的「佛性」中，與六識心見聞覺知的虛妄自性相應。由於這種緣故，想要求證明心和眼見佛性證量的人，都應該速速捨棄離念靈知境界，了知十八界全都是三界中的假我，屬於虛妄無常的「一切法」；也應該認知「非一切法」的眞如、佛性的正知見，然後開始鍛鍊看話頭的功夫，還要努力修集大福德，以及進修佛菩提道的上智，未來才會有希望明心，甚至於眼見佛性。

末學要重新呼籲：看話頭功夫的好處，既可以鍛鍊將來眼見佛性時所必須具備的功夫；在求見佛性以前，也可以因爲功夫成就，使得自己心地更細膩，更容易觸證如來藏而開悟明心。誠如 平實導師在《鈍鳥與靈龜》書中的考證及舉證，都已根據歷史記載而證明：默照禪的天童宏智正覺禪師所悟的是如來藏，與 大慧宗杲禪師相同。又 平實導師證明天童宏智正覺是明心而未眼見佛性，而 大慧禪師既明心又眼見佛性，並且親隨 克勤大師修學種智，天童禪師當然無法臆測 大慧禪師眼見佛性的境界，而他的明心境界都是 大慧禪師已經全部了知的。在書中，平實導師也證明 大慧禪師對默照禪的評論是完全正確的，天童宏智禪師不曾也不能加以反駁；那麼現代的佛教學術研究者，在完全不知明心及見性的內情，也不知歷史記載的情況下，所作出來的默照禪與看話禪的評論，究竟還有幾分的可信度？有智慧的讀者，讀過末學這個說明也就知道了。

第四節　看話頭功夫是定力而非定境

第一目　定力的定義

在正覺同修會中修學的無相念佛、看話頭、參話頭、思惟觀（直觀）、參公案，所需要的同樣都是定力而不是定境；因此本會的同修們所修學的都是動中定，都不必靜坐進入定境中，自然是最安全，也不會被魔、鬼、邪神所干擾的法門。如前所說，想要眼見佛性的人所必須鍛鍊的是動中定，是在一切時地都可以看見話的前頭（看話頭），而不是入住定境中獲得什麼境界，就不會被外來的鬼神所干擾，更不必擔心著魔的問題。總之，想要眼見佛性的人，必須鍛鍊看話頭的動中功夫，是在一切動態中修練成就的定力，而不是進入定境中享受定境。更何況看話頭時必須看住所看那句話的前頭，而不是話尾；同時也是清楚分明而不是空無所有一念不生的境界，所以想要眼見佛性者，必須修一念相續的功夫——定力，而不是修一念不生的功夫。

那麼定力又是什麼意思呢？那就是《大方等大集經》所開示的：「不捨於定，亦不隨定。」這是說明有定力的人，他的心住在與定相應的功能中，但是卻不會進入定的境界中。定就是制心一處而不散亂，如果在一切時中都是不散亂的，就是具有定力了。以念佛人來說，如果一直都憶持著某一尊佛菩薩，不論是在靜坐中或在日常生活中，這個憶持的清淨念始終都在，就稱為淨念相繼，就是制心一處而能認定自己確實有定力了。如果以參禪人來說，當他看住一句話頭，都住在那一句話的前頭，沒有使那句話的言語出現在覺知心中，就是在看話頭了；當他在日常生活中時時刻刻看住話頭，不會散失，那他在人間生活時，不論是看見花團錦簇或看見骯髒的狗屎，都不會動心而繼續看住話頭，就是禪師說的「百花叢中過、片葉不沾身」的參禪者，這也是定力而不是定境。這二種人，雖然修行目標不同，一位是想要求生極樂世界的高品位，修得淨念相繼、一心不亂的功夫；另一位是想要開悟明心而修得更難的看話頭功夫，但同樣都已經具有定力了，卻同樣都不進入定境之內，這才是真正的定力，所以經中才會說定力就是「亦不捨定，亦不隨定。」

知道定力的意思了，末學建議大家要在動中修；因爲定力從動態之中修練比較容易獲得，從打坐的靜態中修來的大多是定境，不容易獲得定力。即使獲得定力了，也是很粗淺的，一下座，他的定力就派不上用場了。因爲在靜坐中修來的定，大多是一念不生、離念靈知，不免會進入粗淺的定境中，到了日常生活行住坐臥的動態中就會漸漸失去定力；在動態中若沒有定力可用，是不可能看得住話頭的，只會落在話尾中；也就是說，因爲沒有定力的關係，把一句參禪的話放在心中喃喃自語、自問自答，那是在唸一句參禪的話，那一句話已經在覺知心中過去了，這時覺知心已經落入話尾了，這已不是在看話頭，也不是在參話頭，想要求悟是沒有什麼希望的。在佛菩提道中想要眞修實證的人，如果想要突破瓶頸、想要見道明心，必須具有隨心所欲的動中定，有了這種在動中修得的一念相續功夫，參禪時才派得上用場。

再從另一方面來說，定力也是指「心得決定」的意思；譬如百法明門的五位百法中，在「五別境」心所法中有一個「定」心所，這個定的函蓋面很廣。凡是在善法中已經心得決定而不退轉了，就是有「定力」了；反過來說，在惡法中心得決定而不猶豫了，一定會進行到底而完成惡行，也是有惡法上的「定力」了。但是這種「定力」與根本禪定中所說的定力不同，雖然同樣都是制心一處，卻無法與四禪八定相應，也無法與未到地定相應，只是心得決定的意思；這種心得決定的定，也會產生作用的力量出來，使人不會退轉或改變而生起可以堅持不變的力量，所以也是定力的一種，但不是禪定的定力。

當一個人決定要終生實行每日一善，絕對不會再改變這個決定時，他在這件事情上面是已經有「定」了，就是心得決定。但是這種制心一處而定在善心所中的「定」，是無法進入定境，也無法發起四禪八定，當然更無法看話頭及參禪的，因爲下座之後就會失去定力，而參禪是要在行住坐臥中參究的。因此，參禪求開悟的人，想要積功累德的人，想要證得眼見佛性境界的人，以及想要求證四禪八定的人，所需要的定力互不相同；末學先作說明，以免有人誤會而想要以這本書中說的定力而求證其他的定力或定境，白白浪費寶貴的光陰。

第二目　定力為什麼很重要？

沒有定力或者不能心得決定的人，不論做什麼事情都無法成功，大多是有頭無尾、半途而廢，不能成功；在世間法中如此，修學二乘菩提以及大乘菩提時也都是如此。假使沒有適合的定力，修學大乘菩提也是不會成功的，所以經中 世尊說：「無礙清淨慧，皆依禪定生。」禪與定的定義有些不同，禪是靜慮，就是安靜而不受打擾，專心一意思慮某些法義。譬如參禪就是靜慮，不是修定求離念，不是求進入勝妙的定境中；又如思考佛法的內涵，同樣是靜慮而不是修定。四禪八定的境界就純粹是定境而不是靜慮了，因為都是要住在離念的定境中，沒有靜慮的思惟作用；只在進入四禪八定的定境前，才會有對於如何進入定境的靜慮思惟作用，但還是沒有參究般若實相的靜慮作用。

在修學三乘菩提時，一定要有定力而不是要有定境；因為是在三乘菩提妙法之中思慮抉擇，而不是意識離念無念的一念不生境界；並且，還得要有動中的定力，才能派得上用場；這時所說的定力，是說隨時隨地都與定相應，能夠隨時隨地住在一心的狀態，專精思慮如來藏的所在，或者專精思慮佛性的內涵，或者正式參究佛性內涵之前先制心不動而增長看話頭的定力；這些不同的修學法門與內容，都是不許隨著定力而進入定境的。有的人因修得定力以後，有時會進入定境中，就會很喜歡定境，定力就不太容易快速增長了；那麼在思慮二乘菩提時，或者參究如來藏時，或者增進看話頭功夫時，或者參究佛性內涵時，都會失去思惟觀察的能力，就無法獲得成功了。

在正覺同修會中，所修學的無相念佛、看話頭、參話頭、參公案，同樣都不能夠離開定力，一定要有定力才有可能成功，有了定力才有可能實證三乘菩提。經中告訴我們，沒有障礙的解脫清淨智慧，全部都要依賴禪與定，才有可能出生。所以這裡的禪、定，指的是靜慮以及定力，而不是定境。由此可知，定力在修學佛法時的重要性了。因爲這個緣故，正覺同修會很強調定力的修學與鍛鍊。定境其實是因爲定力練成了，然後以定力而進入等至位中，覺知心中不起語言文字及種種思慮，這就是定境。這是一念不生而不動心的境界，在佛法的實修之中，並不能依這個定境而生起安靜思慮的作用，因此不能發起下智、中智、上智。定力則是修得能進入定境的功夫時，並不進入等至位的定境中，而以制心一處、專精不亂的定力功能來看話頭，或者來思慮三乘菩提。

定境在三乘菩提的見道位，特別是指三賢位中的修學，一般而言是沒有什麼用處的，因爲三賢位中的修學主要還是以靜慮爲主，不必進入定境中。如果有人不信，老是住在等至位（定境）中一念不生，如何能思慮二乘菩提呢？又如何能夠參禪明心開悟呢？又如何能夠在動態中鍛鍊看話頭功夫而眼見佛性呢？所以靜坐中修得的定境，在動態的參禪過程中，沒有多大用處；得要動中修得一念相續的功夫，才有能力不受外境影響而參禪；因此應該明瞭定力在修學三乘菩提上的重要性，不要貪求定境。如此深入思惟與觀察，並且實修而得到動中的定力以後，才能參禪而明心開悟。

第三目　動中定的修學

談到定力的修練，在現代繁忙的生活中，想要鍛鍊出定力來，幾乎是不可能的任務；但是在正覺同修會中，有方便法門可以幫助大家快速練成動中的定力，就能夠擁有制心一處不受打擾的定力，對於實證三乘菩提會有很大的幫助。以下是現代鍛鍊看話頭功夫的方便法門介紹。

想要練成禪門看話頭的功夫，得要先修學無相念佛的功夫，否則很難一時之間就練成看話頭的功夫。如果能先把無相念佛的功夫練成了，並且修練得很穩固以後，要轉成看話頭的功夫就容易了。只要會看話頭了，若已經熏習第八識如來藏的正知正見，也懂得如何參禪了，以後就比較容易開悟；至於開悟的時節因緣，若沒有眞善知識的指引，會比較困難而且時間也會拖得很久；但只要持之以恆，參究久了還是有機會的。萬一此世沒有機會開悟，有了這個功夫，未來世還是會很容易再練成看話頭及參話頭的功夫，未來世也會比其他人更有機會開悟明心的。所以此世先從無相念佛的功夫學起，一定功不唐捐。

接著先說明無相念佛功夫修學要領：修學無相念佛功夫之前，一定要先將無相的念佛淨念弄清楚，才有可能深入練習而成功。如果沒有把無相念佛之淨念弄清楚，每天努力無相拜佛，乃至一念不生，也是不能成就無相念佛功夫，何況能夠轉變爲看話頭的功夫？原因是，無相念佛的功夫是淨念相繼，是有一個清淨的、沒有語言文字的想佛的念頭存在；是以這種清淨的憶佛之念，在長時間禮佛的過程中持續不斷，才能練成無相念佛的功夫。這種從禮佛的過程中修練成功的無相念佛，可以使人在平常行住坐臥之時，都保持著離開語言相的念佛淨念，稱爲「淨念相繼」。這是在動態之中時時都如此，不會失去念佛的淨念；功夫練得很好的人，甚至於跟別人說話時，無相念佛的淨念還是繼續存在，不會失去，這就是動態中修成的定力，不會進入定境中。

一念不生時則是定境，而不是以清淨念來保持一念相續的定力，如果以這種一念不生的境界每天很努力拜佛，拜到後來，即使拜斷了自己的腰、拜斷了自己的腿，還是無法練成無相念佛的功夫。因此，想要以一念不生的功夫轉成看話頭的功夫，當然也是沒有希望的。如果有人指導，或者自己先依照 平實導師在《無相念佛》書中的說明，詳細閱讀及理解，如實弄清楚無相念佛時離言語文字形像的清淨念，一旦找到了這個無相念佛的淨念，那麼接下來鍛鍊功夫就不會有問題了，以後只需要按部就班一步又一步去練習，時間久了自然就能鍛鍊成無相念佛的功夫，以後功夫純熟了就能再進一步轉爲看話頭的功夫了。

平實導師私底下常常對初學者強調說：【修學無相念佛功夫時，如果不知道無相念佛時的念是什麼念，落入無念之中成爲一念不生時，再怎麼禮佛作功夫，都無法成就無相念佛的功夫，也就無法進一步轉成看話頭的功夫，又如何能運用思惟觀而離開語言文字來參禪呢？

修學定力之修行人，不論是持名念佛、持咒或者修觀行者，花費一生的時間修學，卻仍然無法解脫生死，往生極樂淨土，其最根本原因在於修習定力不得要領，定力不具足所致；若能具備定力，都攝六根、一心不亂、淨念相繼，臨命終時，心不顛倒，則往生西方極樂淨土一定有把握。

如何修得動中定力？最直接有效之方法，是修學〈大勢至菩薩念佛圓通章〉——無相念佛法門；此法門以想念之念、憶念之念來念佛，非是嘴說口唸，而是以憶佛之念來念佛，離開語言、文字、形像、影像來憶佛，純粹用「憶」的方式修學動中定力。

平實導師說：【在楞嚴會上，大勢至菩薩奉世尊之意旨，敘述念佛圓通法門時說：

「我憶往昔恆河沙劫，有佛出世，名無量光。十二如來，相繼一劫。其最後佛，名超日月光。彼佛教我念佛三昧：譬如有人，一專為憶，一人專忘。如是二人，若逢不逢，或見非見。二人相憶，二憶念深，如是乃至從生至生，同於形影，不相乖異。十方如來，憐念眾生，如母憶子；若子逃逝，雖憶何爲？子若憶母，如母憶時，母子歷生、不相違遠。若衆生心，憶佛念佛，現前當來、必定見佛，去佛不遠；不假方便，自得心開。如染香人，身有香氣；此則名曰香光莊嚴。我本因地、以念佛心、入無生忍；今於此界、攝念佛人歸於淨土。佛問圓通，我無選擇；都攝六根，淨念相繼，入三摩地，斯爲第一。」】（《無相念佛》頁30、33）

【大勢至菩薩從過去恆河沙數劫以來，超日月光佛教祂念佛三昧，雖然是最後身菩薩即將成佛，仍以此法門自修及度衆生，以想念之念來憶念佛，以憶念佛之心制心一處，都攝六根，淨念相繼之境地而入三摩地，深入楞嚴大定而證入無生法忍。

此念佛圓通章皆用「憶」與「念」，不說「執持名號」，亦不持名念佛，而是由定入之淨土法門，不是持名念佛之淨土法門。經文：「以念佛心，入無生忍。」直接以念佛之心，制心一處，到都攝六根、淨念相繼，深入楞嚴大定而證入無生法忍，此境界不是持名念佛所能達到。】（《無相念佛》頁33～34）

由這個念佛法門來鍛鍊成動中的念佛功夫，也就是無相念佛功夫的成就，是最快速而且容易的，因爲平實導師有一套自行練成的方便法門教導大家，因此末學呼籲大家從這個無相念佛法門入手，一定可以修成動中定；有了動態中的定力，對於將來開悟明心及眼見佛性都會有幫助。

第四目　無相念佛功夫的修學

這個無相念佛法門的出處是《楞嚴經》，是〈大勢至念佛圓通章〉所說。修習這個功夫時，一定要先瞭解這個念佛法門是無相的念佛法門，不是有相的念佛法門，否則這個功夫是修不成的，更不用說，以後能修成看話頭功夫了；因為在動態中看話頭時，一樣是無相的。為何這個念佛法門是無相的呢？平實導師如此說：【大勢至菩薩說：「……十方如來，憐念眾生，如母憶子，若子逃逝，雖憶何為？子若憶母如母憶時，母子歷生，不相違遠。若眾生心，憶佛念佛，現前當來，必定見佛，去佛不遠……」這一段經文不斷地使用「憶」字，並舉母子相憶之情形來說明。行者若是少年離家，別母十數年，常憶念慈母，當知憶時沒有姓名，亦不會從早到晚在心中稱念媽媽，而只知時時刻刻牽掛著慈母，唯有一念牽腸掛肚。行者若是為人父母，憶念留學外國或移民國外之子女時，亦只是時時一念牽掛，心中並未不停地唱念子女名字。……只是不停地想念他、憶念他。乃至憶到入神之時，渾然忘我，也忘了外在的世界和聲音。此一憶念想念之法，即是念佛圓通章之主要精義。】（《無相念佛》頁34）

在《楞嚴經》中的這一段經文裡，不斷的使用「憶」這個字來說明如何念佛，並且還舉例說明母子相憶的情況；以這種人間很容易理解的方式，來說明無相的憶佛淨念。現今住持佛法於十方世界的所有如來，都同樣悲憐而憶念著一切眾生，就如同子女辭別慈母而離家，遠赴別的國家多年，都沒有機會回家看望母親；這時慈母心中一直都會憶念離家很遠的子女，當她憶念遠在別的國家裡的子女時，心中並沒有子女的形像、影像，心中也都沒有稱唸子女的名字，可是她心裡很清楚自己是在憶念、想念某個孩子，不會誤以爲是在想念家中的另一個子女。

反過來說，當離開家園而遠赴他國的子女，也會同樣思念而憶起故鄉慈祥的母親，心裡面也很清楚知道自己是在憶念故鄉的母親，但那時他的心中並沒有母親的形像、影像，也沒有在心中或口中稱唸母親的名字；可以說，母子雙方自始至終都沒有稱唸對方的名字，而只是時時刻刻都有一個微細的念在牽掛著、憶念著。有時甚至會想念到入神，忘了外在的世界和聲音，像這樣子「憶念想念」之方法，就是〈大勢至菩薩念佛圓通章〉的眞正原理。

平實導師曾經開示說：在〈念佛圓通章〉的全文之中，並沒有一個地方曾提到這個法門是持名唸佛，全部都說明是「憶佛、念佛」；這個無相念佛的法門是先從意識的理解，然後由意識覺知心來憶念、想念某一尊佛菩薩；等到意識以無相之淨念想念佛菩薩習慣以後，後來就會直接由意根練成習慣，無相念佛的清淨念就會相繼不斷，稱爲「淨念相繼」。這是直接由心念入手來修練，不是由舌根口唸再由耳根心聽以後，才辛苦再轉入意根來念佛，而是直接從意根裡的想念來入手憶念某一尊佛。如同直接想念遠在祖國故鄉的母親一般用憶的方式，而不是藉著口唸母親名字的方法來憶念母親；依照這個方法，以「憶」的方式來想著佛、念著佛時，就不會有名字，也不會有佛的身形法相，就成爲無念的念佛了。這樣的清淨「念」之中是沒有所念的佛的名號、聲音、色像的。

大勢至菩薩說，像這樣母子相憶一般的念佛，是離開語言、文字、名號、形像來憶念於佛，是以憶念佛的清淨念而制心一處，收攝自己的眼、耳、鼻、舌、身、意六根在念佛的淨念中，對外境六塵都不動心，使憶佛的清淨念相繼不斷，這就是經中 大勢至菩薩說的：「都攝六根，淨念相繼，入三摩地，斯爲第一」。這種念佛法門沒有形像、語言、文字、名號，是以修定力的方法而進入實修階段的淨土法門。

像這樣子直接以憶佛的清淨心來憶念某一尊佛的時候，如果憶佛的清淨念相繼不斷，就是經中說的「都攝六根、淨念相繼」；「淨念相繼」的時間保持很久以後，攀緣心就會中斷，最後是進入三摩地中；根據經中的開示，乃至可以證得五蘊空的解脫境界，甚至未來還可以親證生命實相的智慧境界。

平實導師又說：這種無相念佛的功夫行門，可以讓我們不論是在活動中，或是在靜坐中都能修持；這是現代人生活在緊張忙碌之中，想要修定學禪或是修學淨土的人，夢寐以求的方便法門。因爲它是由意識學會以後，直接從意根入手；一旦成功，不論在任何情況下，或者在一切聲音和形色之中活動，都可以使憶佛的清淨念相繼不斷，不會受到外境的妨礙。這其實也是禪師們所說的「騎聲蓋色」，因爲已經具備了動中功夫的緣故。

可是 平實導師又交代說：修學無相念佛法門的人，一定要儘量銷減覺觀攀緣的心。一般有情眾生總是喜歡攀緣於覺觀，由見色、聞聲、鼻嗅、口嚐、身觸和意根了知法塵之中生起攀緣的習慣行爲；由於這種覺觀攀緣慣性的關係，就會使五欲和善惡等種種法，根深柢固盤據在我們心中，縱然有心學習無相念佛的功夫，也是練不成功的；因此，想要修練這個無相念佛功夫之時，也要同時儘量遠離攀緣六塵的習慣，專注在憶佛、想佛的清淨念之中，以這種清淨念來禮佛作功夫，才容易成就無相念佛的功夫，然後才有可能練成看話頭的功夫。

在修學無相念佛功夫時，也不該對這個法門生起慢心，認爲這是在家居士所教導的，又不是出家法師教導的，應該不是什麼勝妙的法門，那麼修練起來就不會很努力、很用心，便很難練成無相念佛的功夫。修學這個功夫時，也不應該抱著懷疑的心態來練習這個法門，否則就不會努力修學，這個無相念佛功夫就修不好，又怎麼能夠修成更難的看話頭功夫呢？此外，也還要具有定與慧的知見；這些知見，末學就不再重複說明了，請讀者直接從 平實導師的著作中攝取，就能消除種種障礙無相念佛功夫的疑惑。

綜而言之，如果想要眼見佛性，一定要先鍛鍊看話頭的功夫；但是要直接練成這個功夫是很困難的，除非是很利根的人。當參禪人把無相念佛功夫練成以後，接著就是要深入增長這個功夫；這個無相念佛的功夫，有十個鍛鍊的層次或過程，末學不在這裡重複說明，請學者直接請閱《無相念佛》，從書中瞭解。

在這本書中，主要是說明看話頭的功夫要如何作。看話頭的功夫很重要，因爲，參究佛性的學人如果還沒有看話頭的定力，或者沒有動中修來的定力功夫，即使他的慧力很好，參究出佛性內涵，還是會以六根、六識的感覺知覺當作佛性，那時只能體會而不能眼見佛性，會落入六識的妄知妄覺中，這一世就永遠失去眼見佛性的因緣。特別是還沒有因緣遇見大善知識時，往往會因爲沒有遇到眞正善知識爲他勘驗說明，以爲自己所知的六識自性就是佛性，落入凡夫所知道的佛性中，與自性見外道的落處一樣；然後以爲自己眞的眼見佛性成爲菩薩摩訶薩，難免成爲未證言證、未見言見的大妄語人。不但如此，他還可能以聖人自居，生起增上慢，甚至於造下毀謗賢聖的惡業；因爲他的所知與所見，與眞正眼見佛性的善知識根據證量說出來的內容不同，於是他的心中不能安忍，也許會開始毀謗大善知識。

因此，末學要先在這裡提醒大家，學禪而想要親證重關眼見佛性的人，都應當先知道一件眞相，佛性就在我們的六根中，時時都可以看見。如果眞的已經眼見自己的佛性，一定也可以隨時隨地看見一切有情眾生身上的佛性，也一定可以在別人身上看見自己的佛性，還可以在山河大地、虛空之中看見自己的佛性。如果見性前修練的看話頭動中定，沒有因爲放逸而失去，眼見佛性的境界就永遠不會退失掉，所以一定要好好鍛鍊看話頭的功夫。

而看話頭功夫的鍛鍊，不是一般人可以學得起來的，古德也沒有多少人有這種功夫；所以知道佛性內容的祖師很多，竟然沒有幾人是眼見佛性的，大多是明心時看見如來藏具有使人成佛的自性，就說是看見佛性，與《大般涅槃經》中說的眼見佛性不一樣。所以看話頭的功夫，要有眼見佛性的善知識指導，才能鍛鍊起來。在正覺同修會中，是以無相念佛的功夫作爲前方便，當無相念佛功夫練成時，才能轉成看話頭的功夫。所以末學在此推薦讀者向正覺同修會索取《無相念佛》一書，依照書中的說明，鍛鍊無相念佛的功夫。

第五目 看話頭的意涵

看話頭的功夫是定力，鍛鍊看話頭的過程中，一般都不會進入定境中，也不應該進入定境中。定力是什麼意思？定境又是什麼意思？看話頭爲什麼是定力？在鍛鍊看話頭功夫以前，有需要先明白它的意涵，才不會弄錯方向，練錯功夫；因此，前面所說的定力與定境的差別，以及修學看話頭功夫的前行方便無相念佛功夫的修學，都是應該先知道的。

定力是什麼意思？智顗法師《摩訶止觀》卷七云：「亦不捨定，亦不隨定，是名定力。」誠如游正光老師所說：【亦即如果捨去定力的話，心就會散亂，無法保持正定；如果覺知心隨於定境的關係，就會進入定境中而無法生起智慧。因此智者大師所說的定力，是既不捨定，也不隨定，隨時隨地與定力相應，隨時隨地在一心的狀態中，卻不隨定力而進入定境。】（《明心與眼見佛性》頁113）

定境與定力有什麼關聯？而定力與看話頭功夫有什麼連帶關係？看話

頭的功夫為什麼是定力？例如游正光老師說：【定境與定力是有差異的，定境是定力所引生的境界，與定力非一非異故，何以故？定力與定境是兩個法也，不是同一個，故非一；可是定境是由定力引生的，不能離開定力而有定境，故非異。可是當吾人眼見佛性以後，不論是否處在定境中，佛性仍然處處分明顯現，無所障礙，這是因為動中定力所持的緣故，卻不單是定力所能眼見；是故欲修證見性境界者，不應落入定力與定境兩邊。譬如有人在禪定中，感覺自己離開了身體，看到自己在那裡打坐，有智慧的人知道這是定境；當有情感覺自己離開身體，看到自己在那裡打坐當中，佛性依然在彼定境上分明顯現，無有絲毫障礙，不因墮入定境，佛性就無法顯現，因為佛性是遍一切處的。】（《明心與眼見佛性》頁113、114）

眼見佛性所需要的定力必須在動中修得，不可以從靜中修得，才能看得見佛性；因為眼見佛性時，是在行住坐臥一切動態中都可以看得見，不是只在靜坐一段長時間以後才能安靜坐在座位看見。什麼是看話頭呢？在進入看話頭階段前，要瞭解話頭的意思，然後才會知道話頭要怎麼看。

平實導師說：【禪宗所謂話頭即是話之前頭，不是指一句話。念之前頭，也就是話之前頭。譬如說「念佛是誰？」是一句話，這句話在心裡出現，或口說出來即已成過去了，便是話尾。所以話頭是此句話在心裡沒有念出來之前，叫作話頭。因此當一個人打算作什麼事情之前，心裡起思惟之語言文字，這個心之語言文字，叫作話，叫作念。這些話之前頭謂之話頭。不管是講出口，還是在心裡面轉，都是一句話，都是話尾。

對於無此功夫者，我們告訴他：「此境界爲一念不生，一念才生已是話尾。」但是眞有功夫者，就知道看話頭是一念相續。念之前頭，叫作念頭，一個念頭相續而不斷絕，就是話頭。例如大勢至菩薩念佛圓通法門所說的淨念相繼，是一念相續，也是一個話頭，念佛念到沒有名相、聲相、形象，還是在念，那個念就是話頭。所以無相念佛本身亦是一個話頭。當我們無相念佛或看話頭時，它們在日常生活中，是兩個念並行。心細的話還可看見三個念，乃至四個念並行，所以非是一念不生。

話頭知道了，把心安住在一句話之前頭看住它；這句話之前頭，在心裡面持續存在，而不出現語言、文字、形象、符號、聲音而看住它，叫作看話頭。初看話頭會丟掉；不停地丟掉、不停地找回來，就是照顧話頭。時間久了，漸漸不會丟掉，始終在心裡。最後牢牢地與心黏在一起。繼續照顧下去，時間久了，自然而然就變成參話頭。

平實導師又說：【要參究必須先學著看話頭——看住一句話的前頭。「念佛是誰？」「參禪是誰？」「拖死屍是誰？」這句話不在心裡面出現，而我們看住心裡面這句話的前頭，不讓它出現。好像有一個水面一樣，話在水裡面，正要冒出水面的時候我們在水面已經看清楚它是什麼。雖然還沒有冒出來，我們看住它，不讓它冒上來。有的人功夫不夠，根本聽不懂。所以我們勸人要鍛鍊無相念佛的功夫，練好了就會看話頭。】（《禪—悟前與悟後》上冊．頁29、30）

有的人功夫雖然有，可是不到家。所以看一句「參禪是誰？」看的時候會冒出一個「參」字，然後「禪是誰」三個字沒有出現。這表示雖然有功夫，可是功夫還差一點，必須要練習到這個「參」字也不出現，第一個字也不出現，然後就看住它了。這樣看清楚不會冒出來之後，接下來還要練習行、住、坐、臥之中都能看。行、住、坐、臥之中都能看之後，還要練習到它都不會丟掉。如果話頭不想丟開，它就不會丟掉的話，就表示悟的因緣已經成熟了。這個階段很重要，將來悟時能不能眼見佛性，完全取決於看話頭的功夫作得好不好。所以應該用心看話頭六、七個月以後，再起疑情去參究，悟了以後才不會落入感覺之中，錯將妄覺認作眞覺，方能眼見佛性。】（《禪─悟前與悟後》上冊．頁 45、46）

如上所說看話頭的功夫若讀不懂，是正常的；因爲這種功夫不是一般人都會的，在末法時代，都得先藉方便法門來修學，就是無相念佛的淨念相繼功夫；所以正覺同修會裡才會在剛開始初學時，教導大家練習無相念佛的功夫。當無相念佛的功夫純熟以後，就能轉成這種看話頭的功夫。所以想要眼見佛性的人，還是要先從無相念佛入手來修學。所以游正光老師說：【眼見佛性最好的方法就是要鍛鍊拜多尊佛及看話頭功夫，不僅可以使自己定力更加細膩，還可以爲將來眼見佛性作準備。若能依此增長定力而配合鍛鍊看話頭功夫，並隨時於動中及靜中，將話頭的變化及差異都看得清清楚楚，因緣具足時，一念慧相應而得眼見佛性清楚。到那時候，眼觀身心及世界山河大地虛幻，成就十住菩薩如幻觀，成就十住菩薩滿地心的階位而轉入十行位的初行位中。】（《眼見佛性》頁 251、252）

第六目　再說禪宗的話頭、看話頭、參話頭

在中國禪宗裡，看話頭是很重要的功夫；如果沒有學會看話頭的功夫，竟說他也在參禪，大多是自欺欺人的話。懂得話頭的意思是很重要的，知道話頭的意思以後，才會懂得怎樣看住話頭、照顧話頭。看話頭、照顧話頭時間久了以後，自然會漸漸生起參禪的疑情，才是已經眞正進入禪門參禪的禪宗學人。如果連看話頭的功夫都沒有，還在教人參禪，都只是在耽誤大家的法身慧命；他自己都還沒有入門，怎能教人入門？當然更不可能幫人證悟禪宗的禪。因此說，看話頭的功夫是禪宗的入門方法，古時祖師施設話頭給徒弟們看，教導徒弟們要照顧話頭不能失去，就是要使徒弟們整天都把心住在話頭上面；在話頭上面住久了，只要福德夠了，也因爲學習正確的般若而有開悟明心的正知正見（就是知道有一個第八識心如來藏要找出來），疑情就會慢慢開始生起來，就會自然演變爲參話頭的情況。就算整天在出坡、作功課時，心中都沒有妄想雜念，也都沒有所看那一句話頭的語言文字出現，卻都住在

那句話頭中。當有一天他開悟的因緣成熟了，就會突然悟到自己的第八識如來藏。

所以祖師施設看話頭的功夫，眞的能夠廣利行人，因爲很容易就可以開悟。而近代人對於話頭大多是不懂或者誤會的，連大法師們都不會看話頭，又不肯承認或不知道禪宗開悟時所悟的就是第八識如來藏，禪宗的心法當然就全面失傳了。近代復興中國禪宗的人就是 平實導師，他創立正覺同修會弘法，把禪宗的法講出來，從建立看話頭的功夫，到開悟明心時究竟是要悟什麼心；見性時，是怎樣眼見佛性，乃至見性時是應該眼見所有眾生的佛性；求見佛性時，應該要怎樣去修集應有的福德，而且是與見性相應的福德，不是從世間法中修來的世間福德。這樣一一教導，使大眾具備了這些條件以後，再引導出來，才能夠眼見佛性。因此，近代講禪宗的功夫與知見，講得最多的就是正覺同修會。因爲這些都是中國禪宗裡眞正開悟時應有的先決條件，如果沒弄清楚，就不可能與開悟明心或眼見佛性的實證相應；因此還要在這裡重新叮嚀讀者，讓大家確實理解話頭等內容。所謂話頭即是一句話之前頭，一個念之前頭。譬如說「念佛是誰？」是一句話。這句話在心裡出現，或口說出來即已成過去了，便是話尾。所以話頭是此句話在心裡沒有念出來之前，叫作話頭。因此當一個人想作什麼事情之前，心裡起思惟之語言文字，這個心中之語言文字，叫作話，叫作念，這些話之前頭謂之話頭。不管是講出口或者未講出口，都是一句話，都是話尾。念之前頭，叫作念頭，一個念頭相續不斷，就是話頭。例如 大勢至菩薩念佛圓通法門所說的淨念相繼，是一念相續，也是一個話頭，念佛念到沒有名相、聲相、形像，那個憶佛之念就是話頭。所以無相念佛本身亦是一個話頭。當我們無相念佛或看話頭時，是與世俗生活中的妄念同時存在的，是兩個念並行，非是一念不生。

平實導師說：【話頭，我們把它粗略的分爲兩類。第一類它是從眞心而入的話頭。譬如說「念佛是誰？參禪是誰？打坐是誰？吃飯是誰？屙屎是誰？經行是誰？走路是誰？看東西是誰？拖著死屍走來走去是誰？」這一類都是話頭。話頭主要在這個「誰」上面。

所謂話頭是什麼？話頭就是話的前頭，（作者案：「憶佛念」之前頭。我們憶一尊佛，心中未生起憶佛念之前叫話頭，心中生起憶佛念則是話尾了。）我們講「拖死屍走來走去的是誰？」這是一句話，或者「念佛是誰？」這是一句話。

這一句話還沒升起來之前，就是話的前頭。這句話在我們嘴巴出現，然後過去了；或者在我們心裡面出現，然後過去了，那就成爲話尾，因爲已經過去了。那就是說我們心裡升起一個念：「參禪的是誰？」心裡這句話一出現，那就是話尾了。我們心裡面這句話還沒升起來之前，對一般人來講稱之爲念的前頭。所以念的前頭就是話頭；因此話頭就是在一念未生之前。一念已生便是話尾，這是對一般人來講一念未生之前叫話頭。而對於一個會看話頭的人，這個境界其實是一念相續而不是一念不生。因爲這「參禪是誰？」「拖死屍的是誰？」它這個意思很清楚的留在我們心裡面，在這句話還沒出現之前，心裡面就牢牢的看見它。所以是一念相續，而不是一念不生。這是話頭。

第二類的話頭，一旦悟了，佛性就現前了。譬如說：「千山鳥飛絕」，「風暖鳥聲碎」，「日高花影重」，「人老病生」，「三日風、五日雨」，「眼前燈色明」，「庭園桂花香」。這一些話頭，若是開悟了，佛性就現前了。這是另一種話頭，所以說，話頭有兩類。】（《禪—悟前與悟後》上冊．頁 39～41）

但是在正式進入看話頭階段之前，末學想要重新再請大家更深入瞭解定力與話頭之間的關係，才不會在剛剛修得很粗淺的定力時，就想要開始參究佛性的內容，想要求見佛性，免得耽誤了這一世眼見佛性的因緣。平實導師開示的意思是說：所謂的定力，是要隨時隨地與定相應，能夠在動態中長時間都住在一心的狀態，卻不隨定而進定境。所以無相念佛、參話頭、看話頭、參公案，同樣都不能離開定力。既然《圓覺經》告訴我們，沒有障礙的解脫清淨智慧，全部都是要依賴禪定，才能出生。所以禪定指的是定力，而不是定境；住在定境中，猶如外道住在四禪八定之中，卻沒有智慧生起而不能得解脫，更不能證得佛菩提的智慧，所以學佛人應該修定力而不是修定境。定境可以炫惑別人，但是對三賢位菩薩的解脫及佛法智慧幫不上忙。

修定須要有善巧方便，要善知轉折，能分別定境與定力，知道什麼樣的情形應取，什麼樣的情形應捨。定力從動中修易得，靜中修不容易得。靜中修來，多是一念不生，而進入定境，到了動中就無定力，就不能看話頭。比較起古人，現代的學佛人慧解強，定力弱；所以有眞修實證者皆知想要求見道的話，必須動中於未到地定得自在。這是過來人眞實之體驗，可謂一針見血。動中修得的才是一念相續的功夫，在參禪時才派得上用場。

這個清淨的念在動中和我們在飲食、穿衣做事時的那一些念並行，而沒有妨礙。在一切境界和因緣上面，這個話的前頭，始終不消失，不消滅。在念佛門稱之爲「淨念相繼」，在禪門裡謂「騎聲蓋色」，我們也可以說「穿聲透色」。這是二個念並行，所以我們強調：「無相念佛與參禪都應該是二個念並行而不違背。如果不能作到這個地步，那麼動中就無法無相念佛，也沒辦法參禪。」必須要身心能在一切音聲形色中穿梭來去，而不妨礙看話頭，有這個動中功夫，才好參禪。

觀照心念妄想，是修定伏煩惱，不是修禪。數息七不是禪七，是修定七。不會看話頭、思惟觀，而在心中自問自答，用言語在心中思惟的是弄識神。這些都是非因計因。鍋子裡面煮的東西，要想成爲飯，它必須是米，米是飯的因。鍋子裡面放的是砂子，要煮成飯，永遠不可得，因爲砂子不是飯的因。所以「思惟觀」是疑情伴隨著話頭相繼不斷。要能在一切境界因緣上面，不須語言文字，就能思惟及分別，這一種思惟分別之一念相續不斷，非一念不生，這才是禪法。如一念不生就會落入澄澄湛湛之中，那是一種定的境界，不是參禪。

有人說：「排除妄想，自己在心裡面用語言來思惟，來問『參禪是誰』

就可以了，何必要修思惟觀的功夫呢？」這就表示他的定力不夠，心仍然很粗糙。明心與見性，都是心地之中極為微細的事情，如果沒有定力就不可得。《大般涅槃經》卷十三云：「夫正定者眞實是道，非不正定而是道也，若入正定乃能思惟五陰生滅，非不入定能思惟也。」要思惟五陰生滅，尚且須入於定中思惟，何況明心見性這種更微細的事情呢？所以如果不修思惟觀之功夫，而修一念不生之功夫，那麼在動中就失去了定力，在靜中就會進入邪定——所謂未到地定的定境，在定中暗無覺知。善知識雖然在動中和靜中對這個人施設各種機鋒，廣設各種方便，也沒有用處。因為他在靜中入定，暗無覺知；機鋒、講話，對他都沒有用。在動中卻因不能與定力相應，善知識所施機鋒及語言對他一樣不起作用，所以他無法得到善知識的利益。而且善知識的提示引導，或施用機鋒，通常是在動中作用。所以想要修這個，學禪的人必須要動中能夠作思惟觀的功夫，才能受用。功夫，最好先深入無相念佛的法門，那就容易得到這個功夫。

我們要求參禪的人，須要具備參話頭、思惟觀的功夫，這個目的，主要在定力。如果有這個功夫，即使以語言、文字來參究亦是參禪。譬如禪門之中，師父與弟子間的問答及開示，都透過語言、文字在運作。所以有定力的話，雖然用語言文字，也是參禪。

如果沒有這個功夫，而聰明伶俐的話，那麼他閱讀了義經典的時候，往往會錯解，以爲自己已經悟了；但是他不敢承擔，也不敢承認自己開悟，這不是眞實的悟。如果僥倖仍能悟入，也會成爲解悟，因爲他沒有定力的緣故，不能夠親自體驗。這是一念不生功夫的大缺失。

如果不修動中功夫——一念相續的功夫。將來就沒有緣由見到佛性。所以近年有善知識，在他的書裡，一再強調，必須能夠在動中，維持未到地定的定心，這是眞實語，是一念相續的淨念。到這個地步，就能夠作思惟觀的功夫了。如果有人還不具備此功夫，那麼建議他去閱讀《無相念佛》這本書、及《如何契入念佛法門》這本小冊子，去嘗試鍛鍊無相念佛功夫，只要無相念佛功夫練成了，自然而然就會看話頭、參話頭，也會思惟觀的功夫。

定力非常的重要。《大寶積經》卷五十七云：「若人無定心，即無清淨智，不能斷諸漏，是故汝勤修。」因此這個功夫非常重要，既然大家準備要參禪，就要趕快把看話頭、參話頭，思惟觀之功夫鍛鍊起來，接下來參禪的路子，才容易走。不然老是在經教、名相，語言文字上面，去思惟分析，要想證道，就非常的困難。（這段是筆者的申論敘述，解釋導師的開示。）

平實導師又說：【以定爲禪之人，悉皆有志一同，都教弟子們靜坐以求一念不生，求證離念靈知心之意識境界。如此類人，根本未曾破得初參，根本未曾證知自己之本來面目；謂彼所說如是境界者，只是意識心之境界相，未曾觸及第八識如來藏心。覺知心坐至平靜無波時，只是制心一處之禪定境界，猶是意識心，未曾悟得實相心；即使修至澄澄湛湛、猶如凝玉，從實相般若觀之，也只是黑山鬼窟、冷水泡石頭，還須大悟一番，始得親見本來面目，方知中道實相。】（《入不二門》頁45）

平實導師於上課中曾經開示過：落入定境的人是無法明心的，也是無法看見佛性的，因爲一定會落入未到地定中，成爲離念靈知或是暗無覺知，無法探究眞心如來藏在何處；或者落入初禪定境中，享受初禪一心不亂及身中的樂觸，不懂得要去尋找眞心如來藏，也不懂得要參究佛性。至於證得初禪爲什麼會有樂觸？在這裡爲大家解釋其中的道理，懂得道理以後，就不會覺得稀奇，才能專心在動中定用功，才能眞的參禪而明心或看見佛性。

證得初禪時胸腔中隨時隨地都有樂觸，樂觸的發起有手掌、胸腔、會陰等不同處。由於初禪定心境界成就，初禪天身發起，你初禪天的天身在你的欲界色身之中出現，初禪的色界天身和欲界肉身和合在一起，兩身的摩擦產生清淨無淫欲的樂觸，因此而有初禪樂的觸覺。如果沒有證得初禪境界，就不會有初禪天身發起；沒有初禪天身，就不會有這個樂觸。可是，當你發起初禪的時候，你不一定看得見這個初禪天身，你也找不到你身中的初禪天身，這是因爲你的初禪善根發的境界相不夠好，因爲你不是剎那間遍身發起，所以就不能了知初禪天身的狀況。初禪善根的發起，它有兩種，第一種初禪的發起是運運而動的，第二種是突然間遍身發。但不論是哪一種善根發而獲得初禪，都不是參禪時所需要的定力，而是定境；這種靜中修來的定境，不打坐時就會漸漸退失；用這種定境所得的定力來參究佛性，悟得佛性而看見時，也不會很分明，很容易退失的。所以還是應該回到動中定來修學，就是從無相拜佛中修習無相念佛功夫，轉爲動中看話頭的功夫，然後轉進參話頭的階段來參禪，是最穩當的方法。

接著還得要消除對於看話頭境界的誤會，平實導師說：【看話頭的問題，對各位才是最切身的問題。可是看話頭的方法，有很多道場都在講，但是大部分都說錯了。我們問他說：「你看話頭是怎麼看啊？」他說：「我就是在那邊打坐，打坐的時候我就是這樣問自己啊：『到底打坐的是誰啊？』我這樣一直問下去！這樣叫作看話頭、參話頭。」好！我請問你：你在心裡面自問自答「打坐的是誰？」這一句話在覺知心裡面出現，然後過去了；過去了以後，你這個覺知心是住在這一句話的前頭？還是話的尾巴？是這句話的尾巴嘛！你這個叫作看話尾、參話尾啦！這叫作照顧話尾，不叫照顧話頭。話頭是一句話的前頭才叫作話頭。但是這個得要有功夫啊！話頭要時時刻刻不斷；我跟你們說話時我也可以看話頭，我跟你們說法時，我也可以無相念佛。廣欽老和尚就是有這個功夫啊！

我一面跟你說話，一面也在念佛啊！你知道嗎？你不知道！這就是無相念佛的好處。那麼你的心要住在那一句話的前頭去看住它，這個看話頭的功夫如果沒有作好，你將來就算是參出來什麼叫佛性？你還是看不見佛性；一定要有這個功夫，要很純熟，參出來時你才能看得見佛性。然後，這種定力退失了以後，你就算是已經看見了佛性，所看見的佛性也會漸漸的模糊消失，最後看不見了。要重新再把動中的定力練回來以後，才能夠再看見佛性。

那麼要鍛鍊這一種功夫，讓自己時時刻刻都住在那一句話的前頭。譬如說：「參禪的是誰？」或者「念佛是誰？」這四個字在心裡面都沒有出現，它還沒有出現時，你就把它看住，讓這一句語言文字出不來，你要看住它，這才叫看話頭嘛！可是看話頭這個功夫，一百個人有九十九個作不到，那要怎麼鍛鍊？有辦法：無相念佛是最好的辦法。（《大乘無我觀》頁 127～128）……把無相念佛的功夫作好了，你自然而然就會看話頭；你會看話頭了，你參出佛性是什麼，你就看見佛性了。可是你看見了佛性，仍然不會知道眞如在哪裡。眞如的參究是在另一個方向，明心與見性，這兩個法的方向是顚倒的，所以要具足修證這個法，非常的困難；要有善知識指導的原因就在這裡（《大乘無我觀》頁 129），……我們這個法是無爲法，是無境界法；明心完全無境界，眼見佛性有一點兒境界，可是那個境界又不算是三界中的世俗境界，跟一般世俗的法不同。（《大乘無我觀》頁 130）】

綜而言之，想要追求開悟明心的人，應該以看話頭的宗門禪方法修行，才是最好的方法，也就是從話頭以及看話頭的境界，先深入去瞭解；然後進行鍛鍊看話頭的功夫，依照鍛鍊話頭的方法與次第，一步一步老實去修練，才能有機會學成看話頭的功夫，然後再進入參究的階段去參禪。這樣才是眞正在禪宗裡學禪、參禪，才有機會證悟明心；眞正明心以後，再繼續鍛鍊更深的看話頭功夫，並且把見性應該具備的其他條件趕快修集具足，然後再參究佛性的內容，才會有眼見佛性的因緣。

在這裡還要重新再提醒大家，如果眞的想要開悟明心，以及悟後眞的想要進一步眼見佛性，絕對不要用默照禪的方法修行；因爲默照禪的修行法門，一不小心就落入定境中，很難擺脫離念靈知意識境界，連想要斷我見都很困難，當然是沒有機會開悟明心的；想要用這種方法眼見佛性，更不可能。平實導師曾開示過，想要明心的人，要以看話頭的禪法，在行住坐臥之中參究，最容易開悟，不要每天打坐默照自己有沒有離開妄想雜念。平實導師也以自己這一世雖然在靜坐中悟入的例子來告訴大家：是因爲被邪師誤導而每天靜坐求悟，根本就悟不了；後來是捨棄這一世被人誤導的邪見與方法以後，自己在靜坐時離開定境，憑著定力體究而發起往世所修的智慧。因此說，平實導師雖然是在靜坐中悟入的，是在靜坐中眼見佛性，其實是捨棄別人的誤導以後，以自己修成的功夫爲基礎，在捨離定境後依定力自己參究出來而明心及眼見佛性的，本質上並不是以靜坐的方法而悟入的。

這樣看來，表面上 平實導師自己雖然是在靜坐中悟入的，本質卻完全不是默照禪，所以都不鼓勵大眾靜坐求悟；原因就是靜坐的時候很容易落入定境中，想要開悟是非常困難的。因此，讀者如果不是乘願再來的大菩薩，不可能從靜坐之中參禪而激發出往世所悟的般若種子，這就是 平實導師常常開示的法語。因此，末學在這一節中，還是要勸告大家遠離默照禪的方法，還是應該以話頭禪的方法來修學，等到看話頭的功夫成熟以後，再運用參話頭的思惟觀方式來參禪求悟，比較容易開悟明心。求開悟明心時是這樣，進而求開悟見性的重關眼見佛性，道理更是如此。末學誠懇的將自己經歷過的經驗，提供給一切有心想要眼見佛性的佛弟子，請大家參酌、互勉。

第五節 福德莊嚴

想要眼見佛性的人，應該具備的福德莊嚴有幾種？眞正學禪而且想要眼見佛性的人，都應該先瞭解。第一種福德莊嚴是發起擇法眼，就是生起抉擇分。第二種福德莊嚴，是依止眞正的善知識，深入修習功夫及解黏去縛。第三種福德莊嚴是要有初基的解脫及解脫知見，才有可能明心及眼見佛性。第四種福德莊嚴是依善知識所教的方向，努力廣修相應的福德，這種福德的修集，還必須是與護持菩薩藏有關的福德，才有可能眼見佛性。第五種福德莊嚴是要修伏性障，也就是要修伏五蓋的障礙。因此，閱讀正法書籍而建立正知正見，是很重要而且是必須的。親近善知識以後，所修集的福德也必須是與正法的實證有關的福德，不是指世間善法或表相正法上面的福德。而這裡所說的善知識，當然是已經眼見佛性的善知識。

第一目　建立正知正見的福德莊嚴

第一種福德的修集，必須廣閱眞正善知識的書籍。以現代來說，眞正可以教導學人實證明心與見性的善知識，就是正覺同修會的 平實導師。除此以外，都屬於表相正法的善知識，或者附佛法外道的假善知識；閱讀那些書籍，不可能幫助讀者建立初步的正知正見，就不會生起擇法眼；所以修集第一種福德——建立正知正見，必須先閱讀 平實導師的各種著作。

這必須廣閱眞正善知識的書籍，或者常常聽受眞正善知識演說的妙法，才能建立正知正見；也是經由廣閱善知識著作所建立的正知正見，確定善知識所說實證的智慧與境界，都是親自實證而說出來的，才能對眞正的善知識生起具足的信心；也因爲這個緣故，才能不再對眞正的善知識存著慢心，確定善知識的證量確實遠高於自己。當自己對善知識具足信心了，自己對善知識的慢心也滅除了，不再相信一切假善知識等大師的妄說以後，才有可能願意接受眞善知識作爲自己的老師，然後才可能親近善知識；親近善知識以後，才可能受學更深妙的法義，以及接受指導，次第進修而獲得佛菩提道的實證，也就是明心，甚至眼見佛性。但是親近善知識以前，必須先廣閱所有善知識的著作，先作粗略的判別；然後再深入某一善知識的著作中閱讀及判別。千萬別只閱讀一位或幾位善知識的著作，而要多讀幾位善知識的著作，才更有能力、更有機會遇到及判別眞假善知識。因爲，佛陀說末法時代邪師說法如恆河沙那麼多，所以要多讀幾位善知識的著作，才有機會讀到眞正善知識的著作。

但是末學在此要先提醒讀者，眞善知識的著作，其中的內容往往很深奧，應該有耐心詳細思惟閱讀，千萬別放棄；因爲佛法往往是很不容易弄懂的，不像世間法那麼粗淺、容易懂。若是很容易讀懂的佛法，是表相佛法，所以讀了就懂，卻不會進步，永遠原地踏地，也會使讀者永遠無法實證佛法。可是有一種情況是例外的，不是所有會使人讀不懂的書籍都是正確的，不是寫出使人難以讀懂書籍的人就是善知識；因爲有一種人是從事學術研究，是做學問的學問僧，只憑自己閱讀經典思惟而沒有實證，就寫出來印書流通。這類人對自己寫出來的書中法義，有許多前後矛盾的地方自己都不知道，更不會知道要改正。由於連自己都不清楚自己書中的許多錯誤，更不用說讀者會弄清楚及讀懂了。這種假善知識，就是六識論的印順法師一類人，讀者應該遠離這種書籍，抉擇出眞正善知識的書籍，覺得其中所說眞的有道理，也不會有前後矛盾的現象，才是您應該繼續閱讀下去的書籍，才能眞正建立正知與正見；然後再對所有已經讀過的善知識書籍加以比較，才能確定誰是眞正的善知識，誰是假名善知識。這樣建立正知正見，生起初步的抉擇分以後，就是建立第一種福德了，就能確定誰才是自己應該要親近的眞正善知識，能確定誰是可以幫助自己實證佛菩提道的大善知識。

實證佛菩提道應具備的福德有很多種，大約歸類就是這五種，這是末學自己的經驗；但末學比較幸運的是，有善友介紹而直接親近了眞正的善知識，縮短了閱讀及尋找眞善知識的時間。親近善知識爲何很重要呢？因爲眞正的善知識會教導我們，在實證佛法時應該具備什麼條件。當我們接受善知識一一的教導而不缺漏時，我們就容易在具足這些條件以後親證，也就是水到渠成的意思。否則，想要實證佛菩提道，是非常困難的。

第二目　親近真正善知識的福德莊嚴

第二種福德，是親近善知識受學，有依止善知識作爲福德莊嚴，才有可能眼見佛性。爲什麼親近善知識這麼重要呢？例如　平實導師說：欲修學大乘第一義諦，實證開悟明心、眼見佛性者，應先親近善知識，聞法閱經建立知見；聞時記憶，聞後思惟，並廣植福德、廣結善緣，歸命及供養佛法僧三寶；孝養父母，奉事師長，為斷後有之種子慈心不殺，行十善業，行三種布施。

平實導師說：【菩薩既然證得眞如佛性，將來生生世世不畏生死，在世間與諸同修共度眾生，在世間與有情眾生在一起，才能究竟佛道。惟其必須有許多助緣，故應修十善業，所謂十善業即十惡業之相反。十惡業為：

身三業：殺、盜、邪淫（在家是指邪淫，出家是指行淫）。

口四業：妄語、兩舌、綺語、惡口。

意三業：貪、瞋、無明（愚癡）。

若於此十惡業不犯，反而積極護生，修正自己各種行為而利益眾生者，即為修十善業。】（《禪—悟前與悟後》上冊．頁5、6）

眞正的善知識，知道怎樣可以實證大乘第一義諦，他知道要怎樣建立參禪的功夫，也知道怎樣教導我們建立參禪的方向，遠離錯誤的方向與方法，我們才有機會開悟明心，甚至進一步眼見佛性。也知道教導我們遠離各種障道的因緣，以及幫我們把實證佛菩提之前應該先證的二乘菩提見道，如實親證而不會再落入凡夫境界中，才有可能在佛菩提道中親自實證。所以不論是尋求開悟明心，或者明心後想要進一步眼見佛性的人，都同樣要先具備第二種福德莊嚴，就是親近眞正的善知識。

但是善知識究竟是怎樣的人呢？不是每一位弘法的人都是眞正的善知識。有的弘法者名氣很大，道場很大，徒眾很多，動不動就是幾百萬的信徒，但不一定是眞正的善知識；因爲這一類大師們，往往落入六識論中，不離意識境界；他們連我見都斷不了，連聲聞初果都證不到，何況能夠幫我們開悟明心？更別說是教導我們眼見佛性了。

因此說，求見佛性以前，要先建立第一種福德莊嚴，就是先把自己親近善知識時應有的條件建立起來，這就牽涉到正知正見的建立。當自己還沒有建立正知正見時，會厭惡眞正的善知識，因爲眞善知識所說的法義，和凡夫大師們所說的法義不一樣；當我們接受凡夫大師的知見時，就無法愼重的選擇眞正能夠教導我們學禪的善知識。所以第一種求悟、求見性的福德，就是要先理性而不盲從，客觀研究所有弘法者所說的道理，從各方弘法者所說的道理中加以客觀的分析，愼重比對他們的差異性；並且依照經典記載的三乘菩提內容加以抉擇以後，尋找出正確的知見，才有可能判斷及選擇眞正的善知識。正確的判斷及選擇出來以後，就要去親近眞正的善知識，將來才有可能開悟明心，甚至眼見佛性。因此，末學認爲求見佛性的人，應該修集的第一個福德，就是建立正知正見。

建立正知正見以後，才有可能親近善知識；親近善知識以後，依教奉行，才有可能與眞善知識相應；與眞善知識相應以後，才有可能接受正確的指導，然後才能眞正的實踐，才能修集正確的福德；憑藉正確的福德，才有可能實證眼見佛性的果報。如果所修集的福德，全都是在護持表相正法上面，或者全都只是在世俗法上利樂眾生，那都只是世間福德資糧，不可能幫助我們在開悟明心或眼見佛性的世出世間法上獲得實證。因此說，求證眼見佛性功德的人，應該具備的第一個福德，就是建立正知正見；第二個福德，就是能夠選擇到眞正的善知識，並且能夠親近他。

如果無法親近眞正的善知識，不論修集了什麼樣的福德，不論他所修集的福德多麼廣大，對於眼見佛性都沒有實質幫助。但是要如何尋覓眞正的善知識呢？要如何觀察誰才是眞善知識呢？譬如 平實導師說：【學禪首先要依止眞正教禪之善知識，每一個人過去生修學正法的淨因、解脱因和今生的緣之不同，會得到不同的善知識。眞正的善知識：

第一、不會破壞佛子勤求悟明心性之信心，並願意幫助佛子悟明心性者。……

第二、能教授修禪之知見無錯誤者，如果是以定爲禪，以虛空粉碎、大地落沈、無念爲悟、識神妄覺爲眞心本性、以聰明才智解知了義經典或禪門公案等爲開悟者，皆非善知識。……

第三、能讓佛子們每週一次、每月一次定期親近諮詢者。

第四、有善巧方便能建立禪子們參禪之功夫，……教導從學的弟子們把參禪的功夫，亦即參話頭的功夫，修得起來，那才是善知識。

第五、悟明眞心，親見佛性不退失的善知識，……依照自己所悟的見地，所說的均符合了義經的意旨。以宗門而言，依經解經，依文解義並非眞善知識。以教門而言，所說的與了義經不相符，即非佛法。故有「依文解義，三世佛怨；離經一字，即同魔說」之說法。……此種善知識能幫助他人見性，在《六祖壇經》中，六祖即開示云：「欲擬化他人，自須有方便，毋令彼有疑，即是自性現。」依教生解，不是眞開悟，無法見到佛性，用這樣的境界要來度人，說禪十年二十年也度不了一個人見性，這便非善知識。

第六、有大願心，發願幫助佛子究明心性者：《華嚴經》云：「是善知識，有大因緣，所謂化導，令得見性。」善知識有大因緣，他可施設各種的方便，以引導度化佛子，令佛子們能親見佛性，善知識以見到別人悟明心性爲樂。如有善知識，自己雖已親見佛性，卻不願意幫助別人見性，這非眞善知識，因爲他有私心。有私心的原因，乃因其所見不眞，故非眞善知識。

第七、能指導禪子悟後起修者：這一位善知識，他本身悟境不退，隨時隨地親見佛性，乃至已經破牢關。並且他有禪定功夫，也通於經教各種經典，能夠指導禪子悟後起修的方向及禪定功夫。能幫助禪子們，由斷三縛結之見地，邁向薄貪瞋癡，乃至斷五下分結、及五上分結等等境界，這樣的善知識，是可遇而不可求。

第八、遇眞善知識應當承事修學，不可用世間之知見，來自己障礙自己。《六祖壇經》云：「努力自見莫悠悠，後念忽絕一世休。若悟大乘得見性，虔恭合掌一心求。」這首偈說明了見性是要自己努力去見，千萬不要恍恍忽忽、悠哉悠哉的浪費生命和時間。因爲有一天無常來的時候，下一個念再也起不來，這一輩子就結束了。如果想要親證大乘佛法的精髓，要得見佛性的話，應當要虔誠恭敬，合掌一心，而不是散漫心來求，才能得。

第九、能不憚勞苦，舉辦短期精進共修，幫助禪子們明心見性者：我們修禪者，自古以來就很多，但是自己參究，想要悟入非常之困難。如果眞善知識能夠舉辦禪三、禪五、禪七，讓我們得以與他親近共住的話；這段期間善知識可以開示引導我們在要緊處怎樣轉折，然後看我們時機因緣成熟的時候，他自然能夠巧設許多方便，廣泛的使用各種機鋒，來幫助我們。當他大用現前時，我們在當下便悟，遠勝過自己辛苦參究二十年。而且在這段期間，我們容易得到他的意旨，容易明瞭他講些什麼，以及他要引導我們到什麼樣的地步。而我們在這段時間，也容易跟隨他，順著他所說的法及方向去用功，就容易得到他的法。

第十、尋覓善知識，非行腳參方：尋覓善知識，不是行腳參方，行腳參方是悟後之事。這是指悟了以後──明心──很久以後，仍然看不見佛性：或者說見性以後很久了，始終到不了牢關，更不用說「破牢關」。因此暫時告假，離開師父、去參問諸方善知識。或者由師父指令去參訪某位善知識、或遍參諸善知識，這是悟後之事。

香林澄遠禪師云：「大凡行腳尋知識，要帶眼行，須分緇素、看淺深始得。」行腳參方尋訪善知識要帶著眼睛走。從禪的立場講，一般人不開眼，只有悟了的人，才叫開眼的人。悟了去行腳，參訪善知識，要帶著眼睛去，要能夠分得清楚，這個人是……悟與不悟。如果不悟，身穿黑衣還是在家；如果悟了，身穿白衣，也是出家。」（《禪—悟前與悟後》上冊．頁 19～25）

「……找尋善知識，需要有慧之知見，隨著參禪者本身的定與慧知見之不同，而得到不同層次的善知識。這完全是依每個人過去生所修所種之福慧因緣，而得到不同層次之善知識。如果不具備定與慧之知見，往往會當面錯過。此外尋覓善知識不可著相，執著外相而求覓善知識，必不可得。」（《禪—悟前與悟後》上冊．頁 25、26）

「俗語說得好：「海水不可斗量，人不可貌相。」以貌取人，常有大過。所以達摩大師云：「若不見性，即不名善知識，縱說得十二部經，亦不免生死輪迴，三界受苦，無有出期。」又云：「今時人講得三五本經論，以為佛法者，愚人也。」又云：「若見自心是佛，不在剃除鬚髮，白衣亦是佛；若不見性，剃除鬚髮亦是外道。」所以萬萬不可以貌取人。譬如善財童子五十三參之善知識之中，有五參是一生補處菩薩外，其餘四十七參之中僅有五參是出家菩薩，在家菩薩則有四十二參之多。在家菩薩之中：身現外道婆羅門、國王、大士、長者、仙人、優婆夷、童子、童女、神……等，皆是在家相，有貴爲天神國王者，有示現婬女、外道者，是故不可從表相衡量善知識。

最後說尋覓善知識時，應當先發菩薩清淨大願。菩薩以大悲方便，在各種不同世間裡，要度化各種不同菩薩種性的眾生，所以示現種種形像；有時也示現有過失，好像凡夫眾生，不像是一個聖人，而能夠跟眾生一起生活，一起做事，然後度化這些眾生。這是菩薩清淨的願力，才作得到。我們求善知識的人，應該和他的願力相應，所以應當要發菩薩清淨大願。

發了菩薩清淨大願以後再發願：「願我今生求佛圓覺，尋覓善知識時不遇外道、不遇教授人天善法之師，不遇定性聲聞及緣覺法之師。」所遇到的，才不會是教人天善法，修聲聞法、緣覺法的老師。】（《禪—悟前與悟後》上冊．頁 27．28）

平實導師又說：【此外尋覓善知識不可著相，執著外相而求覓善知識，必不可得。有的人認爲善知識一定是男人，女人一定不是善知識。但是他不懂得什麼是男人、女人；佛法裡講的丈夫，不一定是男人，有時稱女人爲丈夫。有的人認爲一表人才，相貌堂堂很莊嚴的樣子，才是善知識。看見某個人其貌不揚，又是瘦瘦小小，皮膚黑黑的，就認爲這個人不是善知識，那就錯了。有的人認爲善知識，一定學問很好，學歷很高，這樣的人遇到六祖惠能，也會認爲他不是善知識。】（《禪—悟前與悟後》上冊．頁26）

【看淺深是說，要能辨別這個人，他的層次深淺。行腳參方，要有這樣的眼睛才夠資格。那麼這種行腳參方的時候，大多數是以機鋒和公案來相訪。如果是初學禪，尋覓善知識，務必要虔誠恭敬，合掌來相問；不可故作聰明狀，欲以慢心及輕視心，來求善知識，必不可得。

遇到善知識，我們跟他請益完了，應該詳細思惟，善知識所說的，究竟善與不善？如果說得好，講得對，我們就跟他學；如果仍然有疑問，應該再一次參問，乃至作第三次的參問。如果這樣問過三次以後，我們覺得根機與他相應的話，我們就跟他修學。如果不契機就離開，另外尋善知識。】（《禪—悟前與悟後》上冊．頁25）

末學對讀者的建議，是到正覺同修會來修學，不但無相念佛、看話頭、參話頭的功夫都有人教導，甚至想要眼見佛性都有可能，末學就是這樣走過來的。譬如果涵師姊說：【沒有蕭老師，想觸證眞心，門兒都沒有，「無門之門」豈是那麼容易入？知見不具足，定力、慧力不夠，福德資糧欠缺的人，比登天還難。末法時代，施設憶佛、拜佛、看話頭的法，眞是大智慧啊！】（《我與無我》頁 105、106）

又如 平實導師說：【學佛應該要知道的是：怎麼樣去證入佛法的境界裡面去。參禪固然能夠悟得眞如佛性，可是參禪者若無功夫的話，也是表面看來是在參禪，其實與禪了不相干，因爲沒有功夫的緣故。而無相念佛這門功夫學會了，就會懂得如何去看話頭；會看話頭之後，漸漸就會懂得怎麼去參話頭，乃至怎麼去參公案，這樣才是眞正參禪。所以，無相念佛法門非常重要，可以幫助末法時代的有情眾生來參禪。有人覺得廣泛閱讀經典、能言善道，並著作一大堆談論佛法的書籍，以此爲貴，所以不肯學無相念佛的法門，這也是因慢心而生障礙。】（《念佛三昧修學次第》頁 144）這也是學者應該留意的地方。

第三目　基礎的解脫及解脫知見等福德莊嚴

第三種福德的莊嚴，是佛法中最基礎的解脫及解脫知見，也就是聲聞、緣覺菩提的見道；如果沒有二乘菩提的見道功德，就會落入蘊處界等自我之中，不離有生有滅的意識境界，無法實證三界我都是無我的斷身見功德。以此緣故，他的三縛結具足存在，連二乘菩提的見道都無法實證，何況更高、更妙，連阿羅漢都無法思議的大乘菩提的開悟明心，更何況連大乘明心菩薩都無法知道的眼見佛性智慧呢？

如果沒有解脫果見道的實證，就欠缺在大乘法中實證明心的大福德，當然更不可能看見佛性。而二乘見道的解脫實證以及解脫知見，必須心得決定，成就二乘見道的「止」；也就是心中決定不會被人動搖了，有了心得決定而不被動搖的定力，才能進一步實證如來藏。當他實證第八識如來藏以後，才能繼續向上進修，實證眼見佛性的境界，獲得身心如幻、世界如幻的現觀，滿足十住位的功德。因此說，二乘見道的不動定，就是如實現觀（觀）

而能心得決定（止），有了這個「止」與「觀」以後，心得決定時就是二乘見道的不動定；有這個「止、觀」而產生的不動定，不會被惡知識影響而退轉了，才有可能進一步實證大乘妙法。

譬如《大般涅槃經》卷十七〈梵行品第八之三〉開示：【無不動定故無實知見，無實知見故則無厭離，無厭離故則無解脫，無解脫故不見佛性，不見佛性故終不能得大般涅槃，是名世間戒不清淨。】眼見佛性是證得大涅槃，不是聲聞、緣覺涅槃；具足佛性的一切功德而有成所作智時，就是入大涅槃，稱爲「大般涅槃」，那時才是成佛的境界。

在三界我的見解上面，除了聽人解說外，尚必須經由實際觀行而確定三界中的蘊我、處我、界我全部虛妄，才能說是有二乘見道的「觀」的功德。而且「觀」的實修是沒有錯誤，並且必須心得決定，使自心永遠「止」於這個親自觀行的所見上面，心得不動；不論誰來妄說蘊處界我、意識我是如何眞實，不論有多少種理由主張離念靈知等意識心或六識心是常住的眞實自我，因自己都已經深入觀察，並且比對方所說的更深入觀察，連對方所沒有觀察到的蘊處界虛妄的內容都觀察過了，確定五蘊、十八界都是因緣所生而生滅不實，絕無眞實我可言，並且能詳細爲對方解說，幫助對方也斷我見、斷三縛結，就是具足二乘菩提見道的「止」，就是具足二乘見道心得決定的定力了。這就是大乘佛法中，想要求證開悟明心見道，以及想求眼見佛性證得十住菩薩如幻觀的人，都必須先修集起來的福德莊嚴。

爲什麼必須有這種福德莊嚴呢？假使沒有這種解脫的實證和解脫的所知所見作爲福德莊嚴，落在五蘊我乃至十八界我之中，就會處處以自我爲中心，不免貪著名聞或利養，造作惡業而產生障道的因緣；連二乘菩提的見道都無法實證，何況是佛菩提的見道以及眼見佛性呢。而且，沒有具備二乘見道的解脫功德，就不會具足解脫知見；當他參禪時，一定會落入識陰中，或者落入意識中，或者落入六識的見聞覺知性中，怎能眼見佛性呢？因爲佛性並不是識陰六識的自性，不能把六識自性當作是佛性。會把識陰的六種自性當作是佛性的人，都是沒有解脫功德也沒有解脫知見的人，想要求見佛性是沒有機會的。

又解脫知見不夠的人，譬如有人以聲聞別解脫戒，當作正解脫戒，反而把正解脫戒的菩薩戒當作是別解脫戒，這就是聲聞人，聲聞人是不可能眼見佛性的。因為聲聞戒（比丘戒、比丘尼戒）都只是一世受，捨報就失去戒體了，不可能使人依止這種一世戒的成就而證得佛菩提的，因為成就佛菩提的見道，需要第一大阿僧祇劫的三十分之七，這是很多世、很多劫修行才能成就的；而菩薩戒可以生生世世都伴隨菩薩，直到成佛都不會失去。但聲聞戒只有一世受，不能延續到未來無量世去；所以依止聲聞戒作為正解脫戒，把正解脫的菩薩戒當作別解脫戒的人，是無法與佛菩提道相應的。末學認為，這種是沒有解脫功德，也沒有解脫知見的人，不可能實證佛菩提道，更不可能眼見佛性。

而且聲聞戒的受持，目的是在求證聲聞解脫果；聲聞解脫果不是佛菩提道的大解脫果，最高只能證得阿羅漢果，無法證得佛菩提道中的任何果位。如果有人出家受了三壇大戒以後，竟把最後壓軸好戲的最高戒法當作是附帶的別解脫戒，把最先受的序曲聲聞戒當作最究竟戒，那他當然是聲聞人，無法實證佛菩提果，想要明心都不可能，何況是眼見佛性呢？這就是解脫知見不夠的人，常常會犯的過失。所以專講佛菩提道眼見佛性的《大般涅槃經》卷二十八〈師子吼菩薩品第十一之二〉開示：【若有受持聲聞戒者，當知是

人不見佛性及以如來；若有受持菩薩戒者，當知是人得阿耨多羅三藐三菩提，能見佛性如來涅槃。】

解脫知見一定要先正確的建立起來，才有可能眼見佛性，例如《大般涅槃經》卷二十八〈師子吼菩薩品第十一之二〉開示：【戒復有二：一、聲聞戒；二、菩薩戒；從初發心，乃至得成阿耨多羅三藐三菩提，是名菩薩戒；若觀白骨，乃至證得阿羅漢果，是名聲聞戒。】若不是依菩薩戒爲正解脫戒，就無法見性，所以說：【若有受持聲聞戒者，當知是人不見佛性及以如來；若有受持菩薩戒者，當知是人得阿耨多羅三藐三菩提，能見佛性如來涅槃。】

有解脫道實證功德的人，至少是聲聞法中的初果人；如果發起四宏誓願，要盡未來際行菩薩道，永遠不入無餘涅槃；他又具足實修六度波羅蜜多，不但斷了三縛結，也熏習般若的正見，才有可能證明佛菩提的見道功德，進而眼見佛性；否則往往會站在五陰自我的立場上，落入我所執而在名聞與利養之中用心，就無法眼見佛性了；若不是眞心實行四宏誓願，即使受了菩薩戒，以菩薩戒爲正解脫戒，也是無法眼見佛性，最多只能聞見佛性，正如《大般涅槃經》卷二十八〈師子吼菩薩品第十一之二〉開示：【復有二種：一爲利養，二爲正法；爲利養故受持禁戒，當知是戒不見佛性及以如來，雖聞佛性及如來名，猶不得名爲聞見也；若爲正法受持禁戒，當知是戒能見佛性及以如來，是名眼見，亦名聞見。】

對三乘菩提的分際，一定要有正確的了知，這就是親近眞善知識的重要處。只有眞善知識才能爲我們解說其中的分際，讓我們懂得修習正確的止與觀，走上實證的正確道路。若不能如實理解三乘菩提的差別，往往成爲聲聞、緣覺種性了，自己都還不知道，就在聲聞、緣覺法上用功；只想當自了漢而不能發起菩薩性，不能如實修習六度波羅蜜多，不是眞正的菩薩，就不能看見佛性。正如《大般涅槃經》卷二十八〈師子吼菩薩品第十一之二〉開示：【善男子！眾生佛性、諸佛境界，非是聲聞緣覺所知；一切眾生不見佛性，是故常爲煩惱繫縛，流轉生死；見佛性故，諸結煩惱所不能繫，解脫生死，得大涅槃。】由此證明，初基解脫的功德以及斷我見等基本解脫知見的建立，都是求見佛性的人必須具備的條件。

第四目　護持了義正法的福德莊嚴

求證眼見佛性境界的菩薩，必須護持了義正法；這些所說見性前應該修集的福德莊嚴，都是護持了義正法的大福德；不能以護持表相正法及護持六識論邪法的福德，作爲求見佛性的莊嚴。護持表相正法的福德，並不能用在求見佛性上面；因爲，護持表相正法以後，所獲得的果報就是表相正法中的理解，也必然會親近表相的善知識，所聞熏的也都是表相正法，如何能獲得了義正法的實證呢？平實導師常常譬喻說：「你在台灣銀行存了一筆定期存款，到期以後應該在台灣銀行領取本息，不能到華南銀行領取本息，因爲你沒有在華南銀行存入定期存款。」一定是在了義正法中護持，所獲的福德才能與了義正法的實證相應，才能實證了義正法，符合正法熏習修學的因果律。而且，當你護持的是了義正法時，你所熏習及實修的法，一定也是了義正法，當然也會幫助你實證了義正法，才有機會眼見佛性。如果都是在護持表相正法時，也會親近表相正法的大師們，所熏習的當然也是表相的正法；

當然會如同表相善知識說的一樣，誤以爲一切都是緣起性空，誤以爲這樣了知就是在修成佛之道，當然不可能與了義正法相應，何況是實證呢？

反過來說，如果把錢用在破法團體上，努力護持破法團體的種種事情，而想在正法團體獲得證法的大利益，那是不可能的事。譬如愚癡人把錢都用在反對華南銀行的事情上面，努力護持某一個作出種種事情，想要使華南銀行敗壞的團體，卻想要獲得華南銀行的大力支持幫助，更是不可能的事。這就好像有些人，專門護持六識論及雙身法等邪法，竟然也想要獲得八識法中的眼見佛性實證，當然是不可能的。爲何說這種人永遠不可能看得見佛性呢？因爲，六識論的弘法者，本質上都是在破壞三乘菩提的，在了義法上的福德早就全部損壞了，怎麼可能獲得三乘菩提的實證呢？更不用說能夠眼見佛性了！而且六識論的熏習，是與八識論的第八識眞如、佛性的實證背道而馳，當然也是無法實證的。

佛法中所含攝的二乘菩提，是佛菩提中最淺的法，即使是這種最淺的二乘菩提，還是必須依八識論的正理才能成立，還是要依八識論的正理來實修蘊處界的緣起性空，才能成就斷我見、斷我執的功德。否則，當他讀到《阿含經》中說，阿羅漢入無餘涅槃時必須滅盡五蘊十八界自我，沒有剩下任何一蘊、一界，連識陰覺知心自己也要滅盡，那時他心中就會恐懼落入斷滅空中，一定會回頭把意識建立爲常住法，才會有應成派中觀師細意識常住不壞、極細意識常住不壞的說法出現，堅定認爲意識是常住不滅的。宗喀巴、印順、達賴等人正因爲否定第八識心，恐怕入涅槃時滅盡十八界以後成爲斷滅，才會說細意識、極細意識是常住不滅的眞實心，主張細意識、極細意識是「**結生相續識**」，因此又落入識陰、意識中，成爲常見外道。

像他們這樣說法，其實是在破壞三乘菩提；當他們否定第八識正理時，就同時斷絕了自己親證第八識的機會，當然也斷絕了親自實證三乘菩提的路；連最粗淺的二乘菩提的見道都不可能證得，當然更不可能獲得大乘菩提的開悟明心，更不用說能夠證得更高的眼見佛性的境界了。因此，如果有人護持的是破壞三乘菩提正法的道場，所修集的福德只剩下世間布施的福德，這種福德使他完全無法獲得明心和見性的實證境界；不僅如此，因爲護持破法團體，未來也會有障道的因緣出現，當然更不可能實證三乘菩提中任何一種菩提了，使他完全無法獲得明心和見性的實證境界。以上說的是弘揚六識論而成爲實質上破壞佛教正法的道場，在那些破壞佛教正法的道場布施時，所獲得的福德在未來世實現時，將會同時成爲遮障道業的因緣，有智慧的學佛人都應該避免。

另外，還有不少人修集非常多、非常多的福德以後，還是無法眼見佛性；不但無法眼見佛性，連明心甚至更淺的聲聞菩提斷我見的見道功德都不能實證。譬如有很多人投入慈濟眾生的志業中，每天都爲眾生在生活上的苦難來作救濟，以慈心來救護眾生在世間法中的種種苦難；這樣修來的福德，全都是世間福德，對於實證三乘菩提時應有的福德莊嚴，完全沒有涉及。因爲他們所修的福德都只是世間善法，都是世間福德，此世及未來世都只能與世間善果相應，然後繼續以世間善果所得的大量錢財，繼續在世間法中利樂眾生。這類人，所依止的佛教團體都是很龐大的，但是主持這類團體的大師們，也都不可能傳授了義正法的正理；因爲這一類大師們自己都認爲救濟眾生貧苦的世間道就是在行菩薩道，就是全部的佛法，怎麼可能教導座下的徒眾修學了義正法呢？因此所有徒眾們追隨他們努力修集的福德，也都不會與了義正法相應；連斷我見都不可能，更不可能眼見佛性。

末學想要說明的是，不論是誰，當他想要實證二乘菩提時，所修集的福德莊嚴，必須是在與二乘菩提相應的事情上面護持來修福。當他想要實證大乘菩提的開悟明心智慧時，必須在與開悟明心相應的事情上面修集福德作爲莊嚴。當他想要實證大乘菩提的眼見佛性境界與智慧時，必須在能與眼見佛性相應的福德莊嚴上面來修。當他想要實證究竟佛果時，必須在能夠成就究竟佛果的福德莊嚴上面來修。凡是在表相正法裡面修集的福德，此世及未來世只能與表相正法的聞熏相應。凡是在破法的道場布施而修集的福德莊嚴，將來只會莊嚴自己的惡報；未來世回到人間成就財施的福果時，也會使他獲得的世間財不清淨。凡是護持世間慈善事業而修集福德莊嚴，完全不在三乘菩提的護持上面修集福德時，未來世成就的福德也會使他遠離三乘菩提的實修，甚至未來世可能因爲此類福德的實現而離開佛教。這些不同種類的福德，都不可能與世出世間的眼見佛性的實證相應。因此，想要開悟明心或眼見佛性，都應該在了義正法道場的弘法事務上護持，才是修集見性的福德莊嚴的正確修法。

第五目　修集伏除性障的福德

第五種福德莊嚴，是要修伏性障，也就是修伏五蓋。五蓋若是不能努力聞修而降伏下來，不可能具備前面所說的四種福德莊嚴，那麼眼見佛性就沒有可能了。五蓋的內容就是：貪欲、瞋恚、掉悔、睡眠、疑。

有貪欲心的人，會每天追求錢財及各種享樂，不可能努力修集福德及聞熏了義正法，不可能放下各種世間法上的追求及享受，當然不可能下苦功來鍛鍊看話頭的功夫，想要實證眼見佛性的境界一定不可能。有瞋恚蓋的人，當善知識說明他的方向與用功的方法不正確時，他就會生起瞋心，不肯依照善知識的教導去用功。有掉悔蓋的人，當他正在用功鍛鍊無相念佛、看話頭的功夫，心總是不斷的攀緣，非常掉散而不能安止下來，更不能深入看話頭的功夫中，不久就會覺得很累而中斷用功了。有睡眠蓋的人，才剛開始禮佛作無相念佛的功夫，在淨念之中無所攀緣，不久就起了睡意，拜到地上時就趴在地上睡著了，沒辦法用功。有一種人，明明才剛睡飽起床，一上座，或者才剛禮佛作功夫，睡意就上來了，這也沒辦法用功。有疑蓋的人，總是不具足信心，或者疑心自己的善根夠不夠，或者疑心善知識有沒有眞的實證，或者疑心其他各種胡思亂想而聯結出來的事情，心中不能決定下來精進修學，像這樣的人，信、進、念、定、慧等五根是不具足的，當然更沒有五力，一定會對善知識生起慢心，他想要實證二乘菩提的見道，想要獲得二乘初果的功德都不可能，何況是想要證得大乘法中眼見佛性的功德呢。

總之，這一節的結論是，想要具足前面所說四種見性必須具備的福德，必須先有眞正見性的善知識出來弘法，講出眼見佛性的眞正意涵，以及開悟明心與眼見佛性異同所在，使學人建立初步的正知正見，生起初分的抉擇分——就是初分的擇法眼，才能有基本智慧分別眞假善知識，才能親近眞正善知識及進入下一階段的實修，才會具備與明心及眼見佛性相應的福德，然後才有可能明心，再進一步眼見佛性。但是在已經親近眞善知識時，就要時時注意自己的五蓋有沒有降伏下來，要時時注意自己的五蓋有沒有每天都在消減；時時反省，才能快速的進步，才能如實依照善知識的教導去用功，時節因緣成熟時，才能眞的實證而親眼看見佛性。

第六節　看話頭的鍛鍊與參究

第一目　參究的方法與看話頭功夫

先依參究如來藏的方法來說明，如實瞭解以後，就會知道參究佛性的道理其實是一樣的。平實導師說：【參話頭與看話頭之間的差別，在於參話頭有一個疑情在，一面看「念佛是誰」的話頭，但心裡懷疑思索，究竟念佛的是誰，心裡雖無「念佛是誰」這四個字的形象或聲音，但是我們一直安住於「念佛是誰？」這個意思裡面，這樣子叫作參話頭。需有一個疑在。看話頭如無疑情，是在修定。如果坐下來看話頭，看久了就會入定；如果有個疑在看話頭，疑情持續伴隨話頭存在，謂之參話頭。所以二者之差別，在於有無疑情及尋覓思惟的作用。參話頭和思惟思想有什麼差別？思惟思想就是運用語言文字，用一句連接一句的話，在作分析，那叫作思惟思想。參話頭是要有定力，而不必透過語言文字，就能夠有思惟之作用在，我們稱之爲思惟觀

——直觀。所以看話頭時，有一個疑情在，謂之參話頭。參話頭時常常會靈光一現而出現一個答案，我們能夠不運用語言文字，就可以去分別對錯，並且知道爲什麼對或錯，均不必經由語言文字，這功夫就叫作思惟觀——直觀。

爲何要講看話頭及訓練看話頭之功夫？因爲修禪須要眞參實修。禪須要體驗，不是用語言文字的思惟討論所能親證。所以口頭談論，意識思惟，名爲參禪，其實是思想思惟，沒有定力的緣故；因此我們認爲不會思惟觀，就不是參禪。

參公案也是一樣。公案是指過去祖師們，參禪開悟的過程、流傳記錄下來稱之爲公案。就像在政府機構裡，有很多檔案，以前就叫作公案。我們可以藉著過去祖師們參禪開悟乃至見性的過程去參究，雖然他的過程非常長，但是有一個重心在，那就是爲何他這樣能夠悟？參的時候不可在心中念誦這則公案的過程或問答語句，也不可在心中用語言文字思惟分析，依舊是思惟觀之方法謂之參公案。參話頭參公案都是一樣，都必須定力而不是定境。所以不可以修一念不生的功夫，必須修一念相續的功夫——定力。】（《禪—悟前與悟後》上冊．頁 30～32）

平實導師又開示說：【現在接下來就要去參。心裡面看著這句話的前頭，然後另外起一個疑：「參禪是誰？」心住在話的前頭，心裡面同時在疑：參禪的究竟是誰？知道五陰不是我，色身不是我，這個能知能覺也不是我，那麼究竟哪個才是呢？我在參禪，可是這個我不是我，那究竟參禪的是哪一個？這樣又是看又是疑，這叫參話頭。那麼參話頭繼續深入就會產生了疑情。有了疑情以後等待的只是一個時節因緣，不可強求。若有善知識就可很輕易的悟入乃至見性，若沒有善知識就很困難。

參公案也是一樣。譬如我們剛剛講黃龍禪師這個公案；我們第一次禪三開示的時候講這公案，有很多人悟入。譬如說：「人人有個生緣，上座生緣在什麼處？」閑云：「早上吃白粥，至晚又覺饑。」平實云：「熱茶暖身」。這公案雖然很長，照樣不可動著語言、文字。一樣是看話頭的功夫，只是把這個意思放在心裡面去體會它。必須要動著語言、文字才能參的話，表示功夫不夠，要悟就很困難；所以參禪必須要把功夫練好。尤其是要見性的話，看話頭的這個階段沒作好，一念相續的功夫沒有作好，即使悟了也看不見佛性，因爲不能一念相應的緣故。譬如說剛剛講的現代公案：我們先瞭解什麼叫作「百尺竿頭坐」？有很多人參禪、學禪學到後來，他可以住在一念不生的境界，在一念不生的境界裡面，清清明明，靈明覺了，他認爲這個就是眞如。然後就去找大師印證，大師也跟他講：「這就是眞如。恭喜你！明心了。」但是這個錯了。一念不生之時，雖然是沒有語言、文字、不思善惡，但是靈明覺了的本身仍然不離意識，仍然不離境界。這個就是長沙招賢大師講的百尺竿頭坐的境界。長沙招賢大師說：「百尺竿頭坐底人，雖然得入未爲眞；百尺竿頭須進步，十方世界現全身。」所以我們爬竹竿，爬到最高一百尺足了，已經到頂了，再上去沒有路可進了，沒有竹竿可以爬了，就在那一邊停頓下來了，但那還不是眞的。

參禪參到一念不生靈明覺了，可以說就是到了百尺竿頭了。到頂了，但是這個仍然還不是，還要往上突破，所以參禪須知還有向上一路。如果不能突破，終究免不了把意識、定心當作是眞如、認妄爲眞，將來不免未得言得，未證謂證，後果不堪設想。我們說，爲什麼問了一句「百尺竿頭，如何進步？嗄？」丟個東西，爲什麼人家伸手一接就悟了呢？雖然這公案這麼長，我們卻要抓住這個公案的意思直接去體會它，可不要用意識思惟在那邊轉。因爲意識思惟越轉，葛藤越多，越麻煩，越難悟，要體驗就更難。公案就是這樣的參法，盡量避免用著語言、文字，而用思惟觀的方法來參究；也就是說參究的時候除了不用語言、文字以外，還要有個分別的心，有個觀察覺照的心，直心去觀照。千萬不要打葛藤去思惟、直截了當最容易去體驗得到。最怕的是聰明伶俐、枝節葛藤、意識思惟那就永劫不悟。這個是功夫不足，定力欠缺。如果落入語言、文字的話，就算悟了，也會落在意識心裡面，用意識心來當作眞如。這種錯會，非常普遍，古代如是，現代亦如是。因爲意識也一樣無形無色，「靈明覺了」這個意識也是無形無色，與了義經講的眞如無形無色，相符合，所以就錯會了。因此命終之後就不免還要再輪迴。這就是「因地不眞，果招迂曲」。所以參究以前務必要先練看話頭的功夫，參究時應當要遠離意識思惟，直心去體會一回才好。參究的時候要用思惟觀，我們在無相念佛書裡面談到過。

思惟觀就是我們在思惟如何是眞如？如何是佛性？思惟其中的一個，但是不用語言、文字而去分別，要有一個觀照，有一個尋覓的心。能覺能觀能聽的心是妄心，不離意識。靈明覺了是定心，不思善不思惡時是定心，一念不生是定心。用這個定心做工具來做思惟觀：到底什麼是我的眞如本體？直接的去觀照，直接的去分辨，這叫作思惟觀。若有這個功夫，參禪就容易開悟。沒有這個功夫，又沒有眞善知識指導的話，那就像緣木求魚一樣，希望就非常渺茫。】（《禪—悟前與悟後》上冊．頁47～50）

以上援引 平實導師的開示，讀者如果已經有了看話頭的功夫，而且功夫很純熟時，就會懂得思惟觀的用法，自然就會懂得參究的方法了。如果再加上對於所悟內容是如來藏阿賴耶識，對如來藏的體性也有正確而且全面的理解時，開悟就有因緣了，除非曾經謗法——謗如來藏。謗如來藏就是謗菩薩藏，在《楞伽經》中 佛說這是一闡提人——斷善根人，當然不可能開悟證得如來藏；想要等開悟明心後再求證眼見佛性的境界，更不可能。如果曾經毀謗賢聖，也就是毀謗實證二乘菩提的聲聞聖人，或是曾經毀謗實證三乘菩提的菩薩，他想要實證如來藏時也會有遮障，更不可能眼見佛性。必須在參究之前，先在大眾面前公開懺悔自己以前因爲無知而毀謗正法、毀謗賢聖，並且每天都必須在佛像前如實懺悔，才有機會可以開悟明心，眼見佛性則是未來世的事了。

第二目　看話頭功夫的辨正

末學在這裡，針對善根深厚的學佛人，還想再對話頭禪作一些說明，以免有人弄錯了，自以爲已經修成看話頭功夫，誤以爲自己眞的在參話頭，其實根本不懂話頭禪，想要開悟明心就遙遙無期，更不可能眼見佛性。末學說明的方式，是舉出大法師錯誤的開示，說明其中對於開悟以及話頭的開示，究竟是對或錯，讀者就能很明確知道，就能自行檢驗自己有無誤會話頭，也能檢驗自己所鍛鍊的看話頭功夫是對或錯，功夫是否成就。

《聖嚴法師教話頭禪》第四十三頁說：【悟，有五個層次：第一個層次是統一境，是身心的統一；第二個層次是光音境，聽到無限的音聲、見到無限的光；第三個層次是聰明境，譬如能聞一知十、下筆有如神助、出口成章，或是所做的判斷十分準確，此時會認爲自己已經開悟了；第四個層次是悟境現前，自己覺得灑脫自在，心中無絲毫罣礙，無任何煩惱現前，身心輕安而無負擔，覺得自己是開悟了，但這是眞的開悟嗎？其實這是輕安境，而不是

眞正的悟境；第五個層次是開悟境，此時感覺虛空粉碎，大地落沉，這才是眞正的開悟。】

事實上，這還是意識的境界；由此可見，聖嚴法師的「悟」，還是落在意識中，我見還具足存在而沒有斷除，所以連聲聞初果也還沒有證得，由此證實他是未悟言悟。他既已公開說這就是悟境，又印證十二個弟子明心、見性，還刊登在《法鼓月刊》中公開流通，就是向佛教界公開表示自己開悟了。這個大妄語業，如果有在捨報前向眾弟子們公開懺悔，才能滅除。但是他這類誤導眾生的書籍還在流通之中，並沒有銷毀及禁止流通，所以他未來世的障道因緣仍然會繼續存在。唯一的解決之道，是由繼任人向弟子四眾宣稱他悟錯了，並將他的這類描述開悟的書籍銷毀不再流通，才能使他誤導眾生的惡業快速消除。

爲什麼從他的這一段話中就可以證實他悟錯了呢？因爲他落在意識境界中，卻說這種意識境界就是悟境。聖嚴法師說：「第五個層次是開悟境，此時感覺虛空粉碎，大地落沉，這才是眞正的開悟。」但是虛空粉碎、大地落沈，全都是在未到地定中出現的定境；在初禪定境中，一般是不會出現；

若是在二禪以上的定境中，根本不會出現。話說回頭，不管是未到地定中或初禪中，當虛空粉碎、大地落沈的定境出現時，依然是意識的境界，不是第八識如來藏的境界。聖嚴法師所說的開悟境界都是意識境界，而意識是識陰所攝，落在我見中，連我見都沒有斷，所以還沒有證得聲聞初果。

禪宗的開悟明心，依禪宗祖師 大慧宗杲及天童宏智正覺所說，都是以如來藏為所證的心，是離見聞覺知的第八識境界，不是聖嚴法師所說的虛空粉碎等意識境界。中國禪宗初祖達摩大師也以四卷本的《楞伽經》，交給二祖慧可大師印證自己所悟對或不對；《楞伽經》中說的宗通——佛說的開悟境界，同樣是證得第八識如來藏。由這些舉證，也可以證明聖嚴法師還沒有明心，才會違背 世尊在經中所說的第八識如來藏，還在書中否定第八識如來藏，說如來藏阿賴耶識是妄識，應該消滅。

不但如此，聖嚴法師連看話頭的功夫都沒有，所以他錯會話頭禪的內涵了。而且，聖嚴法師連未到地定的功夫都沒有，因為會看話頭的人，一定會有基本的未到地定。但聖嚴法師竟然直到死前都還沒有修成看話頭的功夫，所以不知道看話頭的境界，顯然是還沒有未到地定的人。此外，凡是有未到地定的人，若有機會體驗到虛空粉碎、大地落沈二種境界時，都會知道只是意識的境界，不是禪宗的開悟境界，因爲與第八識所住的境界完全不同。如今聖嚴法師在他的書中，把意識住在未到地定中的境界說成禪宗開悟的境界，表示他還沒有體驗到虛空粉碎及大地落沈的境界，也表示他還沒有練成看話頭及未到地定的功夫。

《聖嚴法師教話頭禪》在一一二頁〈動靜語默修話頭〉裡說：【雖然用修禪定的方法，也可以開悟，但是，修禪定一定是在靜態的狀況下，在動態的狀況下是沒有辦法修的。只有專門修行的人，或者是長時間修行的人，才能夠從禪定中得到力量。然而，話頭則是任何人、任何時間都可以用。】

這是錯誤的說法，平實導師常常說，初禪是在一切時中都可能發起的，他自己也是在動態中發起初禪的，並且把初禪發起時一剎那間遍身發的體驗，詳細開示出來，也說出發起以後的身樂境界等；顯然不是聖嚴法師說的「修禪定一定是在靜態的狀況下，在動態的狀況下是沒有辦法修的」，由此證明他當然是沒有初禪定境實證的體驗。

再說到話頭，聖嚴法師說：「然而，話頭則是任何人、任何時間都可以用。」事實上，並不是任何人、任何時間都可以用；因爲從他在書中的開示，已經證明他自己是無法用話頭參禪的；他教人用話頭參禪時，都是把話頭的內涵弄錯了。他二、三十年來主持禪七，都是教人數息，不是在參禪，也不是看話頭。數息的方法與大乘禪宗的參禪無關，只是五停心觀裡的一種，是聲聞法裡想要斷我見以前就應該修學的對治法，還不是眞正斷我見證初果的方法，更不可能是大乘禪的修行方法；縱使能夠修成數息觀的全部法門，具足六妙門，也只是修成降伏覺知心後的一念不生入定功夫，與禪宗的看話頭無關，更與禪宗的參話頭無關。

數息法，如果能數到圓滿六妙門時，也無法開悟明心，連聲聞初果也還證不到；因爲這不是三乘菩提的本修法，連聲聞菩提的本修法都不是；這只是針對很掉散的人，教給他制心一處的對治法，目的是使修成數息觀的人，可以專心用功修行而不攀緣。還得等到具足六妙門時，以這種制心一處的功夫，再細心觀行五陰我、十八界我的虛妄，最主要是確定意識離念靈知的虛妄，才能斷我見、證初果；縱使用數息觀對治掉散心，終於能夠細觀五蘊十八界虛妄，證得初果了；但這種細觀五蘊虛妄的觀行方法，都還是無法讓修行者在般若實修上有明心的見地，更何況是聲聞初果斷我見觀行前的對治法數息觀，更不能使人開悟明心。但聖嚴法師終其一生，都不曾將數息觀的六妙門教給徒眾，因爲連他自己也不懂六妙門的修行方法；他也不曾觀行五陰我、十八界我的虛妄，還落在意識境界中，當然也無法斷我見。

大約一九八九年時，聖嚴法師曾要求 平實導師寫出如何自己練成看話頭功夫的過程，說要登在《人生月刊》中。平實導師應命寫下來，但聖嚴法師只想自己閱讀；後來 平實導師知道聖嚴法師根本沒想要登載，沒有想要公開利益法鼓山的四眾弟子，他只想自己閱讀理解，私底下練習。平實導師等了一年多以後，確定聖嚴法師不會刊登出來利益法鼓山的信眾，才請求聖嚴法師將稿子歸還。這事件曾在上課或聽經時，聽 平實導師講過，並且說那些文件都還留著，還附有一張聖嚴法師命人歸還文稿時親手寫的字條。這也證明聖嚴法師還不會看話頭，不會看話頭的人，當然還沒有未到地定的功夫。凡是有未到地定功夫的人，一定會看話頭。

後來聖嚴法師漸漸有一些轉變，他在捨報前幾年，才開始教人看話頭、參話頭；但他依舊把話頭弄錯，還是落入話尾中，跟著他學禪的人，只能追隨他用語言默唸話頭——看話尾，想要明心當然不可能。末學以下文字舉例的說明，就是證據；想要求明心以及想要進一步求見佛性的人，應該要好好閱讀，才能眞的弄懂話頭的意涵。

平實導師私底下曾經開示說：【對於想要眼見佛性的人來說，看話頭的功夫非常重要；不像想要明心的人，只要有一些動中功夫可以看話頭就行了。因爲想要眼見佛性的人，必須從看話頭的功夫繼續深入，直到看話頭的某些很深入的層次出現後，那時參出佛性的眞實意涵時，才能夠看得見佛性。因此就得從看話頭的功夫說起：何謂「話頭」？「看話頭」？「參話頭」？禪宗所謂話頭是一句話、一個念在心裡未出現之前頭，即是話頭。譬如「念佛是誰」這一句話，在未起念，未出現這一句話之前頭即是話頭。若是心裡生起「念佛是誰」文字相，甚至說出了「念佛是誰」聲音相，四個字在覺知心裡面出現影相，覺知心是住在這一句話的尾巴，這是看話尾了。「念佛是誰？」這四個字在心裡面都沒有出現，它還沒有出現就把它看住，讓這一句語言文字出不來，你看住它，這才叫看話頭。話頭要時時刻刻持續不斷，必須要有動中定力功夫；修學無相念佛，以憶佛及拜佛方法修習動中定力，成

就一念相續功夫，則於動靜中皆能看話頭。這就是修學無相念佛的好處。】

聖嚴法師所教的看話頭方法錯誤了，都是落在話尾中自問自答。聖嚴法師教導學人先念佛，念了幾句之後，便要提起話頭連續地問：「念佛的是誰？」時，卻自我回答：「念佛的是我！」（取材聖嚴法師《話頭禪的旨趣》頁27）

但是平實導師說：【你在心裡面自問自答「念佛的是誰？」這一句話在覺知心裡面出現，然後過去了；過去了以後，你這個覺知心是住在這一句話的前頭？還是話的尾巴？是這句話的尾巴嘛！你這個叫作看話尾、參話尾啦！這叫作照顧話尾，不叫照顧話頭。話頭是一句話的前頭才叫作話頭。但是這個得要有功夫啊！話頭要時時刻刻不斷。】（《大乘無我觀》頁127）

平實導師開示說：【我一面跟你說話，一面也在念佛啊！你知道嗎？你不知道！這就是無相念佛的好處。那麼你的心要住在那一句話的前頭去看住它，這個看話頭的功夫如果沒有作好，你將來就算是參出來什麼叫佛性？你還是看不見佛性；一定要有這個功夫，要很純熟，參出來時你才能看得見佛性。然後，這種定力退失了以後，你就算是已經看見了佛性，所看見的佛性也會漸漸的模糊消失，最後看不見了。要重新再把動中的定力練回來以後，才能夠再看見佛性。

那麼要鍛鍊這一種功夫，讓自己時時刻刻都住在那一句話的前頭。譬如說：「參禪的是誰？」或者「念佛是誰？」這四個字在心裡面都沒有出現，它還沒有出現時，你就把它看住，讓這一句語言文字出不來，你要看住它，這才叫看話頭嘛！可是看話頭這個功夫，一百個人有九十九個做不到，那要怎麼鍛鍊？有辦法：無相念佛是最好的辦法。】（《大乘無我觀》頁128）

平實導師又說：【未能修成無相念佛功夫，何況能看話頭？不具備看話頭功夫者，雖知佛性義，亦無可能眼見佛性，無相念佛及看話頭功夫，須實際體會，並每日禮佛鍛鍊，長時方成。】（《平實書箋》頁56）

對話頭的意涵要先瞭解，然後才會知道自己所練的功夫有沒有錯誤。練成看話頭功夫以後，接著是要知道禪宗的禪究竟是什麼？是定境嗎？還是智慧呢？若禪宗的開悟是般若智慧而不是定境，就不要在定境上繼續用功；只要學會看話頭功夫就夠了，就用這種定力來參禪求悟，不要繼續在定力或定境上用心了。至於中國禪宗之禪，是般若，非是禪定，而是靜慮。禪定是制心一處長時漸次觀行轉進安住方能得，而靜慮可以證悟般若，是證知法界實相之智慧，二者牛馬不相關，平實導師有一段話說得很清楚：【以定爲禪之人……都……靜坐以求一念不生，求證離念靈知心之意識境界。如此類人，根本未曾破得初參，根本未曾證知自己之本來面目；謂彼所說如是境界者，只是意識心之境界相，未曾觸及第八識如來藏心。】（《入不二門》頁 72）

這是說明禪宗的開悟是以證如來藏爲標的，不是以意識心離念作爲開悟之標的，所以不該以定爲禪，而應該要鍛鍊看話頭的功夫。凡是以定爲禪的大師，都沒有看話頭功夫，當然也不可能開悟，就會籠罩人。末學要把此事提出來說明，讀者才不會繼續被籠罩，願意死心塌地鍛鍊看話頭功夫。平實導師曾這麼說：【法鼓山聖嚴法師：他也是以這覺知心沒有妄想、放下一切、不執著煩惱，叫作開悟，這也是常見外道法。又以虛空粉碎稱爲開悟；虛空粉碎在兩種狀況會出現：未到地定和初禪；在這兩種定境中出現時，還是不離覺知心，而且是生滅變異之法，不是恆常不滅的法，這也是常見外道法；他不敢公開宣示已經證悟，卻用巧妙的言詞，讓人以爲他已經證悟：「開悟的人絕不會說他已經開悟。……師父我從來不曾說過已經開悟。」】（《邪見與佛法》頁 79）

聖嚴法師以定爲禪，想要坐到虛空粉碎或大地落沈的定境中，說那個境界就是開悟；可是聖嚴法師直到死前都講不出初禪或未到地定的境界，當然不可能體驗虛空粉碎的境界。不但如此，直到死前，他都不曾講過欲界定的實證內容；以定爲禪的人，竟連欲界定之持身法皆未得，何來之開悟呢？

由這裡證明中國禪宗的開悟，是悟到第八識如來藏心；但是在想要悟得這個眞心以前，覺知心意識很散亂時，心是很粗糙的，不能觀察到心相微細的第八識如來藏，所以參禪是無法專心的，也不可能找到第八識如來藏。在定力不足的情況下，又因爲對明心開悟的境界誤會了，被教導錯了，就以爲要一念不生，保持靈知心離念，住於離念靈知中才是開悟明心，就會落入意識境界中，跟常見外道一樣。爲了救護參禪人離開被誤導的境界和知見，平實導師開示說：【以見聞覺知心爲眞實心、或以無妄想之心爲眞實心，或以明覺心爲眞實心、或以坐至內外統一虛空粉碎爲開悟、或以坐入未到地定中無見聞覺知之境界入出法說爲能所雙亡之悟……。凡此皆是誤導眾生以定爲禪，皆非般若、非祖師禪，是故○天等附佛法外道，由打坐修定至無妄想時，便以靈明寂照之心爲眞如，便自以爲悟。】（《佛子之省思》頁5）

平實導師又說：【一念靜心時，不過是短暫之靜心境界；假使有人能令覺知心安靜而無妄想雜念，長住一小時都無雜念，亦不過世間人所修之粗淺定境；假使每日行之，後時發起欲界定中之持身法，亦只是欲界定而已；其後尚有未到地定、初禪、二禪……乃至非想非非想定待證。縱使眞得非非想定，亦只是世間禪定，都與二乘涅槃之修證無關也！更與般若之證量無關也！是故有智之禪宗學人，必須求親證第八識如來藏。】（《入不二門》頁205、206）

【若坐中向心中直看，看到後來，靈知心不停擴散，直至感覺此心遍滿虛空充塞宇宙，便以此爲悟者，此是幻覺，非是禪悟，非是證空。】（《生命實相之辨正》頁39）

把上面所說以定爲禪的錯誤講清楚以後，讀者就不會再落入其中，就可以開始鍛鍊看話頭的功夫了。可是要先記得，修成看話頭的功夫時，只是定力的境界，仍然不是禪宗開悟智慧境界；但是若沒有修成看話頭功夫，卻很難開悟明心。而看話頭功夫一定要先弄清楚，不可錯會，以免落入定境中，離不開意識境界。我們參禪的人要以意識練成的定力，藉看話頭的功夫來用功參禪。但是想要練成看話頭的功夫，則必須修練動態中的定力，《大方等大集經》云：「不捨於定，亦不隨定……，是名定力。」定力很重要，是因為定力可以幫我們降伏性障，也可以降伏掉悔蓋，可以安下自己的心，全心全意來參禪；而且定力可以幫助我們在悟後保持不退，所以經云：「無礙清淨慧，皆依禪定生。」

平實導師常常教導我們，凡是在靜態狀況中修成的定，大部分是一念不生的境界，不是修成淨念相繼的功夫；繼續深入修習以後，都是會進入定境中，都不是眞正的定力。這種從靜坐中修練出來的定境，到了動態中就會漸漸失去定力的功能；只有依照善知識教導的知見與方法，從動態中修成的動中定力，也就是一念相續、淨念相繼的功夫，才能轉變成參禪所需要的看話頭、參話頭功夫，然後才會有能力使用沒有語言文字的思惟觀的功夫來參禪，將來才會有因緣在一念相應之下開悟明心，證得第八識如來藏。

開悟明心不退以後，再精進修習更深厚的看話頭功夫，也配合修集見性時應該具備的各種條件以後，才能夠一念相應時眼見佛性；所以說，在禪宗裡參禪以前要先修學的禪定，是修練定力而不是要修證定境，不是要打坐進入定境中。只有在動態狀況下修成定力，在動態中參禪時才不會漸漸失去定力；若是像聖嚴法師說的那樣，常常在靜態狀況中修成的定境，沒有定力發起看話頭、參話頭的作用，參禪時都會進入一念不生的定境中，成爲清清楚楚、明明白白的欲界六塵中的一念不生境界，不是參禪時可以用得著的定力。繼續深入修習以後，會變成澄澄湛湛、常寂常照，還是意識的定境；如果轉變爲動態中來參禪時，心就會漸漸散亂起來，最後還是用不上力。

如果沒有轉爲動態中參話頭，繼續深入靜坐以後，會進入欲界定或未到地定中，變成澄澄湛湛的境界，有一天可能進入遍滿虛空、身心統一、內外統一、時空統一境界中，這也都是意識的境界，都是定境而不是定力相應的開悟境界。在古時的禪宗叢林中，是在作事情等一切時中參禪的；聖嚴法師講的靜坐修來的定力，在每天的動態作息中，想要參禪時並沒有多大的作用，也不容易開悟明心；所以還是應該以動態中修成定力來參禪，才容易開悟明心。

但是在修習動態中的定力以前，要先明白修定時也會有障礙出現；就是要如何排除困難，使自己可以安下心來作功夫、練定力。《摩訶止觀》有一段文字大意是說：「事障未來，性障初禪。」或者說「性障根本（禪定）」；

未到地定的定境，在深定中暗無覺知，或者落入澄澄湛湛、常寂常照、遍滿虛空、身心統一、內外統一、時空統一之中，都是一種定的境界，不是定力，無法起心動念參話頭。而開悟明心也不需要有初禪的定力，只要修成未到地定層次的動中功夫，在一切動態之中都可以看住話的前頭，不會使語言在覺知心中出現，以這樣的細意識來參禪，才容易開悟明心。

在五塵中攀緣執著的覺知心是粗意識；至少要能夠看話頭，這時的覺知心才可以說是細意識，雖還不是最細意識，但已經可以看話頭而開始參禪了，這時所看的話頭並無語言文字，但已不會常常失掉了；這樣的意識心細膩了，才有可能找到心相微細的第八識如來藏。不但開悟明心前需要先鍛鍊成細意識，開悟明心以後，將來想要眼見佛性，還是要再繼續深入鍛鍊更深厚的看話頭定力，所以還是要從動態中來鍛鍊定力才行，千萬別在靜態中修定，別用打坐修定的方法用功而想要修得禪宗的禪。

至於如何修得動中定功夫？末學認為，修習大勢至菩薩無相念佛憶佛圓通法門，以意識覺知心來憶佛念佛，「都攝六根、淨念相繼、入三摩地」，是末法時代事繁又忙的現代人，最容易修得的動中定的功夫；這種功夫練成時，自然就會懂得看話頭的境界。如果沒有修成這種無相念佛的功夫時，再怎麼想像、體會，都看不見話的前頭，就不懂話頭的眞正意涵，一定會錯把話尾當作話頭，開悟明心遙遙無期，更別說要眼見佛性了，所以要先從無相念佛的功夫開始修練起來。無相念佛的功夫，是當我們憶念佛或大菩薩時，心中沒有聲相、影像、文字相，而且心中也沒有其他的念頭或妄想出現，專憶一尊佛或大菩薩，這就是「都攝六根，淨念相繼」，但是要在禮佛之中來練習，不是在靜坐的靜態中來練習，打坐練習這門功夫是很難成功的。

第三目　鍛鍊參禪功夫時應同時熏習正知正見

有了動中的無相念佛功夫以後，繼續深入練習而變得很純熟時，才能夠轉爲看話頭的狀態，但還要繼續深入把看話頭的功夫練得更純熟，才可以開始參話頭。開始參話頭以前，也就是在鍛鍊無相念佛及看話頭功夫時，就應該同時熏習應有的知見。遠離錯誤的知見，才能練成參禪所需要的功夫；遠離錯誤的知見，才能夠明心開悟。想要眼見佛性時也是一樣，必須要先遠離錯誤的知見，功夫才能更深入，才不會往錯誤方向深入，將來才能眼見佛性。參究佛性時，最好還要有過來人指導，免得浪費生命與時間。因此，對於以下的知見，應該有所理解。

作功夫時，全都是在五陰十八界裡面，如果離開了五陰十八界，就不可能練成參禪的功夫。但是到了參禪時，就必須先瞭解五陰十八界的內涵，知道全都是生滅的假我，參禪時才不會落入五陰、或十八界、或三界境界中，就會知道那都是生滅境界，不是中國禪宗所悟的實相常住境界，就不會悟錯時還自以為開悟了。所以，對於十八界和三界的境界，都應該有所瞭解。然後，對於參禪過程中的一些境界，也應該有所瞭解；末學在這裡，只作很簡略的重點提示，詳細內容，請讀者詳閱 平實導師的《禪—悟前與悟後》，以及其他的著作。

當十八界具足了，就是欲界的法；假使所悟的心仍是住在欲界境界中的心，當然不是開悟證到出三界法的第八識如來藏，如來藏是不住在三界法中的眞心。十八界法具足時，一定是欲界境界，因為到了色界，就少了六界——沒有香塵、鼻根、鼻識、味塵、舌根、舌識；所以色界天人沒有團食，而甘露正是欲界天人的團食。所以求甘露而說是佛法的實證，是根本不懂佛法的人，因為甘露只是欲界天人日常生活中的食物，與佛法的修證無關。到了色界，都不吃食物，是以禪悅為食，就是以定力的增長來維持及增長身力，也就是以禪定的定力所生禪悅的喜樂，作為色界天人的食養，那純粹是依禪定而有的。

在色界天裡，從初禪天的第一天開始，就已經不像欲界天人了。欲界天人還有微細物質所造成的五臟六腑，所以他們還要吃甘露，以維持欲界天身的生存；但是色界天人，從初禪天以上，都沒有五臟六腑，所以他們都不吃甘露。依 平實導師的開示說，將來有一天，當我們修得初禪的時候，住在初禪遍身發的境界中，將會發覺自己的身體中都是如雲如霧，沒有五臟六腑，身中好像天上的白雲一樣，但是比白雲淡一點點，好像很濃而光亮的白霧一樣。色界天人沒有五臟六腑，是因為色界天人都不吃團食，所以他們不必這些內臟，就不必飲食，也不必吃欲界天的甘露。但是，這時的覺知心還是同一個意識覺知心，並沒有轉變成第八識如來藏。由這個道理，就知道如果是發起禪定的境界，住在禪定境界中的覺知心，還不是禪宗祖師所悟的眞心如來藏。假使有能力更深入禪定，證得四空定時，一樣是覺知心意識住在那裡面，還是意識的境界，還沒有脫離識陰，所以依舊不是眞心如來藏。先瞭解這些基本的知見，才不會未悟言悟，犯下大妄語業。

再回來說話頭禪、看話頭、參話頭。平實導師曾說：【由於修行，定力太好，所以使他睡不著。譬如我，每晚都很難睡得著；當我要入睡時，我只有一個辦法——就像捨壽要入涅槃的心境，把自己（無念的了了靈知）捨掉；如果不把無念靈知的自己捨掉的話，就無法入睡。當你一天到晚都是處於一念不生的狀態，這種無念的了了靈知，會使得你因為定力的關係而睡不著；心裡越清明，就越睡不著；越睡不著，就會更長時間的安住於無念靈知的境界中，定力就會越來越好，就會越睡不著，成為一種循環。所以我如果要修定的話，很容易，只要一坐下來，就可以馬上入定了；在身體累了的時候，坐下來想要打個瞌睡都不容易，還得像入睡一樣的努力一番呢。】（《甘露法雨》頁 85~86）

在參禪前的作功夫階段，也應該知道要同時修除五蓋的道理，才不會成為障礙道業的惡緣。這時候，對於已經見道的人，就應該說是斷除五蓋，不應該再說是降伏了；因爲見道的人，應該開始斷除，只有尚未見道的人，才能說是降伏五蓋，因爲他還沒有確認自己是虛妄的，沒有斷除的能力，只能藉禪定的實證來降伏。如果見道以後，對於五蓋等性障還沒有斷除，就會繼續在五欲境界中現行，初禪等禪定就永遠不會證得，覺知心就不能超越欲界境界。但這並不重要，怕的是這個人沒有降伏五蓋，因此會對善知識生慢，或者因此對一切人生慢，恐怕會造作大妄語業，成爲障道因緣，這也是鍛鍊參禪功夫時，應該同時建立起來的知見，預防萬一犯下過失。

第四目　看話頭及參話頭時對妄想的態度

當我們練習看話頭時，常常會有妄想及妄念產生，這是因爲我們對世間法還是有厚重的罣礙，就是對三界中的各種法還有貪愛；其實，主要還是對欲界中的人間境界有各種罣礙。如果再深入追究這些罣礙的起因，還是因爲對自我有貪愛，於是同時對眷屬有貪愛。當我們對眷屬有貪愛的時候，就常常會有許多妄想或更細的妄念出生了，我們不論是修學禪定或者看話頭時，就會不斷的出生妄想。由這樣推理及觀察，可以確定妄想與妄念都是從我執與我所執的煩惱中生出來的；如果我們能夠把這些煩惱放下，妄想與妄念就會跟著這些煩惱的減少而漸漸減少，就能好好看話頭了；甚至還可以好好參禪，很專注一心在參禪上面，如果有正知正見時，有一天就會有可能開悟明心。不論是二乘菩提的解脫道，或是大乘的佛菩提道，觀行時能夠專注一心的原理都是這樣的。

但是，如果是想要斷盡三界愛的煩惱時，就不只像這樣說的消除妄想的觀行方法，還要進一步以這種減少了煩惱的細意識覺知心，來作各種觀行。有的人可以在這時詳細觀察五陰的每一陰都是生滅的，都是本無今有的，從觀察五陰的生滅性來斷我見、證初果。但是證初果的大前提是要承認有第八識金剛心常住不壞，滅掉五陰十八界以後還有這個金剛心如來藏獨存而無見聞覺知，否則是無法斷我見的，一定會落入細意識中，仍然無法斷除意識我常住的邪見。有的人可以用這種功夫，觀察十八界的每一界都是生滅法，來斷除我見、證初果。但不論是用五陰來觀察生滅，或用十八界來觀察生滅，都必須先具足了知五陰與十八界的全部內容，都沒有遺漏；也必須確定五陰十八界中的每一陰或每一界都是生滅法，實證五陰、十八界都無眞實我，才能斷除我見。一切聲聞初果斷三縛結的實修，都同樣以意識的生滅性，作爲最主要的觀察內容。這部分內容，在　平實導師的書中說得很多，尤其是《阿含正義》書中說得最多，有興趣先證初果的學佛人，可以自行請閱；請依照書中的開示，一一詳細而沒有遺漏的觀察，就能證得初果，末學不在這裡抄錄及細說。

但是末學要說明的是，聲聞人證初果與菩薩證眞如，是不同的觀行內容與實證，不可以混爲一譚。聲聞人證初果，是從觀察五陰、十八界的生滅性，證實五陰十八界中沒有一陰或一界是眞實我，這樣實證無我而證初果，得到出離三界生死的見地上的解脫，並沒有證得菩薩所證的眞如。菩薩所證的眞如，包含眞與如二個法。說「眞」，是由於證得第八識如來藏以後，可以時時觀察如來藏的眞實性：因爲如來藏確實能生萬法，五陰十八界都是由祂所生的，所以是眞實；如來藏也不會被任何一法壞滅，所以也是眞實法，這就是「眞」。而如來藏在三界萬法中，不論是在人間享受快樂，或者是在人間受苦時；不論是在欲界天中享受妙樂，或是下墮三惡道中受苦時，都同樣不會改變祂的自性，永遠都不受苦樂，所以永遠都是如如不動的，這樣就是「如」；當人們被辱罵時，心中激動而痛苦時，他們的如來藏還是如如不動，所以是「如」。由於如來藏具有「眞」與「如」的功德，而且永遠不會改變，無始劫以前就是這樣子，現在也是這樣子，未來無量劫以後還是這樣子，所以有眞如自性。證得第八識如來藏時，就能這樣子觀察如來藏的眞如性，就是證眞如。

二乘聖人只是斷我見而不必證如來藏，當然無法觀察如來藏的眞如法性，不能證眞如；由此證明，二乘見道與大乘見道的內容是不同的；可是菩薩在參話頭而證眞如之前，一定要先證二乘的見道，要先成爲初果人，才不會落入五陰、十八界中，參話頭時才會眞的開悟；這是在鍛鍊看話頭、參話頭功夫的階段中，應該同時建立起來的正知正見，否則把看話頭的功夫練得再好，把參話頭的功夫努力用功，三十大劫以後還是會落入細意識中，不離常見外道所墮的意識我境界，永遠都不會有眞正開悟的時候。

如果看話頭或參話頭時，有時偶爾在心中生起了對這些道理的思惟語言，是沒有關係的，因爲這不屬於妄想、妄念，而是作功夫的階段中，應該同時修習的觀行內容，不必刻意排除它；應該在這些道理出現時，或者想到這些道理而心中有疑惑時，隨即給予思惟及觀察，才不會使自己退回常見外道法中，然後才回到作功夫的階段裡繼續用功或繼續參禪。因爲開悟明心之前，必須先斷我見，如果沒有先斷我見，特別是斷意識常住不壞的我見，就無法往正確的方向參禪，不可能找到第八識如來藏，不可能證眞如。因此，對於妄想雜念的定義，也是應該先弄清楚的。對於正法知見的整理與進修，不應該因爲作功夫的緣故，就故意排除它。

在學禪、參禪的過程中，應該排除的妄想有二種，前面所說的是打坐時心裡面出現了語言文字，所以開始打妄想，這是應該排除的，以免妨礙看話頭功夫的鍛鍊，以免妨礙參話頭的參禪過程。可是 平實導師註解《楞伽經》時，曾說明《楞伽經》中所講的「妄想」，是指因爲邪知邪見所產生錯誤的思惟與推理，就是虛妄想，在這部經中簡稱爲「妄想」，與末學這裡所說的打坐中、看話頭、參話頭時出現的語言妄想不同。對於經中所說的這種不如理的虛妄之想，一出現時就要先處理它，好好思惟清楚而滅除掉。如果自己對這些虛妄想，沒有能力、沒有智慧分辨清楚時，就應該向善知識請教，或者從善知識的著作開示中，尋找答案來解決，不可以用壓抑的方法排除掉而不管它，否則以後參話頭時都是浪費時間，一定會落入常見外道所墮的我見中。

在鍛鍊功夫階段的語言妄想，也有粗細的差別；如果是因爲世間法而產生的妄想，都是粗妄想，當然要趕快排除它，別讓它們來影響看話頭的鍛鍊，或者影響參話頭求悟。如果是有關參話頭的標的，也就是有關開悟明心方面的妄想，就要趕快處理它，不是排除它不管。平實導師曾說：

【妄想有二種，前面所說的是打坐時心裡面出現了語言文字打妄想。可是《楞伽經》中所講的妄想，是指邪知邪見所產生的不正確思惟與推理，叫作虛妄想，經中簡稱爲妄想，與此處打坐中出現的語言妄想不同。經中所說的這種妄想，就不是由一念無明的煩惱而產生的，而是由於對法界實相不如實了知——也就是因爲無始無明的所知障而產生的不如理作意的思惟——對法界眞實相不如實知。在打坐當中，都是先有一個念頭出現，由這個念頭再引生意思，然後才有語言文字隨後出現；如果是很散心的話，再接下去就會有影像被引生出來，那就是作白日夢了。它們的出現，是有其先後次序的。

念頭（沒有語言文字的妄念）爲什麼會出現？其實是由意根的攀緣執著

而出現的；意根─末那識─無始以來就具有的遍計所執性，祂從無始以來就不斷地在執取一切法；這個不斷在執取的，就是你自己。我們且先不說這個不斷在執取的你，先來說一說大家所知道的自我──意識；大家都沒有眞的認識意識，老以爲意識就是自己；所以往往以這個能知能覺的見聞覺知心爲自己，將意根的自己以爲是不可知的心。有的人更荒唐，以爲意根是大腦；如果意根是大腦的話，那麼應該每一對父母都會看到嬰兒帶著大腦來入母胎，可是明明每一對父母都不曾看到有什麼大腦來入胎啊！意根是心，不是有色根；佛說人死之後，意根帶著前世名色所緣的識，來入母胎；這個意根，就是處處作主思量的你；意識只是被你所運用的心而已。但是眾生不瞭解，往往將見聞覺知的意識誤認爲自己，反而將眞正的自己給忽略了，其實意根─處處作主恒審思量的心─才是眞正的你自己，才是凡夫眾生我見的我；可惜的是不但眾生都不知道，甚至連正在學佛的佛子們也不知道，乃至連佛學大師的印順法師都跟著誤會了。

那麼外面學佛的人聽了我這個說法，可能就會向我抗議：「你說意根末那識就是眞正的眾生我，可是當我睡著無夢的時候，明明沒我存在，我明明消失了。如果我還在的話，而這個意根的我是會作主的，那我正在睡著無夢的境界中時，應該就會知道有我存在啊！可是這個處處作主的我，睡著以後明明消失了啊！」如果你也像他們那樣想的話，那你可就大錯特錯了。因爲意根不像意識能返觀自己，意根是不返觀自己的；從狹義的種智來說，祂沒有證自證分（從更微細深入的種智來說，祂也是有證自證分的；但這不是初悟菩薩的般若慧所能知之），因爲沒有證自證分，所以祂不能返觀自己，所以當祂仍然存在、仍然在不停地運作時，祂不知自己是存在的；因爲沒有這個證自證分，所以你在睡著無夢時，意識的證自證分消失了以後，沒有意識的證自證分來證知自己仍然存在，就不知道自己仍然存在；但是，眾生睡著了以後，末那的自己其實是仍然存在的，只是祂因爲沒有證自證分——返觀自己的能力，所以就不知道自己其實是存在於當下的，醒來以後就以爲能見聞覺知的意識才是眞正的自己，而不知道意識因爲睡著而斷滅以後，仍然還有處處作主的末那存在。所以眾生往往要等到醒來之後，才又感覺到有自己的存在——因爲意識重新現行後，就又有證自證分來自覺存在了。

末那識的體性就是遍計執性，從無始劫來就一直保持這種體性，不曾改變；祂的另一種體性又稱爲恆審思量，也就是說：祂從無始劫以來，不論是睡著或者悶絕，乃至正死位與滅盡定、無想定中，祂都是永不斷滅的，所以說祂「恆」；祂從無始劫來就一直在審度一切法，包括睡著無夢乃至悶絕、死亡、無想定與滅盡定中，一直都是如此，不曾有絲毫改變，恆常存在地審度一切法，所以說祂「審」；末那識的你，在你醒著時，不斷地藉著意識對於五塵的直接了別，而對一切法作思量——是否繼續、或是否改變？這種思量在你醒著的時候，是剎那剎那地持續進行而不斷絕的；睡著無夢時，以及悶絕等四種狀況中，祂也是這樣持續不斷地在運作著，但是祂必須在覺得異常時，先喚醒意識（令阿賴耶識流注出意識的種子），使意識出現，藉意識的分別性來判斷應該作什麼？所以在眠熟等五位中，末那仍然在運作不停；如果沒有末那的你在眠熟等五位中繼續存在，你一旦睡著了，將會永遠醒不過來了。由此可知，末那識的這個你，在你的意識因爲睡著而斷滅了以後，祂仍舊是存在而運作不輟的。眾生對於一切事物，經由意識的分別判斷之後，都必須由末那識的你去作決定，然後才會有下一步的行動，但是眾生卻都不知道這個事實，往往將那夜夜斷滅的意識「我」誤認爲是自己。】（《甘露法

雨》頁99～103）

由以上平實導師的開示中加以思惟及理解，然後依照這些開示的內容，深入思惟及觀察，參話頭時就可以遠離妄心，往眞心如來藏的方向去尋覓，才有可能開悟明心。在參禪過程中如果遇到了妄想出現時，也會懂得區分出來，什麼妄想是應該排除而不理會它，什麼妄想是應該加以面對及思惟整理的，才能導正自己參話頭時的方向，才可能開悟明心。但是在佛性的參究方面，末學可以著墨的地方其實不多，因爲在佛性的實證上面，還要分爲二個面向來說：

第一個面向，是關於看話頭功夫的鍛鍊；第二個面向，是關於佛性內容的參究。在第一個面向，末學接受 平實導師的指導，在明心後繼續深入鍛鍊看話頭的功夫，在鍛鍊過程中，經歷許多的狀況，自己也不知道演變出來的狀況究竟是好或不好，有時得要找機會，請教 平實導師。善知識是過來人，都是才聽一、二句話就知道了，這時只要一句話或二句話指示，末學就知道應該轉向或者繼續深入作功夫了。但 平實導師曾吩咐說：這個過程與演變內容不可說出去，以免將來有人自作聰明，聽了或讀了就當作自己已有這個經歷，就用來報告，使善知識誤信他眞的有這些經歷與功夫了；而其實他自己並沒有這些經歷，善知識即無法作出正確的判斷，誤以爲學人眞的完成見性時應該具備的功夫了，加以引導的結果，就是成爲解悟，這一世再也不可能有眼見佛性的因緣了。

爲了避免再產生這種不想看見的情形，平實導師特別要求所有被指導的學人，都不可說出想要眼見佛性者對於看話頭，應該要有的演變過程與內容。這不是吝法，而是因爲 平實導師以前曾經專爲同修們的眼見佛性而辦過禪二，導致有很多人解悟佛性，這一世已沒機會看見佛性了；平實導師對這件事情很自責，到現在都還會自責。所以現在都要先經歷看話頭的深入作功夫的過程，也要把看話頭的演變經歷，一一報告，直到可以見性時應該有的狀況出現了，才會加以引導。因此，末學所能說的是，看話頭的層次有許多不同，並不是會看話頭時就具足眼見佛性的定力了。看話頭的功夫，不只是正確與否的問題，而是有許多不同境界與層次；如果不是過來人，是不會知道其中的演變狀況的。末學對於求見佛性的人，所能說的就只有如此了，剩下來的都是要由讀者自己親身去實踐與經歷。

至於參究佛性的內容，也是只有過來人才會知道。佛性的內涵，與開悟明心是有極大反差的，因爲第八識如來藏離見聞覺知，從來都不會落入六塵中生起見聞覺知，可是佛性卻從來都跟見聞覺知在一起，從來沒有離開見聞覺知，卻不在六塵中生起見聞覺知，與求悟第八識如來藏的明心，剛好是相反的方向。這是很奇怪的反差，而事實確實是如此；如果想要自己參究，證悟的可能性很低，幾乎是不可能的。如果是在大善知識的指導下，參究時才會輕鬆的把握住方向，不會很辛苦。如果條件都成熟了，還是參不出來時，只要善知識加以引導，也是可以眼見佛性的；這樣求見佛性時，就很輕鬆而且可以眼見。

可是，在還沒有具足眼見佛性所必須的大福德以前，在看話頭的定力還沒有到達見性所必須的程度之前，最好不要自己擅自決定開始參究；否則可能因爲慧力很好，很快參究出來，知道佛性的內涵了，可是不管怎樣瞠眼睜目，還是一樣看不見佛性。到那時，看不見就是看不見，想要怪誰都怪不到，只能怪自己，眞是得不償失。這是末學對明心後想要看見佛性的菩薩們的勸告，也是末學所做的最好勸告。

因爲以上所說的內容，都屬於和妄想及正知見有關的部分，所以在這裡爲讀者講出來，希望對讀者會有幫助。

第五目　參話頭時應注意的知見

學會看話頭了，也知道參話頭時應該注意到的一般知見了，接著應該討論參話頭求明心時，應該放在自己心中的重要知見。知道這些重要知見，求明心時才會比較容易一些，否則就沒有機會開悟明心了。在這裡，末學列舉平實導師已經寫出來的現成重點，以供所有正在參話頭的佛弟子參考。平實導師在《生命實相之辨正》〈略述以定爲禪之現象〉中說：【古來多有大知識以證得定境爲悟者……反多方非毀眞悟者無所得、無境界之眞解脫或無生忍爲非悟。以定境之有所得法、有境界法而誹謗正法……以現在學佛弘法之善因而得將來地獄惡報，令人悲憫。……特爲此類人概要說明今時人以定爲禪之各種層次……若能……自解前非，亦教他人遠離以定爲禪，從頭再參，方可遠離地獄重罪。此生若有悟處，便可永離三惡道，最遲者七次人天往返，亦得究竟解脱，不亦樂乎？

茲略述以定爲禪之十種層次於左：

一、散亂攀緣心：以日常生活中或課誦中能知能觀之心爲眞心。

二、以法定心：以數息、念佛、憶佛、觀心、內觀，或其他方法攝心而定住之心爲眞心。

三、常寂常照：以一念不生時常寂常照之靈知心爲眞心。此境界猶有觀照寂照，不離知也，猶是妄心。此中有十餘種定境變化，皆幻而不實，執即著魔。

四、遍滿虛空：於一念不生常寂常照之中，定心擴散，便以出現遍滿虛空境界之心爲眞心，不離有所得有境界法，仍是妄心。

五、身心統一、內外統一、時空統一：在欲界定中捨棄覺知，便入此境界。皆在未到地定中，是定非悟。

六、初禪善根發：於未到地定中，忽發起身樂而入初禪，亦是定境非悟。此定有四種不同：進分、護分、達分、退分。從頭部發起者，十有九人退失此定。

七、虛空粉碎：此亦初禪中之定境覺受，不久即失，非是證悟。修定者應捨身樂，續修二禪。

八、大地平沉：仍屬初禪定境，已接近二禪前之未到地定。欲界定之末期亦可能出現此定境。若於初禪中證此境界，不久之後發起微細身樂。此樂微細常住，非如善根初發後粗樂之必須提心方有樂觸。

九、無覺有觀三昧：捨微細樂觸，續深入定境及除性障。坐中對外境無覺，對心境有觀，此是二禪前之未到地定。

十、無覺無觀三昧：精進修習無覺有觀三昧而能長時間安住者，捨觀便入二禪。此定境雖離覺觀，似無所有，仍非證悟般若，不離境界故。

以上乃個人修定之體驗，皆屬禪定有境界法、有所得法，非般若禪、祖師禪，不能發起智慧。若以證得上開一種或多種定境之心而自以為悟者，乃是錯悟，是以定為禪。】（《生命實相之辨正》頁88～92）

讀者參話頭時，如果能對以上所說的內容詳細閱讀、理解、思惟，然後才開始進入參話頭的階段，開悟明心的希望才會比較大。如果想要更深入理解其他內容，請直接閱讀 平實導師著的《生命實相之辨正》全書。最重要的是不可落入離念靈知中，近代最常看見的錯悟者，大多是落入離念靈知中。這是與常見外道相同的落處，同樣是意識境界；而且現在還是有許多人繼續堅持離念靈知就是眞如，就是如來藏。平實導師根據自己親證的現量及聖教量、比量，說明離念靈知是意識境界，不是禪宗祖師開悟時所證的境界，過了看話頭階段而進入參話頭階段的參禪者，應該遠離意識的境界，不要錯將意識認作眞如心。所以平實導師說：【實際上，離念靈知卻完全不符合佛說的第八識眞心的體性，這是因爲：離念靈知的境界與了別境界的五種心所有法完全相應故。佛所說的第八識眞心如來藏，卻是從無始劫以來，一向都不曾與別境的五種心所有法相應。

譬如離念靈知心喜歡長住於定境中，一直都想要住於定境中，這就是別境心所有法的「欲」心所。又譬如離念靈知心住於定境中時，對定中境界能了知，也了知這境界與以往曾經進入的定境相同，這就是別境心所有法的「勝解」心所。又譬如定中的離念靈知心往往忽然想起某件事，所以會打妄想，這就是別境心所有法的「念」心所；又譬如離念靈知心住在初禪定境中時，忽然憶起曾經常常住在此境界中，這也是別境心所有法的「念」心所。又譬如離念靈知心能長時間的制心一處，安住於定境中，這就是別境心所有法的「定」心所。又譬如離念靈知心在二禪等至位中，常常因爲忽然生起一個妄念，因此而退回初禪中；乃至在第四禪等至位中，常常因爲一個妄念（根本不知這個妄念是什麼意思，只是心中有一念閃過），就已經退回第三禪中，呼吸及脈搏復又生起，這就是別境心所有法的念心所。

又譬如離念靈知心住於定境中時，能了知定中境界，並且不起語言文字而作分別取捨，能離語言文字而觀察分別：應該轉進，或者依當時的定境繼續前進；這就是五種別境心所有法的「慧」心所。離念靈知心既然與了別境界的五種心所有法完全相應，此五種心所有法既是離念靈知心的心所有法，那就已經可以完全證實：離念靈知心即是意識心。】（《佛教之危機》頁114、115）

中國禪宗的禪，開悟時是證得般若智慧，擁有實相般若，所以禪宗的禪是般若，不是禪定，這也是學禪的人應該注意的正知見。平實導師曾開示說：【般若禪與禪定之修法不同，應有揀擇：近代常有人學已故月溪法師所教之法參禪，教人向心中黑暗深坑直看，認爲看到最後突然嘩的一聲，就會打破無明，就會看見佛性。殊不知打破無明看見佛性須用參禪的方法。禪是般若智慧，不是修定，不應使用此種修定的方法向心中直看，因爲能看的心與所看的境都不離意識境界。以此修定之法修行，不論修得如何深入，都不離意識境界，即使能修得四禪八定，依舊不離意識境界。欲會末那識猶不可得，何況覓得本心阿賴耶識？】（《生命實相之辨正》頁37）

參禪時別理會妄想、妄念，只管以話頭參究，能夠如實參話頭，只要護持了義正法的福德因緣足夠，慧力經由正知見的熏習以後也成就了，當開悟的時節因緣到來時，就只是一念相應，自然會找到自己的如來藏，可以現前觀察如來藏心的眞如法性，就是眞正的開悟者。從此以後，不論誰在亂說法，誰是眞悟的大善知識，讀者自己就能判斷出來，不必末學再多講什麼了。

第五章　明心與見性雜說

第一節　看話禪與默照禪的比較

依據　平實導師在《鈍鳥與靈龜》書中的考證，在　大慧宗杲與天童宏智正覺捨壽後大約六十年，默照禪已經淪落爲離念靈知意識境界；原因是繼承天童山住持正法的虎丘紹隆禪師的弟子，由於所承接的山頭是天童宏智正覺住持的山頭，就同時弘揚默照禪法；虎丘禪師是　大慧宗杲的師兄，他的徒弟前往天童住持時，也是由　大慧宗杲鼎力支持才能順利弘法；但因爲同時弘揚宏智正覺的默照禪，於是六十年後就落入意識境界中，不再有宗門的實證妙理者可以住持正法。

平實導師開示說，宏智正覺的默照禪，是要學禪的人默照五陰、十八界法全部都是虛妄法，以這種默照觀察的方法，把五陰、十八界的生滅性當作默照之標的，並不是默照識陰意識有無語言妄念。等到默照久了，觀察出五陰、十八界確實是生滅的假我，然後還是要參禪求悟第八識如來藏，不是以默照心中有沒有語言妄念作爲主旨。這時已經如實默照，確認陰界入的每一陰、每一界、每一入，全部都是生滅虛妄以後，再於離念境界中，細心尋找不屬於陰界入所攝的空性如來藏。這樣修習默照禪，才能開悟；但是也不容易開悟，不如看話禪容易開悟。

平實導師在書中還舉證說，宏智正覺禪師也是因爲公案參究而開悟的，並不是用默照離念的方法開悟的；而且他一生爲人開示時，所說的開悟內容也是證如來藏；這些都證明宏智正覺所悟的同樣是如來藏，與大慧宗杲一樣；但是他沒有眼見佛性，不曾講過關於眼見佛性的開示，大慧宗杲則講過眼見佛性的開示。所以，看話禪與默照禪，都同樣要證得第八識如來藏，才能說是開悟。從實證的經驗來說，也是要找到如來藏的所在，才能眞正瞭解般若諸經中所說眞如的眞義；這時候對《心經》、《金剛經》已經能眞正理解了，才能說是初步通達般若，生起實相智慧，有了根本無分別智。天童宏智正覺既然不是用默照的方法開悟的，他所悟的也同樣是第八識如來藏，當然悟前默照的目的，是要培植定力，以及觀照五陰、十八界的生滅虛妄；否定五陰、十八界自我以後，再求悟如來藏的所在，如此才是天童山宏智正覺禪師所弘揚的默照禪的眞義。

但是以默照的方法求斷我見，以及求證如來藏，都是很困難的；因爲靜坐默照的方法，都不容易和如來藏相應，很難開悟。反觀 大慧宗杲禪師座下開悟的人很多，是因爲看話禪比較容易和如來藏相應。以此緣故，鍛鍊看話頭功夫，以看話禪的方法參禪求悟，當然是最好的求悟方法。但這樣一來，就得要鍛鍊看話頭的功夫，也得要深入瞭解看話禪的意涵。

學禪的人，看話頭的功夫必須持續不斷，功夫才能成熟。我們看法鼓山聖嚴法師對看話禪的說法：**【根據大慧宗杲的自述，關於看話禪的功用是：「但將妄想顚倒底心、思量分別底心、好生惡死底心、知見解會底心、欣靜厭鬧底心，一時按下，就只按下處，看箇話頭。有僧問趙州，狗子還有佛性也無？州云無。此一無字，乃是摧破許多惡知惡覺底器杖。」】**

（聖嚴法師《法鼓全集光碟版》第四輯 第三冊〈禪的體驗 禪的開示〉。參考網址：http://down3.bushasheng.org/%B5%E7%D7%D3%CA%E9%BC%AE/%B7%F0%BD%CC%B2%D8%B5%E4%BC%AF/%B7%F0%D1%A7%C2%DB%BC%AF/%B7%A8%B9%C4%C8%AB%BC%AF/MDDC/HTML/0403T.HTM）

聖嚴法師認爲　大慧宗杲所說看話禪的功用是：只要把妄想顚倒的心，思量分別的心，喜好生存而厭惡死亡的心，能知能見而能理解體會各種事物的心，欣樂安靜而厭煩吵鬧的心，全部都一時按下不管，就在這個按下不管之中，專心看一個話頭。有一個僧人請問趙州：「狗子有沒有佛性呢？」趙州禪師回答說：「無」，就單單看住這一個「無」字，就是可以使人摧破許多惡知惡覺的工具或杖子。這是　大慧宗杲禪師的開示，顯示了看話禪的本質，就是不要落入離念靈知中，也不許落入話尾中；單單看個「無」，只要我見斷了，對如來藏心體性的正知見也建立了，看到有一天，不知不覺之間突然從口中「無」了出來，就悟得如來藏了。大慧宗杲禪師座下，就有弟子是這樣悟得如來藏的。但聖嚴法師卻落入意識境界中，不曾悟得如來藏阿賴耶識心，反而在書中公開否定阿賴耶識心，說應該把祂滅掉。問題是他還沒有證得第八識心，連這個識在哪裡都不知道，他有什麼資格說要滅掉祂？更沒有資格宣稱他已經滅掉阿賴耶識心。而且這個心是金剛心，整部《金剛經》都說此心，說是不可壞的金剛心，才會稱爲《金剛經》。連諸佛都無法滅掉祂，聖嚴法師又如何能滅掉金剛心如來藏？

大慧宗杲於抨擊「默照邪禪」的同時，不但教人只要看個「無」，有時也提倡「狗子」、「佛性」等看話頭的用功方法。這是以看話頭的方法，來摧破學禪者在覺知心中的思惟及世間法裡的情執，以免落入意識境界中。這樣可以使參禪的人，在行住坐臥中專心看話頭的情況下，在突然間自然悟得第八識如來藏。當參禪人悟得如來藏時，自然會以自己和眾生同樣都有的如來藏，互相比對，看出一切有情各自的如來藏，同樣是眞實與如如，智慧就打開了。從此以後，看一切有情時，平等一如；也親眼看到一切有情的如來藏，都與有情自己的蘊處界不即不離，就知道自己的五陰有生死，不是眞實不壞的眞我，而自己的如來藏永遠不壞，才是眞實的自我，就證得自在的境界。這就是看話禪容易開悟的原因，卻是聖嚴法師完全不知道的事實。

因此，看話頭才是最好的參禪方法，默照禪是悟前默觀五陰的自己虛妄不實，是假我、無我；也是悟後修行靜心的方法，可以默照自己如來藏的眞如性，轉依這個眞如，使煩惱漸漸減少而清淨下來。但默照禪並不是參禪人適合用來參禪的好方法，因爲默照禪的弘揚者天童宏智正覺禪師，也不是在默照之中開悟的，而是在禪師的公案與機鋒的指點下開悟的。

默照禪的倡導者天童山宏智正覺禪師，是六祖慧能禪師法脈傳承下來第十四世，他的師父是丹霞子淳禪師，他的開悟過程如下：【十一歲得度於同郡淨明寺本宗，十四歲得戒於晉州慈雲寺智瓊，十八歲出游諸方，訣其祖曰：「若不發明大事，誓不歸矣！」……邑尹見師英拔，因以所執扇示之曰：「爲我下一轉語。」師應聲援筆書偈其上，尹大喜爲請憑以行。渡河之洛，坐夏於少室山；日擷蔬茹供給病僧，蔬且盡，則採藥苗繼之。游龍門，遇鄉僧，挽師同歸，師曰：「出家行腳，本爲參尋知識，了生死事。鄉關非所懷也。」腰包徑至汝州，香山成枯木一見，深所器重。一日聞僧誦蓮經，至「父母所生眼，悉見三千界」，瞥然有省。急詣丈室，陳所悟，山指臺上香合（盒）曰：「裏面是甚麼物？」師曰：「是甚麼心行？」山曰：「汝悟處又作麼生？」師以手畫一圓相呈之，復抛向後。山曰：「弄泥團漢，有甚麼限？」師云：「錯！」山曰：「別見人始得。」師應喏、喏。丹霞淳禪師，道價方盛，師乃造焉。霞問：「如何是空劫已前自己？」師曰：「井底蝦蟆吞卻月，三更不借夜明簾。」霞曰：「未在，更道。」師擬議，霞打一拂子云：「又道不借。」師忽悟，作禮。霞云：「何不道取一句子？」師云：「某甲今日失錢遭罪。」霞云：「未暇打得爾，且去。」時二十三歲矣。】（摘錄自《宏智禪師廣錄》卷九。佛光大藏經／三／禪藏／佛光大藏經編修委員會主編，佛光出版社。）

由以上這個公案中，證明天童宏智禪師也是在禪師的指引下，於現成公案中開悟的，不是在靜坐中默照而開悟的，當然更不是默照離念的覺知心境界。宏智正覺禪師著有〈默照銘〉及〈坐禪箴〉等文章，只是教導徒眾默照妄想而遠離妄想，使覺知心練成制心一處的功夫，然後開始參禪；不是要教人默照有沒有妄想雜念，不是教人要修成離念靈知境界，這樣才是宏智正覺所提倡的默照禪的門風。

有的善知識不知道這個關節，這樣子說：所謂默照禪，用正覺自己的話來解說，就是端坐清心潛神，默遊內觀，徹見諸法的本源，無纖毫芥蒂作障礙，廓然忘像，皎然瑩明。如他在〈默照銘〉裡面說：「默默忘言，昭昭現前，鑒時廓爾，體處靈然。」又在〈坐禪箴〉裡面說：「不觸事而知，不對緣而照。」這都顯示了默照禪的特徵。以上的說法，其實是沒有如實瞭解宏智正覺提倡默照禪的用意。天童悟的既是如來藏，當然不是講默照時的離念靈知意識心；因為他說默照到最後應該默照到的心，是「不觸事而知，不對緣而照。」不觸事就是不接觸到事相諸法的心，也就是不觸六塵中的任何一法，卻仍然有六塵以外的知，才是「不觸事而知」，這只有如來藏離六塵見聞覺知才能作得到。不對緣是不面對三界六塵境中的任何所緣，「不對緣而照」是不面對三界六塵境中的任何所緣的心，卻能默照六塵外的諸法，這也不是離念靈知心辦得到的，當然也是只有如來藏才能作得到。因此說天童宏智在〈默照銘〉裡面說：「默默忘言，昭昭現前，鑒時廓爾，體處靈然」，是講用功時的意識境界，沒有夾雜一絲一毫的妄想，這時心地微細而且敏銳，才能找到心行微細的如來藏心，所以天童正覺又在〈坐禪箴〉裡面說：「不觸事而知，不對緣而照。」這都顯示了默照禪的特徵。這表示默照禪的修學，必須證得「不觸事而知，不對緣而照」的如來藏時，才是實證了默照禪的開悟內容；懂得這個道理，才能夠說「這都顯示了默照禪的特徵」。

大慧宗杲是極力排斥默照禪的，他曾經答覆陳季任，在書信中說：【近年以來，有一種邪師說默照禪，教人十二時中是事莫管，休去歇云，不得做聲，恐落今時。往往士大夫爲聰明利根所使者，多是厭惡鬧處，乍被邪師輩指令靜坐，卻見省力，便以爲是；更不求妙悟，只以默然爲極則。】（摘錄自

《大正藏》冊四十七，《大慧普覺禪師語錄》卷二十六。）

大慧宗杲禪師又在答劉彥修的書信中說：【有般杜撰長老……教一切人如渠相似，黑漆漆地緊閉卻眼，喚作默而常照。】（摘錄自《大正藏》冊四十七，《大慧普覺禪師語錄》卷二十七。）大慧禪師破斥默照禪時，宏智正覺禪師還在世，仍在弘揚默照禪；但 大慧禪師仍繼續破斥，直到後來與宏智正覺結成莫逆之交時，知道宏智正覺的所悟跟自己一樣，也知道默照並不是他教人用來開悟的方法，只是教人調心而已，以便靜心以後參禪時可以專心用功；或者在開悟後用來對治攀緣心，使心調伏下來，不會退入意識境界中。宏智正覺的默照用意，其實與達摩大師的壁觀默照相同，都是悟後坐靜的方法，並不是悟前參禪所用之法，才會有少室山靜坐九年的故事留下來。

鄧克銘如此說：【儘管宗杲這樣批判默照禪，正覺所主張的「廓爾而靈，本光自照；寂然而應，大用現前」（《宏智禪師廣錄》卷一）默照禪法卻也非常盛行。關於默照禪的淵源，應是始於菩提達摩以「壁觀」爲安心的法門，《續高僧傳》中並且說明壁觀的相貌說：「捨僞歸眞，凝住壁觀，無自無他，凡聖等一，堅住不移，不隨他教，與道冥符，寂然無爲。」《傳燈錄》也說他「面壁而坐，終日默然，人莫之測，謂之『壁觀』婆羅門。」所以後世有壁觀禪之稱。其後玉泉神秀也令大眾住心觀靜，長坐不臥。又當時禪德都說：「欲得會道，必須坐禪習定。」但慧能卻說：「道由心悟，豈在坐也。」到他的弟子南岳懷讓更說：「磨磚既不能成鏡，坐禪豈得成佛耶？」《燈錄》對於系出慧能的洞下諸師，也只記載了許多機緣，所以正覺的默照禪，大概是上承達摩的壁觀禪，把它和一般禪家所樂道的「迴光返照」相結合而發展成功的。】（摘錄自網站資料：〈第十二講　南宋的佛教〉聖嚴《禪門修證指要》〈默照禪〉。參考網址：http://getychen.myweb.hinet.net/buddha/b12.htm）

但這種說法不符合事實，達摩大師的壁觀並不是修禪的用功方法，只是在等待被度的弟子前來；因爲達摩大師是悟了以後才來中土，不是來中土少室山坐禪以後才悟的。而且達摩大師所悟的也是如來藏，不是靜坐求離念的境界；因此交付四卷本的《楞伽經》給二祖慧可作爲印證，而《楞伽經》是專講如來藏心的，不是講天童以後的錯悟禪師所「悟」的離念靈知心。從達摩傳給二祖慧可大師，歷代相傳而到六祖時也是如此，所以北宗的神秀禪師靜坐求離念的禪法，後來也被六祖慧能大師破斥。

以默照的方法修禪，想要悟得眞如，大多沒有機會開悟，所以天童宏智正覺的本山弟子難以悟入，他死後還得由虎丘紹隆禪師的弟子應菴禪師前往住持；大慧禪師聽到這個消息，特地寫了文章證明應菴禪師是證悟者，還把他從　克勤大師得自五祖法演、白雲守端的楊歧方會禪師祖衣，託人轉贈給應菴禪師，證明虎丘禪師的弟子應菴禪師是眞正開悟者，以便他順利弘法。可是應菴住持正法於天童山，因爲天童宏智正覺一生弘揚的是默照禪，他也不能不混合著弘揚；由於看話禪的功夫不容易鍛鍊，默照的方法很容易練成，大眾比較喜歡容易修的默照禪，後來漸漸都只學默照禪的簡單法門，想要悟得如來藏便越來越困難，因此導致天童山的如來藏了義正法，不過數代，只傳了六十年就失傳了。

宏智正覺禪師闡揚默照禪，目的是讓大眾把攀緣心、生滅心休歇下來，然後可以小心而細緻地參禪，終於能夠悟得與默照時了了分明的離念靈知心同時存在的如來藏；所以默照時的離念靈知，不是他要弟子們安住的境界。譬如他曾經自己講述默照禪說：【大休大歇底，口邊醭生，舌上草出，直下放教盡去。洗得淨潔，磨得精瑩，如秋在水，如月印空。恁麼湛湛明明，更須知有轉身路子；轉得身時，別無面孔教爾辨白；無辨白處，卻昧不得。箇是徹頂透底、窮根極源時節。千聖萬聖，無異蹊轍，妙在回途，借路著腳，明中有暗，用處無跡；百草頭，鬧市裏，飄飄揚身，堂堂運步，自然騎聲跨色，超聽越眺，恁麼混成，方是衲僧門下事。心本絕緣，法本無說，佛佛祖祖不獲已，向第二義門，有問答機警，就其間，剔撥一等鈍漢。所以德山道：「我宗無語句，亦無一法與人。」元是人人自到自肯，始有說話分。但直下排洗妄念塵垢，塵垢若淨，廓然瑩明，無涯畛，無中邊；圓混混，光皎皎，照徹十方，坐斷三際。一切因緣語言，到此著塵點不得；唯默默自知，靈靈獨耀，與聖無異，於凡不減。元只是舊家一段事，何曾有分外得底，喚作眞實田地？恁麼證底漢，便能應萬機，入諸境，妙用靈通，自然無礙矣。】（摘錄自《宏智正覺禪師廣錄》卷六。佛光大藏經／三／禪藏／佛光大藏經編修委員會主編，佛光出版社。）

這是藉默照而想要達到看話頭（萬花叢中過，片葉不沾身）的境界，但是困難度極高，不如看話頭容易鍛鍊。宏智正覺這段話中也開示說：並不是離念靈知、湛湛明明時就是開悟，還得要知道轉身的路子；懂得轉身的路子，會得第八識如來藏的時候，才是眞正的開悟；那時如來藏「圓混混，光皎皎，照徹十方，坐斷三際。一切因緣語言，到此著塵點不得；唯默默自知，靈靈獨耀，與聖無異，於凡不減。」這才是宏智正覺弘揚默照禪的用意。

但是學禪的人往往誤會他的意思，把默照的功夫當作是應該實證的開悟境界，就是以指爲月，現代人說的「抱著指頭當月亮」。後來傳到日本的默照禪，最聞名的人是道元禪師；他教人「只管打坐」的方法，是承襲了默照禪的遺風，依舊不免落入意識境界中，成爲離念靈知境界。由此證明 大慧宗杲批評默照的功夫爲邪禪，眞是言之有物；因此宏智正覺終其一生，都不曾反駁過 大慧宗杲禪師。原因是他以默照禪的法門所度的人，都會落入離念靈知意識境界中。大慧宗杲禪師晚年曾經這樣破斥說：「士大夫爲塵勞所障，方寸不寧怗；便教他寒灰枯木去，一條白練去，古廟香爐去，冷湫湫地去，將這箇休歇人。爾道，還休歇得麼？殊不知，這箇猢猻子不死，如何休歇得？來爲先鋒，去爲殿後底，不死，如何休歇得？此風往年福建路極盛，妙喜（大慧禪師自稱）紹興初入閩，住（妙喜）菴時，便力排之，謂之斷佛慧命。」（摘錄自《大正藏》冊四十七，《大慧普覺禪師語錄》卷十七。）

　　大慧禪師說，離念靈知是出生時最先出現的心，也是死後離去時最後斷滅的心；這種心是生滅心、虛妄心，時時刻刻攀緣不停，想要把生滅法休歇下來是不可能的，才會說：「殊不知，這箇猢猻子不死，如何休歇得？來爲先鋒，去爲殿後底，不死，如何休歇得？」由於這個生滅心休歇不得，於是落入這個生滅的離念靈知之中，自認爲開悟以後，下座辦事時，又有許多妄想出生了，又覺得自己離開悟境了。聖嚴法師就是這樣，想要這個與六塵及妄想相應的覺知心、離念靈知，修成永遠不起妄想，永遠離開六塵，是永遠都不可能的事情。默照禪的修行，會落入這種意識覺知心的境界中；但是眞正懂得看話禪的人，開悟時卻不會落入離念靈知一念不生之中，而是淨念相繼或者話頭相續的境界；心中連一點語言文字都沒有，比離念靈知更加離念、更加澄明，卻能直接看住話頭，不容易落入意識的離念靈知境界中，自然很容易開悟證得如來藏。

第二節　看話頭功夫是否正確的辨正

以上是默照禪與看話禪的比較，聰明人當然要選擇看話禪來參禪。可是修學看話禪的大前提，是要先弄清楚看話頭的功夫；否則，用功修學看話禪一輩子，也自認爲很努力參話頭了，其實還是不曾與看話禪相應，浪費一世的生命就很冤枉了。以下舉出台灣當代以講禪聞名的法鼓山爲例，用他們所說的內容提出來說明及對比，學者就容易理解了。

【「話頭禪」——果徹法師主講／林果開

七月十八及十九日，果徹法師爲我們講解了話頭禪法的概要。受聖嚴師父的囑託，法師將師父的〈話頭禪十開示法要〉集結成《聖嚴法師教話頭禪》一書，使得「中華禪法鼓宗」在有了《聖嚴法師教默照禪》一書之後，再有此書，乃臻完整，而完成了師父的一大心願。師父的侍者告訴果徹法師，師父一直等到此書出版後，才捨報圓寂的。果徹法師繼而將《聖嚴法師教話頭禪》的書中重點，做成幻燈片的綱目提要，配合她的講解，幫助我們一目了然的明白話頭禪法之內容。

「公案」是古代官府處理的一樁樁公文案例，「禪門公案」則是老師與弟子之間，一樁樁發生開悟的互動過程及經驗的故事記錄，由於其間所用的語言、表現的動作、出現的狀況，都與邏輯、理論不相關，而使弟子產生疑問的想知道「為什麼？」如此不斷的猜下去，疑情就出現了，疑團也出現了，就成了「參公案」，想去參究這個公案的故事是什麼意思。而「參話頭」則是直接用某個公案故事中關鍵的一個字或一句話來參究「這是什麼？」。南宋「臨濟宗」嫡系的大慧宗杲禪師在參「無」字的公案時，漸漸丟掉公案，去參「無」字的話頭，深感話頭的威力，開始勉勵禪修的人用話頭，而成為「話頭禪」的創始者。他曾用話頭，使得十八個人在一夜之間開悟。

話頭的「話」是語言，語言不只是說出來的話，也包括尚未說出來的已在心中形成的具體觀念、思想、念頭（即心念的符號）。「頭」是根源，也就是在心念的符號尚未形成之前，到底是什麼？「話頭」就是一個短語或一個句子或一個問題。用這句話做為修行的方法去「參話頭」，就是去探索這句話還沒有形成以前的根源，亦即探索在自我中心、自我執著分別的概念沒有形成之前是什麼樣的狀態？話頭即是不可思議，不可思是無法以語言文字表達，不可議是無法思考揣摩。

話頭又被稱為「金剛王寶劍」、或能解決我們生死問題的「不死之藥」、「甘露」。話頭只是個工具，用來粉碎一切執著、妄想、雜念。金剛王寶劍是寶劍中最鋒利的，能除一切堅硬的物體，而不被任何物所破，其作用是佛來佛斬，魔來魔斬。這把寶劍是在有散亂心、煩惱心出現時用，在開悟之前用，開悟之後為免於執著自己的「悟」仍要繼續用。無論遇到身心、環境的任何狀況，都要提起話頭，斬斷一切好的與壞的狀況，展現出話頭破執著、斷妄念的驚人威力。

〔成為話頭的條件〕有五個：

一、能降伏或斷除煩惱

二、能與戒定慧相應

三、簡單、不複雜，才不會落入思維狀況

四、無意義，不會引伸為聯想

五、與佛法相應

話頭不可與自我中心連在一起，如「我是誰？」，以免參到最後總是圍繞著自我，成爲自私心、傲慢心非常強的人。師父不鼓勵自己發明話頭，安全起見，最好用祖師大德的話頭。話頭的重點是要夠力量、要能使疑情持續。

師父建議的四種禪宗常用的話頭爲：

一、什麼是「無」？

二、未出娘胎前的本來面目是誰？即沒有生與死的本來面目是誰？

三、拖著死屍走的是誰？一口氣接不上來即是死屍。

四、念佛的是誰？

不論用以上哪句話頭做爲本參話頭，都要抱著同一句話頭，不斷繼續問下去。近年來法鼓山統一用最爲簡潔有力的「什麼是『無』？」做爲話頭。

〔話頭禪的功能〕有五個層次：破本參之前叫「參話頭」，之後叫「看話頭」。

第一層次的功能是除妄念——不斷提起同一個話頭，至很純熟時，會使我們的妄想雜念逐漸減少乃至斷除，頭腦也會愈來愈清楚，使身心安定，減少情緒的波動。即使沒有開悟，對我們的人格、心性修養都很有幫助。

第二層次的功能是破本參（或破初參）——即禪宗破三關中所破的第一關。自己在沒有明心見性或是沒有斷煩惱、開智慧之前，有如被關在悶葫蘆內，若能本著信心，不論遇到什麼情況，持續抱著同一句話頭（本參話頭）去參，直到疑團爆破，亦即至葫蘆墜地破裂，才由裂縫看到外界的亮光，雖然葫蘆裂縫不久又密合將自己關在其內，由於曾見過一絲絲光（光即佛性或空性），有了脫離自我中心（我執的煩惱與分別）的體驗，對佛法、對禪修都會更有信心而不退轉，並由仰信（從信仰、理解帶來的相信）成爲證信（從親自體證帶來的相信）。

第三層次的功能是破重關——即禪宗所破的第二關。由於之前尚無親自的體驗，未嚐到法味，所以叫做「參」話頭。破本參之後，已有所體驗而變爲「看」話頭。由於葫蘆裂縫又密合，要繼續用同一話頭去參究，將葫蘆衝出更多更大的裂縫。破初參後，心態也改變爲肯定自己是有煩惱的，知道煩惱是什麼，仍有煩惱，進一步想去解決煩惱，想再體驗「如果完全沒有煩惱的時候，是什麼情況？」「如果達到和佛由醉生夢死中覺悟後完全一樣的境界時，又是如何？」由於心意懇切爲達到最終目的，疑團會一個個的出現，繼續用同一話頭去破一重又一重的關，而小悟不斷。

第四層次的功能是破牢關——即禪宗所破的第三關。大悟有如將經年累月無明的大冰塊一破爲二，小悟則將分裂的冰塊一一敲爲碎冰，爲免遇到冷空氣碎冰又溶合在一起，得不斷持續的敲碎下去，如此終可破牢關（牢關即被關在生死的牢獄之中不得解脫），而出離三界，心不再受到三界所有煩惱的束縛。因此話頭是非常有用的，從初學用到明心見性，一直用到證得與佛陀一樣的境界。

第五層次的功能是離一切苦——用話頭可破除對身心的一切執著，由實證而照見五蘊皆空，生出般若智慧而離一切執著、分別心、煩惱的苦，度一切苦厄。

〔參話頭的方式〕：用鬆的方式，或緊的方式，或鬆緊交互使用的方式，依個人當時的身心狀況來做彈性的調整運用，在精進用功時可以請指導師來做判斷。

一、鬆的方式——比較溫和的方式。除了《聖嚴法師教話頭禪》，在《牛的印跡》一書也有介紹。一般而言適用於日常生活中，或平常容易緊張的人，或體質弱或體力差的人。然而即使生病，體力若不是差到提不起心力的話，仍可將生病的因緣做爲修道的助緣，反而得力容易上手。鬆的方法——身體坐正、姿勢正確，身心放鬆，慢慢的、輕輕的問話頭，每問一句話頭，將疑問持續到下一句話頭，其間全神貫注不起妄念。

二、緊的方式——適用於年輕人，身體及精神狀態好的人，精進用功充滿信心的人。緊的方法——身體坐正、姿勢正確，奮不顧身抱住一句話頭，全力以赴不斷的參到底。卻要注意不可用頭腦思考，不能配合呼吸及脈搏跳動來參話頭。

〔話頭的過程〕：師父以深入經教及個人修行、教學的經驗，將其歸納爲四個層次以供參考。我們在用功的過程中，卻不一定得經歷第一個層次，才會到最後一個層次。

第一個層次的「念話頭」——在散亂心的階段。疑情尚未升起之前，清楚當下的念這句話頭，使心有所寄託，做爲心的所緣境（用功的對象），就像念佛時心繫佛號上，數息時心繫呼吸上。念著念著妄想紛飛的狀況會慢慢安止下來，讓心念愈來愈安定集中。在妄想多、心很散亂時，持續念話頭會產生像持咒念佛的功能。即使沒有疑情的產生，仍能幫助我們除妄念、安定心念。

第二個層次的「問話頭」——在集中心的階段。有云「大疑大悟、小疑小悟、不疑不悟」，亦即話頭要產生直接而有力的功效，必須要有疑情。在念話頭至心安定後（本書作者註：由此一句開示中，已證實果徹法師還沒有看話頭的能力，故要用一句話來念；念到後來再演變為用同一句話來反問自己，成為問話語。這都不是話頭，因為已經住在話尾中，所念或所問的那一句話不斷的過去，而參禪的覺知心已經落在所念或所問的每一句話的後面了），會對所念的話頭產生疑問，就到了問話頭的層次。其實念話頭與問話頭的界線沒有那麼清楚，最好是從一開始就將話頭當成是問號或問題，不斷的去問。認為這話頭對我很重要，我相信它能幫助我解決生死問題，我希望知道它的答案。如此愈問，話頭就愈生動，與自己關係也愈密切時，就不會停留在念話頭，因為內心雖安定，但是念起來卻是無汁無味的。如果是用問的，愈問愈想知道時，淡淡的疑情就慢慢的起來了。問話頭不是問自己要答案，而是要去問那話頭，讓它給你答案（本書作者註：話頭本身不會給你任何答案，而是要由參禪者自行找出答案來。由此證實法鼓山被聖嚴法師印證明心見性的十二人，都同樣不會看話頭的功夫；當然也都不曾破參，同樣落入意識思惟想像中，才會說出這樣的開示而被聖嚴法師認可及出版）。我們往往用自己過去的常識來給答案，答案都是由自我中心的分別意識出發的，這些答案都是不對的。所以想知道答案，就去問，有答案出來，就放掉它。

第三個層次的「參話頭」——在統一心的階段。妄念變得很少，可持續問話頭不被妄念打斷；想知道答案的感覺（疑情）愈來愈強、愈持續，話頭問得綿密不間斷時，就進入了參話頭。問話頭時，自己得用意識操作，用力提起話頭去問。參話頭時，則是疑情成片，不用主動去問，就會被不斷湧現的問題所纏繞，陷於疑團之中而不能脫身。此時自己的身體、生命、乃至整個宇宙都是一句話頭。

第四個層次的「看話頭」——在無心的階段。「看」唸成「看」護的音，有保護照顧之意。參話頭至疑團爆破開悟後，有了見到空性和智慧現前的經驗，就到了看話頭的層次。由於自我習氣與煩惱的根尚未斷除，要持續用那句話頭來照顧自己的心念，來保持與加強明心見性的狀態。】（聖嚴法師著《聖嚴法師教話頭禪》，法鼓文化事業股份有限公司。）

末學針對上文，選擇較重大的錯誤作辨正，讓讀者可以更清楚知道話頭與參禪的眞正意思，才不會被誤導。走錯學禪的路，這一世學禪、參禪就枉費功夫與光陰，很可惜。其中很多的小錯誤，也可以證實聖嚴法師對於話頭及公案都還不懂，證實末學的評論是如實而無偏頗的；針對文中的許多小錯誤，末學就略而不談。在基本知見及話頭的認知與修學都錯誤，以及對於參公案的用意與方向的基本知見都錯誤的情況下，參照他們的說法去學禪、參禪，註定這一世必然唐捐其功。但是聖嚴法師及其座下的法師們，對此應該都還沒有警覺，才會有如下一段文字說明而出版了《聖嚴法師教話頭禪》：「師父的侍者告訴果徹法師，師父一直等到此書出版後，才捨報圓寂的。」可見此書中果徹法師所說的話頭、看話頭、參話頭、參公案、悟後還必須繼續看話頭直到成佛……等，都是經過聖嚴法師認可的說法，因此《聖嚴法師教話頭禪》這本書中所說的內容，等於是聖嚴法師對於教禪及參禪的知見與境界。因爲其中的錯誤太多了，不勝枚舉，末學便選取其中的重大錯誤，簡單加以辨正，讀者可以因這些舉例和辨正，快速弄清楚禪法等知見，走上學禪的正確道路。

原文：「「公案」是古代官府處理的一樁樁公文案例，「禪門公案」則是老師與弟子之間，一樁樁發生開悟的互動過程及經驗的故事記錄，由於其間所用的語言、表現的動作、出現的狀況，都與邏輯、理論不相關，而使弟子產生疑問的想知道「爲什麼？」如此不斷的猜下去，疑情就出現了，疑團也出現了，就成了「參公案」，想去參究這個公案的故事是什麼意思。

辨正：公案的參究重點，不是在於公案中的一切「都與邏輯、理論不相關」，而是要藉公案中禪師示現的機鋒，引起學禪者找到明心的標的，證得第八識如來藏；果徹法師以上的說法，是不懂如何參究公案的誤導之說。如果不懂這個道理，也不懂證悟明心的標的是什麼，而開示說「如此不斷的猜下去，疑情就出現了，疑團也出現了，就成了『參公案』，就會如同果徹法師說的：「想去參究這個公案的故事是什麼意思」，那麼就永遠落在公案中的情節中，也會永遠落入公案故事中，與他應該證悟的標的無法相應。

原文：而「參話頭」則是直接用某個公案故事中關鍵的一個字或一句話

來參究「這是什麼？」

辨正：參話頭，並不是「直接用某個公案故事中關鍵的一個字或一句話來參究『這是什麼？』」而是以看住話頭的方式，在行住坐臥中參究自己的第八識所在。果徹法師的說法，其實都是在話尾上用心，當她以公案故事中的一個字或一句話參究時，已經不是參話頭，而是在研究公案了。像她這樣參禪的結果，一定會落入公案故事中，從故事情節中，對公案產生各種意識層面的理解，不可能找到第八識如來藏而開悟。參公案的意涵，只有已經證得如來藏而明心的人，才會眞的懂；像法鼓山聖嚴法師一樣不承認禪宗開悟標的是第八識如來藏的人，永遠都無法理解公案的意涵。而果徹法師所說的參話頭，其實與參公案無關，也與參話頭無關。

原文：話頭的「話」是語言，語言不只是說出來的話，也包括尚未說出來的已在心中形成的具體觀念、思想、念頭（即心念的符號）。「頭」是根源，也就是在心念的符號尚未形成之前，到底是什麼？

辨正：話頭的「頭」並不是指心念形成之前是什麼。平實導師早年開示時，曾經說過：有人認爲心念的出現都是從收藏煩惱妄念種子的如來藏中生起的，就每天看著妄念是從什麼地方生出來的，看來看去始終都看不到心念的前頭是什麼，因此而無法開悟；果徹法師與她的師父聖嚴法師一樣落入其中，當然悟不了。意識覺知心中會出現心念，心念的前頭有意根和如來藏；可是意根和如來藏都空無形色，想要從心念的前頭去看到眞心如來藏，一定看不到，看來看去都是空無。因此，參禪者不應該看心念「尚未形成之前，到底是什麼？」因爲永遠都不會看到有什麼，不可能用這種方法證得如來藏而開悟明心的。

原文：「話頭」就是一個短語或一個句子或一個問題。用這句話做爲修行的方法去「參話頭」，就是去探索這句話還沒有形成以前的根源，亦即探索在自我中心、自我執著分別的概念沒有形成之前是什麼樣的狀態？話頭即是不可思議，不可思是無法以語言文字表達，不可議是無法思考揣摩。

辨正：話頭不是果徹法師說的「一個短語或一個句子或一個問題」，而是一句話的前頭，在話頭中並沒有短語、長語，也沒有一個句子或一個問題，就只是一句話的前頭；輕輕看住某一句話的前頭，都不會讓那一句話在心中生起來。這是在設定的某一句話（譬如「參禪是誰」）的作意下，輕輕看住它，不讓這一句話在覺知心中生起來，就這樣輕輕看住；看久了，看話頭的功夫就越來越好，將來越有機會破參明心。看話頭的功夫如果作得很好，配合其他的條件，將來也有機會親眼看見佛性。凡是會看話頭的人，都很清楚話頭的意涵，看得清清楚楚、明明白白；那時覺知心都不會被外境所轉，就是禪宗祖師說的「百花叢中過，片葉不沾身」的境界。會看話頭了，看久了也會自動生起疑情，自動想要尋找眞心如來藏；於是看住一個話頭，就時時注意自己的如來藏究竟何在，這才是眞正的參話頭。

果徹法師說：「亦即探索在自我中心、自我執著分別的概念沒有形成之前是什麼樣的狀態？」這是想要在意識覺知心之中探索自我，以及探索我執及分別心概念形成之前的狀態。像這樣探究下去，探究到無數劫以後，還是會落在意識覺知心中，因爲「自我執著分別的概念沒有形成之前」是空無一法的，像這樣根本是在意識層面思惟，永遠都不會有開悟明心的時候；像她這樣學禪參禪，一定會落入意識心中，所能探索出來的永遠是意識心的境界，連我見都無法斷除的，更不可能開悟明心。

原文：話頭又被稱爲「金剛王寶劍」、或能解決我們生死問題的「不死

之藥」、「甘露」。話頭只是個工具，用來粉碎一切執著、妄想、雜念。金剛王寶劍是寶劍中最鋒利的，能除一切堅硬的物體，而不被任何物所破，其作用是佛來佛斬，魔來魔斬。這把寶劍是在有散亂心、煩惱心出現時用，在開悟之前用，開悟之後爲免於執著自己的「悟」仍要繼續用。無論遇到身心、環境的任何狀況，都要提起話頭，斬斷一切好的與壞的狀況，展現出話頭破執著、斷妄念的驚人威力。

辨正：果徹法師說：「這把寶劍（編案：話頭）是在有散亂心、煩惱心出現時用，在開悟之前用，開悟之後爲免於執著自己的『悟』仍要繼續用。」這顯示果徹法師不懂話頭也不懂禪。看話頭的目的，是要藉看話頭功夫的鍛鍊，使覺知心變得很細心，觀察力變得很敏銳；這時如果已經建立第八識體性的正知正見，就很容易找到自己的如來藏，就懂般若諸經中的眞正意思，看見諸法實相中的境界，打開般若智慧。所以，看話頭的目的是爲了幫助自己找到如來藏心，既然找到如來藏心了，還要看它作什麼？就像得魚忘筌一樣，從抓魚的竹籠（筌）中把魚全部抓出來以後，就不必再抱著「筌」，可以把「筌」丟到屋角去了，何必再繼續抱著「筌」呢？

如果是爲了求眼見佛性，才需要在開悟明心後繼續看話頭；但也只是看到眼見佛性爲止，見性以後永遠都不必再看話頭了；只需要每天無相念佛保持定力，或者每天禮佛作無相念佛功夫半小時，可以保持動中定力就行了。從此以後都不必再看話頭了，一直到成佛以前、以後，都永遠不必再看話頭。因此，果徹法師說：「**因此話頭是非常有用的，從初學用到明心見性，一直用到證得與佛陀一樣的境界。**」這其實是很可笑的說法，表示她還不懂話頭，當然也不懂禪，更不懂開悟的境界。因爲，十住滿心菩薩看見佛性以後，就永遠不必再看話頭了；果徹法師這本書是聖嚴法師認可以後才出版的，她所說的錯到這麼嚴重，聖嚴法師一直等到她這本書出版，看過之後才放心捨壽，證明聖嚴法師一樣不懂話頭與禪。十住滿心菩薩就不再看話頭了，等覺、妙覺菩薩還得要看話頭，這種邏輯眞的講不通。

原文：不論用以上哪句話頭做爲本參話頭，都要抱著同一句話頭，不斷繼續問下去。近年來法鼓山統一用最爲簡潔有力的「什麼是『無』？」做爲話頭。

辨正：破初參是要明心，明心時當然不是要明白悟前已知的覺知心自己；所以在目前已知的覺知心自己，不論是有念或無念，入定或出定，有煩惱或無煩惱，放下或放不下，這些都不是破初參明心時所要證得之標的，而是要證得第八識如來藏。因爲如來藏心才是眾生的本來面目，才是父母未生我以前的本來面目，才是出生人類五陰、十八界的眞實心。如果眞的想要明心破初參，「最爲簡潔有力的」話頭應該是「我的如來藏在哪兒？」但聖嚴法師教導下的果徹法師，被聖嚴法師指定出來講解他的話頭禪的果徹法師，應該是最瞭解聖嚴法師的話頭禪，但她卻這樣說：【近年來法鼓山統一用最爲簡潔有力的「什麼是『無』？」做爲話頭。】這顯示聖嚴法師及果徹法師都誤會禪宗的破初參明心的內容，不知道禪宗開悟明心所應實證的心是第八識如來藏，明顯與聖嚴法師所尊崇的 大慧宗杲禪師及宏智正覺禪師的明心標的相違。

如前所說，平實導師在《鈍鳥與靈龜》書中明白指證，大慧宗杲與宏智正覺所悟的心，都同樣是第八識如來藏；那麼聖嚴法師教人參禪時，應該以促使自己及座下法師都能證得如來藏心，選擇能與如來藏心相應的話頭，作爲看話頭時最好的話頭。但卻教人參究「什麼是『無』？」還說這是「最爲簡潔有力的」，只會使自己及信眾都是落入印順法師的六識論中，去研究緣起性空而得到一切法空的結論；像這樣子參禪，也教人這樣子學禪，想要破初參明心，根本沒有機會。

推究聖嚴及果徹法師會教人參究「什麼是『無』」的原因，必定是誤會大慧宗杲講的「無」字話頭；參這個話頭破參明心的人之中，最有名的是秦國夫人計氏。大慧宗杲派了弟子道謙去看望她，告訴她說：「大慧和尚只教人參：『狗子有佛性也無？』『無！』」她就這樣參這個無字公案。有一天半夜睡不著，乾脆起床參禪，抱個「無」字話頭，參究「狗子有佛性也無？無！」參得正起勁，了無睡意。後來參到忘神，不知不覺之間口中竟然「無」字出口，於是悟了這個話頭，所悟卻是如來藏。但這個「無」字話頭，卻不是教人參究「什麼是無？」由此證實，聖嚴法師及果徹法師都不懂話頭，也不懂話頭禪，更不懂大慧宗杲的話頭禪是悟什麼心。如果繼續這樣參下去、教下去，將來法鼓山的法師及信眾們，對於道業的實證，都是沒有希望的。

原文：「話頭禪的功能」有五個層次：破本參之前叫「參話頭」，之後叫「看話頭」。

辨正：聖嚴法師及果徹法師這樣的說法，都是使行家啼笑皆非的說法，因爲所說正好與事實相反。破本參之前，才需要看話頭；把這功夫練起來以後，心才能細膩，才能在參話頭時悟得心行微細的眞心如來藏，才是眞懂看話禪的人。破本參之前固然要在學會看話頭之後，進而改爲參話頭；如果還沒有看話頭功夫，就沒有能力參話頭。連話頭都看不見時，怎能參話頭呢？但是聖嚴法師指定出來教人話頭禪的果徹法師，說的次第卻是與事實相反；因爲破參之後根本就不用再看話頭了，而參話頭之前必須先學會看話頭，才有能力參話頭，但果徹被聖嚴法師認同的說法，卻與事實顚倒，這顯示聖嚴法師及果徹法師對話頭禪的道理，都是憑著想像而說出來的，連話頭都還不懂，都還看不見，才會說「破本參之前叫『參話頭』，之後叫『看話頭』」，行家見了都覺得很難想像：聞名全球、行遍五大洲的聖嚴法師，竟然會教出這樣的話頭禪「專家」，而且是他認可以後才把這種說法出書流通的。

原文：若能本著信心，不論遇到什麼情況，持續抱著同一句話頭（本參話頭）去參，直到疑團爆破，亦即至葫蘆墜地破裂，才由裂縫看到外界的亮光，雖然葫蘆裂縫不久又密合將自己關在其內，由於曾見過一絲絲光（光即佛性或空性），有了脫離自我中心（我執的煩惱與分別）的體驗，對佛法、對禪修都會更有信心而不退轉，並由仰信（從信仰、理解帶來的相信）成爲證信（從親自體證帶來的相信）。

辨正：這一段文字，也是證明聖嚴法師及果徹法師都不懂話頭禪的證據。破初參的明心，當然親證眞實心而明白眞實心，一定不是像印順法師說的明白緣起性空，因此果徹法師不該把空性的實證，說成是「有了脫離自我中心（我執的煩惱與分別）的體驗」。如果禪宗的破初參明心，是印順法師說的明白緣起性空，就應該說破初參是「明緣起性空」，不該說是「明心」。如果辯解說明心是明白覺知心意識的虛妄，那就變成聲聞菩提的見道，明白之後只能成爲聲聞初果，不是菩薩五十二階位中的果位，修的就不是佛菩提道，只是在修學羅漢道。如果是要這樣子明心，那就直接從四聖諦、八正道中下手，直接觀察五陰、十八界虛妄就行了，不必參禪求明心。因爲參禪求明心很困難；觀察五陰、十八界的虛妄，知道覺知心是緣起性空，這是只要半天、最多三天，在善知識教導下就能完成的觀行，何必曠日費時參禪到老死都還悟不了？

既然弘揚看話禪最有名也最有成績的 大慧宗杲禪師，而弘揚默照禪最有名的宏智正覺禪師，他們二人的明心都同樣是證如來藏；《六祖壇經》中的記載，六祖慧能大師也是證如來藏；當然禪宗的破初參明心，就是證得如來藏而明白自己的眞實心；要如此明白自己是從如來藏中出生的，才能明白未出娘胎前的本來面目。如果明心時是要明白覺知心緣起性空，那麼眾生就成爲單憑父母的藉緣就能出生，眾生就是本無今有；眾生的本來面目就會成爲空無，眾生也會成爲無中生有，顯然違反 世尊說的「有因有緣世間集」，成爲「無因有緣世間集」了，那麼聖嚴法師及果徹法師是否要主張說「眾生的本來面目是空無」？或者要主張說「眾生的本來面目是父母親」？不必有自己本來就存在的眞心如來藏來入胎，只需要有父母就能出生我們的五陰、十八界？所以，禪宗破初參明心時，應該要明白的心是自己的眞實心，不是明白覺知心的緣起性空，不是果徹法師講的「**有了脫離自我中心的體驗**」的空。

既然破初參明心是要明白自己的眞心如來藏，那麼參話頭而破參時，就是找到自己的眞心如來藏，這才是聖嚴法師及果徹法師說的「**直到疑團爆破，亦即至葫蘆墜地破裂，才由裂縫看到外界的亮光**」；這個定義必須明白告訴學禪的法鼓山信眾，大家才會知道明心是要明什麼心。但是聖嚴法師及果徹法師，始終說不出「疑團爆破」以後「外界的亮光」究竟是什麼。對於禪宗這個開悟明心之標的，像這樣子都只是說一些無關痛癢的開示，學禪的信眾就永遠都不知道參話頭時是應該怎麼參，也不知道是應該參究自己的如來藏心何在，這樣學話頭禪五十劫以後，還是悟不了的。

聖嚴法師及果徹法師又說：「雖然葫蘆裂縫不久又密合將自己關在其內，由於曾見過一絲絲光（光即佛性或空性）。」這樣的說法，意思是悟了以後還會失去悟境，所以重新被疑團悶葫蘆「密合又將自己關在其內」，又回復到未悟的狀態中。可是，疑團爆裂時就是破初參了，就是找到自己的本來面目如來藏眞心了，找到以後還會重新迷糊而看不見自己的本來面目如來藏嗎？譬如北方人從來不知道南方的芒果，有人爲他不斷的說明，他就是不知道，總是似懂非懂；後來有一天，終於有人從南方帶來一顆芒果，他看見了，也吃過了，他以後竟然還會不知道什麼叫芒果嗎？聖嚴法師及果徹法師說的道理，卻是看過及吃過芒果以後，還會忘了芒果的模樣、顏色、滋味。所以打破悶葫蘆開悟明心以後，還會忘記明心的內容，又重新落入悶葫蘆中，再度看不見本來面目；怪不得他們會主張說，悟後還要重新再參話頭或看話頭，不斷的再求明心。讀者想想看，佛法中或世間法中，有這樣的道理嗎？由聖嚴法師及果徹法師這樣的說法中，很清楚證明聖嚴法師及果徹法師是不懂話頭禪的，也證明他們還沒有看見過父母未生自己以前的本來面目。

原文：第四個層次的「看話頭」——在無心的階段。「看」唸成「看」護的音，有保護照顧之意。參話頭至疑團爆破開悟後，有了見到空性和智慧現前的經驗，就到了看話頭的層次。

辨正：看話頭與照顧話頭是不同的層次，聖嚴法師及果徹法師竟混為一談。看話頭的功夫有深有淺，深的人不會失去話頭，時時都在看著；淺的人會常常失去話頭，才需要細心照顧著；若是被外境所轉而失去話頭時，一旦察覺了，就趕快把話頭再拉回來，這樣才是「看護」話頭的意思，本質就是照顧話頭。所以「看（唸作堪）話頭」與「看話頭」之間，還是有差別，但是聖嚴法師及果徹法師顯然還不懂，證明他們都還不會看話頭。

「參話頭至疑團爆破開悟後，有了見到空性和智慧現前的經驗」，就不必再看話頭、參話頭了，只需要閱讀第二轉法輪的般若諸經，深入驗證般若諸經中所說的種種實相、中道的正理就行了。因為這時明心了，已經有根本無分別智，只需要閱讀或聽聞大善知識解說般若諸經的正理，自己就能在閱讀或聽聞時，同時進入實相境界中當場驗證，使自己的後得無分別智快速增長，何必再回去看話頭呢？但是聖嚴法師及果徹法師卻顛倒過來說：「參話頭至疑團爆破開悟後，有了見到空性和智慧現前的經驗，就到了看話頭的層次。」成爲顛倒想。由此證明，聖嚴法師及果徹法師既不懂話頭，不懂看話頭，不懂參話頭，也沒有開悟明心。都是以意識思惟來猜測話頭等內容，依著自己的想像來說。

以上果徹法師的說法，應該就是聖嚴法師所教及所知。根據網路書店對《聖嚴法師教話頭禪》一書的簡介內容說：【「直心投入，不起疑心，以話頭禪照見本來面目」。「『話』是語言，『頭』是根源，『話頭』是超越文字分別，直問生命眞相的禪修方法。」「聖嚴法師以《六祖壇經》的核心精神——無念、無相、無住，引導讀者放鬆身心，對治散亂、昏沈與起伏不定的煩惱；進而集中意念，突破邏輯慣性、自我執著等束縛，自然而然悟入空性，圓滿實踐六度波羅蜜。」】

（網址：http://www.books.com.tw/exep/prod/booksfile.php?item=0010423732，擷取日期：2013.12.08）

以上文字也同樣證實上面果徹法師所說的話頭禪的內容，即是聖嚴法師捨報前對於看話禪、話頭禪、破初參明心的認知，二人並無差別。這樣辨正清楚以後，顯示他們師徒二人都是還沒有看話頭功夫，所說的參話頭與看話頭都是憑著想像而說的，才會對看話頭及參話頭的次第顚倒混淆；像這樣子，怎麼能夠正確的教導法鼓山的學禪者，正確的修學禪宗的禪法呢？令末學有些感慨。針對法鼓山的弘法事項，末學有以下幾個建議；如果法鼓山願意採納，對於中國禪宗的復興，法鼓山將來也可以參與一分：

一、雖然聖嚴法師及果徹法師對於話頭的理路與功夫，都還沒有建立起來，但是聖嚴法師願意在捨壽前，捨離默照禪而改爲教導徒眾看話禪，末學完全認同，在此特別表示讚歎。

二、法鼓山現在擔任弘法工作的法師們，對於話頭的境界應儘快弄清楚，並且自己應該先實際下功夫，好好鍛鍊看話頭的功夫，才能教導學禪的信眾，跟著修學看話頭的功夫，才不會走錯路，枉費一世學禪。

三、應該趕快摒棄聖嚴法師以前書中否定第八識的說法，改爲承認有第八識如來藏；否則一定沒有因緣可以開悟明心，連破初參都不可能，更別說是眼見佛性。因爲禪宗不論是哪一派，也不論是默照禪或看話禪，都同樣以證得第八識如來藏，作爲證悟明心時之標的。建議法鼓山諸法師們，趕快對解說第八識如來藏體性的經文，或是眞善知識著作，深入閱讀、瞭解、思惟，將參究如來藏前應該先具備的知見建立起來。一定要先這樣努力閱讀、聽聞，而且一定要如理作意思惟，然後教導信眾開始認識第八識如來藏；這個預備工作作好了以後，不論是自己或信眾，把看話頭的功夫練好以後開始參禪時，才不會一世落空，老是在意識境界上猜測，與開悟明心無緣。

四、明心與見性的差異，必須先弄清楚。因爲目前法鼓山的法師仍然不懂明心與見性差異極大，依舊將明心與見性混合爲同一個。末學呼籲法鼓山的弘法師們，將游正光老師寫的《眼見佛性》、《明心與眼見佛性》，以及平實導師很多書中講的眼見佛性的內容，如理作意的閱讀，讀後再作如理作意的思惟；然後把見性的部分暫時放下不管，專心參禪求開悟明心；見性的事情，要等以後修集足夠的三種莊嚴時再說。

五、破初參、破重關、破牢關的內容，法鼓山的弘法師們也應該趕快弄清楚。像聖嚴法師及果徹法師說的那樣，重關是一關又一關的參話頭去通過，那是不懂禪也不懂佛菩提道的人所說。末學建議法鼓山的弘法師們，趕快請購 平實導師的《起信論講記》好好閱讀，然後再詳細閱讀 平實導師的《禪—悟前與悟後》以及《公案拈提》，才有機會開悟明心。開悟破初參明心以後，再把《禪—悟前與悟後》重新閱讀，才能眞的理解禪宗三關的眞正意思，才會眞懂禪宗三關。若不能將以上五點弄清楚，別說法鼓山的法師們想要復興禪宗，連自己都無法證得眞心如來藏；破初參明心都證不到，就別說是眼見佛性及牢關了。

末學看見以上所舉的法鼓山《聖嚴法師教看話禪》書中的說法，等於是向佛教界表明：法鼓山聖嚴法師已經實證禪宗三關的境界了。這不但是變相的暗示開悟，已有方便大妄語的惡業，也是在誤導法鼓山的信眾，而這個誤導眾生的惡業比大妄語的惡業更大。法鼓山的法師們假使對這些事實還不瞭解，住持法師及監院法師也該對此加以檢討，以免無心之中獲罪。末學誠懇建議如上，衷心期盼法鼓山住持、監院、弘法師們採納，那就是法鼓山信眾的福氣了。如若不然，末學也只能爲法鼓山的信眾們嘆氣了。

至於動中定的修習：無相念佛、看話頭。請依照前面的說明，並請索取平實導師的《無相念佛》、《念佛三昧修學次第》、《禪—悟前與悟後》等書，自己實際練習鍛鍊，末學這裡不再重複說明。但是，當讀者依照《無相念佛》的書中方法，練成無相念佛功夫而且純熟了以後，再來理解話頭的內容，就會很容易。那時一定能眞的理解話頭的意涵，再開始改爲看話頭。但是會看話頭時，還不是能夠開悟的時候，必須深入研讀 平實導師許多書中所說的第八識的知見。建立第八識的正知見以後，才可以開始參話頭；否則，參到老死，參到五十劫以後，還是會落在意識心中，只是浪費自己的生命，沒有開悟破參明心的機會。

如果是明心後想要繼續深入佛菩提道的實證，想要求眼見佛性而闖過重關：想要在山河大地上面看見自己的佛性，想要在別人身上看見自己的佛性，想要在別人身上看見別人的佛性，就得轉入第八住位，開始修集福德莊嚴、慧力莊嚴，漸漸圓滿第八、第九、第十住位應有的功德，並且要把悟前看話頭的功夫撿回來，重新鍛鍊更深厚的功夫，這就是定力莊嚴。但這時並不是果徹法師說的參話頭開悟明心以後，重新看話頭再來求開悟明心，而是鍛鍊更深厚的看話頭功夫，爲眼見佛性作準備。

求見佛性的人，看話頭的功夫很重要，絕對不許欠缺；若是欠缺一點點，就無法看見佛性了。但是看話頭的功夫漸漸深修以後，會因爲定力增進而產生變化。這個變化的過程與內容，末學在 平實導師指導下，配合福德莊嚴及慧力莊嚴，一步一步前進與摸索。在這個過程中，也有一些變化及歧途，只有眞正眼見佛性的善知識才會知道；末學就是在善知識的指導下，才能實證。在實證以前，根本不知道哪些境界是不必理會的，也不知道哪些境界是應該繼續深入加強的。其中的酸甜苦辣，只有過來人才會知道；爲了避免說出來以後，善知識無法實際勘驗學者是否眞的到了應該過重關的時候，末學依照 平實導師的吩咐，不爲任何人說明。以免有人讀了或聽了以後，把其中的過程拿來謊稱已經完成這些內容的修練，善知識依此而作的判斷就會錯誤，會提前引導學者見性，就會使學者成爲解悟而永遠看不見佛性；因此末學對這部分，就不便解說了。

第三節　參究佛性時應遠離對佛性的錯誤認知

這一節中的內容，不是爲還沒有破初參、還沒有明心的人說的，是對明心以後的菩薩們說的。而且只針對慧力莊嚴的部分來說，不重複談論定力莊嚴與福德莊嚴，因爲前面已經說過了。在這裡，也要對學禪的大眾提醒：對於平實導師書中禪門三關的說法，應該相信，也應該理解正確的禪門三關的內容，不要隨便相信悟錯的凡夫大師的說法。

平實導師在書中說：【聖嚴師父二十餘年來，說禪寫禪，出版數十本禪書，講得天花亂墜，讀者亦是讀得不亦樂乎，全部上當。然而師父這些禪書，從來言不及義，皆在意識思惟情解上面用心，根本不曾搔到癢處。禪門破初參之宗旨，既然唯是明心證悟，則當親證眞實心，方是證悟；第二關則須眼見佛性，合此二關故名「明心、見性」，此乃禪宗四眾弟子公認之說，是禪宗眞正參禪之四眾弟子共識。今者聖嚴師父不在親證實相心上用功，卻只是在名相上作諸情解，未曾稍斷我見與我執，根本不與解脫道相應；修習一念不生之功夫，卻又至今未能證得欲界定、未到地定，初禪更無論矣。於禪宗之般若禪而言，復又未曾證得法界實相之如來藏心，何曾與禪法般若相應？何曾與三乘菩提之一相應？既與三乘菩提之見道及禪定皆不能相應，皆不能證得，則所說諸法皆是戲論，皆成言不及義之俗法。】（《佛教之危機》頁263）

這意思是說，對於明心與見性的差異，應該有正確的理解，才不會像聖嚴法師及果徹法師一樣，把明心與眼見佛性混爲一談，否則即使練成看話頭的功夫，還是無法明心或眼見佛性的，因爲一定會把自己的知見弄得很混亂，連明心破初參都會受到影響。

第一目　佛性有沒有智慧？

平實導師曾說：【譬如我們在第一章裡面講佛性是眞如的作用，佛性無智，所以佛性不是法界體性智。】（摘錄自平實導師，《正法眼藏—護法集》，佛教正覺同修會（台北市），二版四刷，2007年12月。以下皆同一書。）「佛性是眞如的作用」，許多人讀不懂，是因爲還沒看見佛性。「佛性無智，所以佛性不是法界體性智」，一樣有許多人讀不懂，也是因爲還沒有看見佛性的緣故。

月溪法師說：「**法界體性智便是佛性，禪宗所謂本來面目。**」月溪法師說佛性就是法界體性智，是猜測及思惟的想像，平實導師的說法則是實證後的現觀。佛性爲什麼沒有智慧，因爲佛性只是第八識的一種自性，在十八界中運作，與六識的見聞覺知性同時在一起運作，在醒覺的時候是無法分離的，除非是睡熟或悶絕、死亡時。凡是智慧，不論是世間法或出世間法的智慧，全都是意識所有的，佛性是不會有世間法及三乘佛法智慧的；因爲祂是直接運作而沒有思惟的，是如來藏的自性而從來不在六塵中了知及思惟的，當然沒有智慧，卻是菩薩的意識覺知心在佛菩提智慧的來源之一；因爲證得佛性時會出生另一種佛菩提的智慧，與明心所得的智慧不同。

譬如，明心的人意識心會產生智慧，但是被明白的心如來藏，自己是沒有智慧也沒有無明的；佛性也是一樣，眼見佛性的人會產生見性上面的智慧，但是被看見的佛性自己，卻是同樣沒有智慧也沒有無明的；所以佛性本身沒有智慧，平實導師因此說：「**佛性無智，所以佛性不是法界體性智。**」

第二目 眞如與佛性的關係

月溪法師說：【佛性究竟是什麼樣子？佛性叫作本來面目，又叫作法身，又叫眞如。】又說：【佛性與靈性的分別，佛性就是本來面目。】（《正法眼藏—護法集》頁 162）

佛性就是第八識如來藏顯示出來的一種自性，但是善知識爲了保護學禪者將來有機會看見佛性，都不會明說出來；以免學者尚未具足福德等三種莊嚴時就先參出來，成爲解悟。一旦解悟佛性以後，根據平實導師度人眼見佛性的經驗，解悟的人這一世已經沒有機會看見佛性了。所以明說佛性的意涵，就是在害人失去眼見佛性機會的惡人，末學當然也不敢明說出來，必須遵守善知識的教誨。

此外，眞如與佛性的關係，也必須弄明白。如果沒有先弄明白，參究佛性時也會自己胡思亂想，根本不可能參究佛性。譬如月溪法師說：【本體即最究極之實在，又叫實相，又名眞如，又名佛性。】（《正法眼藏—護法集》頁

163）把眞如與佛性混爲一談。其實，月溪法師連明心都沒有，他一樣是落入離念靈知意識之中，自認爲已經證眞如了。末學在這裡只談眞如與佛性的關係，他懂不懂眞如的事，就略過去不說。

平實導師曾經辨正說：【眞如是本體，佛性是作用。譬如燈與光——眞如是燈，佛性是光。光從燈而生，但光不是燈；如果說「光就是燈」，那就錯了。燈能產生光，但燈不是光，如果講「燈是光」，那也錯了。同理，眞如具備佛性作用，但眞如不等於佛性；佛性雖從眞如來，但佛性不等於眞如，佛性與眞如非一非異。眞如是本體，佛性是本體的作用，學禪的人和學佛的人必須弄清楚這一點。此師將眞如與佛性混爲一談，他說眞如就是佛性，佛性就是法界體性智，就是眞如。他不明白眞如與佛性的體用關係，所以就講：「佛性本自清淨，如《華嚴經》所舉九十九種譬如，已將佛性講得清清楚楚，無可再爲解說了。」接著便引述《華嚴經》〈十迴向品〉云「譬如眞如……」這是引喻失當。……因爲《華嚴經》〈十迴向品〉裡面講的「譬如眞如恆守本性」等九十九種譬喻，是講眞如，不是講佛性。佛性本自清淨沒錯，但佛性不即是眞如，不可將經典中講眞如的經文拿來比喻佛性。而且，法界體性

智不是佛性。】（《正法眼藏—護法集》頁163、164）

關於《楞嚴經》中所說「知見無見，斯即涅槃」，平實導師開示說：【上面所講的那兩句經文，講的是眞如，不是佛性。如果把這兩句經文當作是在講佛性，如此一直參下去，無量無數劫之後還是不能悟。因爲這兩句是講眞如，是說五陰之中有眞——眞妄和合，不即不離。「知見立知，即無明本。」是說我們能知能見的一念心，是無明的根本。我們知道這是無明的根本，知道祂是虛妄以後，我們才會以「知見立知」的這個妄心去尋找眞如。眞如不在能聽能知能看的心中，若人想要從能聽能知能看的心裡面去找眞如，他永遠找不到。

當我們有一天知道了、悟了，也看見了這個不見不知的心，那我們就找到眞如了。但是我們找到了眞如眞心之後，這個能知能見的妄心還是繼續存在，並不因此消失掉。這能知的六七二識因此產生了妙觀察智和平等性智，但這只是下品的轉識成智而已。所以說，只有體用不分的人，才會說「這兩句經文是在講佛性」，眞悟的人不會體用不分。】（《正法眼藏—護法集》頁166、167）

從 平實導師的開示中，很清楚爲我們說明眞如與佛性的相同和相異處。平實導師以上的開示中所說的眞如，是依般若諸經和禪宗祖師的說法，以眞如來指稱第八識如來藏，不是第三轉法輪中有時說「眞如是阿賴耶識之眞實性」。是因爲第八識有眞如法性，就以眞如來指稱第八識心，所以這裡說的眞如，是指第八識心如來藏阿賴耶識。知道這個前提，閱讀 平實導師上面的開示時，就不會誤會。

第三目　佛性會作主嗎？

由於月溪法師亂說法，主張佛性會作主，因此 平實導師開示說：【「知見無見，斯即涅槃」，還沒有悟的人請注意：這意思是說，我們如果很清楚的知道，而且看見了那個看不見的，那就是涅槃本心，而不是說「見性以後由佛性作主」。佛性一向不作主，會作主的，在悟前是染汙末那以及染汙意識。見性以後轉依——是清淨末那及清淨意識。也就是下品轉識成智的平等性智的本體——清淨末那在作主，清淨意識配合祂，佛性是從來不作主的。】

（《正法眼藏—護法集》頁 165）

平實導師又開示說：【此外，我們明心見性以後也不是佛性作主，佛性向來都不作主。我們悟前由染汙末那作主，透過第六識去分別，時時刻刻在決定要做什麼或不做什麼，不明白眞如的人就以爲自己是主人，認爲這個能思惟、能知、能作主的心就是主人。

悟了以後由清淨末那作主，運用第六意識的下品妙觀察智作分別。他自己雖然是眞正作主運作的人，但他不認爲自己是主人，而把他所找到的眞如前身——阿賴耶識作爲主人。雖然悟了，他卻繼續以下品妙觀察智和下品平等性智來主宰五陰，繼續修道和過生活。

我們開悟時找到的眞如，這時候還不叫眞如，叫作阿賴耶識，因爲還有異熟性及識種流注，不能成佛，所以不能稱爲眞如。而這個阿賴耶識恆而不審，所以祂一向自己不作主。因爲一向不作主，才能「本來解脫」。

話說回來，佛性是眞如之用——眞如爲體，佛性爲用。在見性以後，佛性不論做什麼，都是由清淨末那透過阿賴耶識的識種來運作，佛性向來不作主。佛子萬勿因爲體用不分，猶如此師產生這種嚴重的錯誤。】（《正法眼藏—護法集》頁 167、168）

已經明心的菩薩們，如果能把 平實導師上面的開示詳細閱讀，然後如理作意思惟清楚，對於作功夫以及將來求見佛性，應該會有幫助。因爲到那時參究佛性時，就不會落入六識的見聞覺知性中，也不會落入處處作主的末那識自性中，在眼見佛性前必須修集的三種福德莊嚴具備時，就可以請求 平實導師引導參究的方向，只要一參究出來時就可以看見佛性了。

第四目　所有看見佛性的人都已經成佛了嗎？

上面舉證月溪法師對佛性的錯誤開示，以及 平實導師對他的辨正的開示；這些都證明月溪法師是不曾看見佛性的人，顯示他對佛性是不能理解的，當然也談不上看見佛性的事了。佛性是如來藏的某一種自性，這種自性是可以眼見的，相對於如來藏的其他不可眼見而能被體驗到的自性，確實是有不同，所以 世尊特別提出來講。而且具足了知如來藏的自性時，譬如妙覺菩薩悉達多太子明心時，大圓鏡智現前，還是無法成佛；還需要天明之前眼見明星而看見佛性時，才能發起成所作智，這時才是眞的成佛。釋迦世尊不但這樣示現給我們看，世尊在《法華經》中又如此說：「大通智勝佛，十劫坐道場；佛法不現前，不得成佛道。」意思就是如此，這個道理，平實導師宣講《法華經》時已經爲我們開示過了。「坐道場」就是開悟明心了，可是卻還沒有成佛，因爲應該現前的全部佛法還沒有全部現前，所以悟以後靜坐十劫之間，不能成就佛道；也就是說，還得要等眼見佛性時，成所作智才會現前，那時一切佛法全部了然於心，成爲世間解、明行足，才能眞的成佛。

但是十住菩薩已經眼見佛性了，爲什麼還不能成佛道？那是因爲大圓鏡智還沒有現前，所以眼見佛性時也無法使成所作智現前。必須悟後（明心與見性後），繼續進修般若及一切種智，到了妙覺位時爲了與眾生同事的緣故，特地示現爲凡夫，出家修行重新明心而生起大圓鏡智後，再重新眼見佛性時才能發起成所作智，這時才能成佛。妙覺位以下的菩薩們，明心以後都還沒有大圓鏡智，眼見佛性時一定不可能成佛的。至於其他的部分，譬如十地應修的福德、智慧、禪定、神通等，眼見佛性的十住菩薩都還沒有修得，連初地的無生法忍都不知道，何況能知道等覺、妙覺菩薩的智慧與功德，怎麼可能一見佛性就成佛？所以，見性成佛的說法，只適用在最後身的妙覺菩薩身上，不適用於其他各種階位的菩薩身上，這也是我們應該先明白的地方，才不會跟著別人「人云亦云」，自己亂了正知正見。

第五目　佛性是從見聞覺知轉變成的嗎？

月溪法師如此說：【經云：『佛性離見聞覺知』，若認見聞覺知是佛性，是大錯的，是見聞覺知的腦筋，不是佛性，佛性離見聞覺知。】

又說：「見聞覺知出維摩詰經。經云：『法不可見聞覺知。若行見聞覺知，是則見聞覺知，非求法也。』讀此可知見聞覺知全是腦根作用，與佛性相離甚遠。」】（《正法眼藏—護法集》頁171）

平實導師辨正說：【《維摩詰經》云：「法離見聞覺知」，不是「佛性離見聞覺知」，也沒有經典說過「佛性離見聞覺知」。《維摩詰經》所說的「法離見聞覺知」是說眞如離見聞覺知，因為《維摩詰經》全經都是說眞如，不是說佛性。佛性雖非一般人的見聞覺知，但不離見聞覺知，若離見聞覺知則不見佛性。眞如離見聞覺知，佛性不離見聞覺知；若有人說：「佛性離見聞覺知」，或說「見聞覺知與佛性相離甚遠」，此人是沒有眼見佛性的人；眼見佛性者，必知「佛性與見聞覺知非一非異」之道理故。

《大般涅槃經》卷三十二，世尊云：「說佛性者亦如復是，非即六法，不離六法。善男子！是故我說眾生佛性，非色不離色，乃至非我不離我。」（註：六法即是六入諸法。）卷三十五，世尊云：「眾生佛性，非內六入，非外六入；內外合故，名爲中道。」故知佛性不離六入見聞覺知，佛性在一切見聞覺知中見故。卷7云：「佛告迦葉：實有殺生，何以故？善男子！眾生佛性住五陰中，若壞五陰，名曰殺生。」若離五陰則不見佛性。若入涅槃或入無心定，亦不能眼見佛性，故佛性不離見聞覺知。

從眼見佛性的體驗來講，佛性是不離見聞覺知的。古來禪宗一切眼見佛性的祖師也都不說佛性離見聞覺知，只有說「眞如離見聞覺知」或「法離見聞覺知」，請佛子細加體察上述諸經典之意旨，當以佛說之大乘經典之見地爲是。】（《正法眼藏—護法集》頁171）

平實導師開示說：【也不可說「見性以後，把見聞覺知一切知見都變爲佛性」，佛性是本來具足，不是變來的；只是功夫不夠的人看不見，慧力不夠的人看不見而已；佛性一向都在，不是從見聞覺知變來的。《大般涅槃經》云：「一切眾生悉有佛性。」許多經典都這麼講。既然一切眾生皆有佛性，就可見佛性不是因爲學禪、修禪、參禪而把見聞覺知變爲佛性，所以佛性不是變來的，祂是本來就具足的。

我們見性以後就會看到——佛性與見聞覺知並存，佛性不離見聞覺知。見性後見聞覺知依舊是見聞覺知，沒有變成佛性；佛性依舊是原來的佛性，沒有和見聞覺知合併或把祂消滅。所以佛性不是變來的，不是從見聞覺知轉變而來，是本來就具足的，因此「知見無見，斯即涅槃」，絕非他解釋的那種意思，他錯解經文了。】（《正法眼藏—護法集》頁 165、166）

由此證明，佛性是本來就存在的，不是從見聞覺知轉變成的；因爲見聞覺知是生滅法，是如來藏入胎出生名色以後，才有六識，才能在六塵中生起見聞覺知。佛性則是本有的，一切時中都在運作；甚至人們眠熟、悶絕以後，眼見佛性的人都還能在這些人身上看見他們的佛性存在。這樣證明佛性是與六識的見聞覺知並存的，就不需要把六識的見聞覺知修行轉變爲佛性，證明佛性不是從見聞覺知轉變成的。六識的見聞覺知會斷滅，在眠熟及悶絕時都會中斷，中斷時就不存在了；如果可以把會中斷的見聞覺知修行轉變成佛性，那樣變成的佛性就成爲生滅法，不可能成爲永遠存在的不生滅的佛性。佛性很難解說，對於眼見佛性不久的末學而言，對於尚未深入理解所見佛性的末學而言，即使擠破腦袋，也只能講出一點點，實在講不出什麼深妙的內容。好在有 平實導師的深妙開示，引用出來以後，末學加上一點點淺白的說明，對於佛性是否從見聞覺知修行轉變成的，大家就很容易理解了。

第六目　見性應該眼見為憑

《大般涅槃經》卷二十五〈光明遍照高貴德王菩薩品〉云：【不見佛性而斷煩惱，是名涅槃，非大涅槃。……若見佛性，能斷煩惱，是則名爲大般涅槃。】（《正法眼藏—護法集》頁 169）所以佛性是可見的，而且眼見佛性時，可以成就如幻觀，減少很多執著與煩惱，當然應該眼見爲憑。

平實導師引述《大般涅槃經》的經文來開示說：【卷二十七云：「若有菩

薩具足智慧、福德二莊嚴者，則知佛性，亦復解知名爲佛性，乃至能知十住菩薩以何眼見，諸佛世尊以何眼見。」所以佛性是看得見的。

卷二十七云：「佛性亦爾，一切衆生雖不能見，十住菩薩見少分故，如來全見。」所以佛性是可見的。世尊又云：「復有眼見：諸佛如來、十住菩薩眼見佛性。」又云：「善男子！見有二種：一者眼見，二者聞見。諸佛世尊眼見佛性。」卷二十八云：「眼見者：謂十住菩薩、諸佛如來，眼見衆生所有佛性。」卷二十九云：「嚐者喻於十住菩薩得見佛性。」卷三十二云：「善男子！衆生佛性非有非無。所以者何？佛性雖有，非如虛空。何以故？世間虛空雖以無量善巧方便，不可得見；佛性可見，是故雖有，非如虛空。」卷八云：「迦葉菩薩白佛言：『世尊！佛性如是微細難知，云何肉眼而能得見？』佛言：『迦葉善男子！如彼非想非非想天，亦非二乘所能得知，隨順契經，以信故知。』」所以佛性雖然無形無相，卻眞實可以用肉眼看見。

佛子讀經前應先辨明所讀了義經是說眞如？抑或是說佛性？或者是二者俱說？《金剛經、楞伽經、維摩詰經》是說眞如，不是說佛性。《楞嚴經》中的「知見立知，即無明本；知見無見，斯即涅槃」也是說眞如，不是說佛性。眞如不可見，故云見無所見。佛性是眞如之用，雖然無形無相，但可以見，也必須眼見爲憑。欲眼見佛性，必須具備定力與慧力，二者兼具方可眼見。若向人道「佛性不可見」者，此人乃是聞見佛性，不是眼見佛性。

所以佛性是可以用肉眼看見的，肉眼沒有看見佛性而說他見性了，那是「聞見佛性」。何謂「聞見佛性」？《大般涅槃經》卷二十七世尊云：「復有聞見：一切眾生，乃至九地，聞見佛性。菩薩若聞一切眾生悉有佛性，心不生信，不名聞見。」卷二十八云：「聞見者：一切眾生、九住菩薩，聞有佛性、如來之身。」聞見佛性的人，不知用何方法可以眼見佛性？亦不知須具備福德莊嚴與定慧莊嚴，方能以肉眼看見佛性。此師看不見的緣故，便說「佛性非肉眼所能見，故見同無見。」請諸佛子詳查《大般涅槃經》，細加印證，即可明了。吾等當以佛之開示及經典原旨爲依循，莫學此師違背經典而說「佛性不能眼見。」】（《正法眼藏—護法集》頁 169~171）

佛性的看見，除了上面所舉證的經文，依據 平實導師及游正光老師書中的說法，以及末學自己的體驗，都必須眼見爲憑。當見性的因緣成熟時，一旦眼根看見佛性了，接著一定會六根同時都可以看見佛性；平實導師這個開示是眞實的，是親證以後所說的，一切眼見佛性的人都同樣住在這種境界中。當你眼見佛性時，會親自看見佛性在六根中互通，沒有遮障或障礙，這就是禪門中說的六根互通的另一種意思。有時禪宗祖師方便說成六神通，也就是佛性在六根之中都存在，六根之中都是同樣的一種佛性。這種神通妙用不是五神通的功用，但是如果沒有這種佛性妙用，五神通就全部無法生起及運作了。

佛性不是六識的見聞覺知性，因爲六識的見聞覺知性是分成六種，六種自性並不相同；但是佛性在六根中都是同一種，不是分成六種；而且跟見聞覺知性等六種自性同時存在，所以祖師才說見性後就有六通，就是同一種佛性在六根中互相通流，在六根中同時存在。末學是依據 平實導師書中的說法，再轉述一遍；末學眼見佛性後，讀到 平實導師書中這些開示以後，實地加以觀察，也證明確實如此。

這種六通的意思，並不是指鬼神的五種神通，也不是三明六通阿羅漢的六神通。意思是說，十住菩薩眼見佛性時，肉眼能看見佛性，從耳、鼻、舌、身、意等五根也都同樣能看見佛性；這時會看到佛性與六識的感覺、了知性同在一起，而不是六識的見聞覺知性，但也不離六根六識的見聞覺知性。不論怎麼看，佛性和六識的感覺是混合在一起的，是可以在六根中都看見的。只要定力繼續保持而不退失，這種眼見佛性的境界就會永遠存在，不會退失。但是這種境界的實證，獲得如幻觀的現觀，是要以看話頭的深入修學而產生的定力作依據，才有可能成功。所以，想要眼見佛性的人，都必須具備看話頭的功夫；因爲見性時會發覺一個事實，就是眼見佛性時的看，與看話頭的看是一模一樣的。

第四節 看話頭功夫之鍛鍊及檢查功夫是否正確

平實導師度眾二十年，教大家修學眼見佛性的妙法時，有時開示說：「空有慧力，不能明見。」除了因爲眼見佛性時必須具備三種莊嚴以外，也是因爲必須具備能夠與眼見佛性相應的定力，所以 平實導師開示說：【若尚未知曉佛性總相義之人，只需具足動中定力及慧力，而又無畢竟障礙佛法之種子者，善知識只需明告佛性名義，禪者當下便得眼見佛性，了了分明，如觀掌中蘋果。若已知曉佛性答案而不能眼見者，應將實況明告善知識，否則善知識必將只對此人引導悟得佛性答案，而不作勘驗，直接認定爲已見佛性。善知識若知此人已曉佛性名義而不能見，則必另作其他諸種方便善巧，而後詳細勘驗已否眼見？若仍不具看話頭功夫者，當知其人尚無眼見佛性因緣，何以故？已見性之人皆知看話頭與看佛性無二故，若具看話頭功夫，能於動亂之中而不散失者，只須令知佛性名義，當下便能眼見分明，而無礙於肉眼天眼慧眼法眼之運作及覺受。】（《平實書箋》頁 90、91）

看話頭功夫是否重要，一切眞正眼見佛性的菩薩都知道，因爲見性時一定會如實瞭解「看佛性的看與看話頭的看是一樣的」，末學才會特地提醒求見佛性的同修們注重看話頭功夫的鍛鍊，以及留意看話頭功夫是否正確。再由以下平實導師的開示中也可以明白，看話頭功夫必須確實作好，將來才有可能在山河大地上眼見自己的佛性：【是故，累積多年之度眾經驗，發覺聰明伶俐之人較易明心（如果有善知識指示正確之方向），而較難見性；未曾作好定力及看話頭功夫，便已先知佛性名義故。凡已先知佛性名義而後補修動中功夫者，後來雖有部分人能漸漸眼見分明，但已無有大部分之見性功德，其餘部分人終不能眼見；故余常語諸同修云：「聰明人大多自認爲較他人佔便宜，卻往往是：得便宜處失便宜。」聰明伶俐及多聞善辯，不足可恃，反成修道學法之障礙，務必切實做好看話頭功夫，來日方有眼見佛性了了分明之因緣。萬勿多方求索佛性答案，以免功夫未成，先知答案而不能眼見，喪失眼見佛性之諸多功德正受。】（摘錄自《平實書箋》頁91）

再引述平實導師的看話頭功夫，來強調求見佛性時應該重視看話頭功夫的鍛鍊，與建立這個功夫的前方便：【……又余於一九八九年即已因看話頭而常入見山非山境界；彼年夏日亦曾於某寺大殿禪坐共修時，因看話頭而入見山非山境界；頓忘眨眼達二十餘分鐘。於彼境中唯一話頭，眼雖睜而不見色，耳未閉而不聞聲……乃至身居暑而不觸熱；聞磬聲而後方知聞磬剎那之前悉不見色等，於彼剎那起，回復五塵相，覺眼乾澀而不能閉，眼球已乾燥故，須拉眼皮使淚水潤濕方能開合。彼時有五六人眼見余之久未閉眼，而不知余於其中離諸五塵。此境中唯有話頭正念，不觸外境；然坐忘則不唯離五塵，亦失正念，謂之未到地定過暗，不能發慧。（《平實書箋》頁174、175）

……余多年來不斷強調：「若未將無相念佛之念弄清楚，不能以此念而禮佛者，即使拜斷了腰桿兒，也無法成就無相念佛及看話頭功夫。」一旦找到了無相念佛之淨念，其餘鍛鍊功夫便無問題，只需按部就班練習即可成就。這些咐囑，余每年上課中至少重複五六次提示。（《平實書箋》頁281、282）】

至於應該如何來鍛鍊看話頭功夫，來幫助自己將來具備眼見佛性所該有的定力呢？在《平實書箋》〈附錄三〉，是由正覺同修會中一位不願具名的師兄，他有親自體驗而為我們講出來的內容，就是平實導師所指導的方法，可以提供大家參考，共同加強看話頭鍛鍊動中功夫：

【無上甚深微妙法，百千萬劫難遭遇，既然俱足福德因緣參加禪三，在最後一個月的時間，該如何努力使看話頭的功夫成片，而能眼見佛性，找到本來的面目？謹呈上後學參加禪三的心得經驗，提供諸位蓮友參考，祈望能有所助益，稍許盡到後學絲微心力，以報答無盡之師恩。

一、早晚的拜佛要確實、要誠心：時間為半小時或一小時，每一拜十分鐘為適當。有妄想生起時，不要理它，重要的是看緊憶佛的念，觀照妄念如同快要形成浮至水面的氣泡，使它立刻消失，不要讓它發展為連續的情節。

每拜完，要發願、懺悔及迴向。……（以下因與功夫無關，省略。）

二、在靜時：工作中如有閒空，坐下來眼睛找一個定點，話頭就停在那裡；在家中亦如是長時間的練習……。因爲看佛性得用眼看……當注視一個定點久了（五分鐘十分鐘）眼睛會瘦或疲乏，則再換一個定點，如此輪換左右上下。總之要讓自己的心，隨著眼睛移動到任何的定點時都是話頭，行住坐臥話頭不失。最重要是功夫能成片，至少連續五分十分鐘或半小時不中斷的定力。需要與人交談時，不時觀照話頭在嗎？還是跟著對話時妄念跑了？要能一邊講話，而話頭仍然執持不失。如此心更細，拜佛更入心清涼，看話頭功夫作得越紮實上手，内心會有寂靜的法喜，會很舒服，覺得是一種享受。

三、在動中：動中的練習，應走到户外大馬路、百貨公司、菜市場等人多車多喧鬧地方，去作功夫的加強。聲音很吵，人影紛亂，但是内心的話頭依然明歷。視線在車群交叉過往的移動中，心仍安住於話頭，也就是外緣内攝均等，仍是只見話頭的焦點，而不被影像轉走，心不在眼所攝取的景物上去分別大小車、顏色、聲音的内容。都攝六根，淨念相繼，而淨念就是單單純純的話頭。請在這樣的過程中，多花時間及精神去磨練體驗，以後見性的覺受才會強，功德受用才會大。

禪三前十天應把工作暫且放下、或請假；其實如果生死心很迫切的話，到此時眞的是食而無味、如喪考妣般，整個人如行屍走肉，應該也無心於工作上的事了。這時的疑情是自然的出現，不是刻意用腦筋去想出來。不過別把心力浪費在疑情上，因爲禪三有老師的機鋒及善巧，可以幫助我們悟入，還是要在外緣內攝的定力上多用功；疑情可以把它導入爲了生死大事的助緣及決心。

四、禪三期間在户外尋看佛性時：最好看移動的竹葉，因爲質輕，所以風一來、擺動的幅度大，較易相應。尋看佛性時，心要放輕鬆，還是用看話頭的功夫，內心參究的疑情及話頭不要繃太緊，視線輕鬆定在動的竹枝葉上。眼睛如果累了，暫移動一下，再轉回來回到功夫上；福德因緣俱足時，一念相應便看見了，那時你就會抱著老師大哭或大笑了。

平時道場如有可以服務大眾的機會，更要發心去作；護持正法的功德，不僅可以消自己業障，更能增加福慧。】

對於看話頭的功夫，末學再誠懇補充一些說明。誠如 平實導師的教誨，在靜坐、靜態中雖然也可以鍛鍊定力，大概都會落入定境中，很難住在話頭境界中，往往看不住話頭而入定去了。如果是想要看見佛性，一定不許參話頭，只要純粹看話頭，不許生起疑情，以免眼見佛性時必須具備的三種莊嚴還沒有具足時，就先參得佛性的內涵，這一世便再也看不見佛性了。平實導師也常常對求見佛性的同修們開示說，想要看見佛性的人，應該在動態中看話頭，一念相應時才容易看得見佛性。如果想要以禪定的境界來看見佛性，除非已經有 平實導師的禪定實證功夫，否則看話頭時最好別看靜的東西。如果是下雨天或是晚上，無法出門去看話頭，正在拼功夫時不得不留在家裡，或在院子裡看靜態的植物花草等，也還有特別的看法，末學不便公開說明，因爲這已經涉及法主弘法指導的職權了。

平實導師也常常吩咐說，話頭一定要往外看，不可以收在心裡，也不可以定在身體的任何一個部位，這也是想要看見佛性的人，在作看話頭功夫時必須注意的一點。平實導師開示說：【若不鍛鍊看話頭功夫，以此方法向心中直看下去者，看到驢年亦看不見佛性，便會學月溪法師以爲悟後的知覺就是佛性，便會跟著他一樣說道：「悟後見聞覺知變爲佛性。佛性非肉眼所能見，故云見無所見。」卻成誹謗正法、誹謗《大般涅槃經》、誹謗世尊。明心是見無所見，見性則須眼見為憑，《大般涅槃經》中世尊已再三明示。以此修定之法欲求明心見性，無異緣木求魚，曹洞宗默照禪之所以迅速沒落者，其故在此。】（《生命實相之辨正》頁37～38）

因為默照禪的修法，與定相應，如果能定下心來，大多會入定，看不見話頭。但是若要明心，以及想要眼見佛性的人，都應遠離默照禪，要以看話禪的方法修禪，才有實證般若禪的希望，也就是明心。

如果開悟明心後想要進而眼見佛性，當然更要看話頭；否則定力再好也沒辦法看見佛性，何況沒有定力的人，更不能見。而且，想要看見佛性的人，看話頭的功夫必須長期鍛鍊，歷經一些過程而到達某一個層次，那時配合其他二種莊嚴，才有可能親眼看見佛性。在這段作功夫期間，就只是單純看話頭，都不想別的，話頭的境界會自動演變轉進；演變的情況是正確的，或是錯誤的，就必須請教善知識，別自己盲修瞎練，除非沒有善知識住世了。求見佛性而鍛鍊看話頭功夫的人，必須長期鍛鍊，不可能速成。單純看話頭的時間，因人而異；快的人，要二、三年；慢的人，可能要五、六年；是要長期累積起來的，不能夠短期間一、二個月每天從早到晚鍛鍊，平常卻都不作功夫。而且，看話頭的功夫，還必須配合無相念佛的功夫，必須每天一、二小時專心禮佛，專作無相念佛功夫才行，否則看話頭的功夫不會增長，作功夫的期間就必須再增加很長。這也是看話頭求見佛性的人，必須注意之處。

對於純看話頭而求見佛性的人，話頭要往外看，如微風吹動的樹葉、花、流動的河水、游來游去的魚、蠕動的蟲、飛躍的昆蟲、人來人往、貓狗的活動，都是看話頭的好對象；但不可放在身體的某一處，更不可與呼吸聯結，要單獨的看住話頭，功夫才會深入；看時只要話頭在就好，心要鬆，別太緊，話頭較易成片。

如果已經會看話頭了，也看了半年、一年了，還沒有明心而想要明心，要以話頭尋找如來藏了，就得開始參話頭。關於看話頭與參話頭的區別，平實導師早已開示過了：【參話頭與看話頭之間的差別，在於參話頭有一個疑情在，一面看「念佛是誰」的話頭，但心裡懷疑思索，究竟念佛的是誰，心裡雖無「念佛是誰」這四個字的形象或聲音，但是我們一直安住於「念佛是誰？」這個意思裡面，這樣子叫作參話頭。需有一個疑在。看話頭如無疑情，是在修定。如果坐下來看話頭，看久了就會入定；如果有個疑在看話頭，疑情持續伴隨話頭存在，謂之參話頭。所以二者之差別，在於有無疑情及尋覓思惟的作用。

參話頭和思惟思想有什麼差別？思惟思想就是運用語言文字，用一句連接一句的話，在作分析，那叫作思惟思想。參話頭是要有定力，而不必透過語言文字，就能夠有思惟之作用在，我們稱之爲思惟觀——直觀。所以看話頭時，有一個疑情在，謂之參話頭。參話頭時常常會靈光一現而出現一個答案，我們能夠不運用語言文字，就可以去分別對錯，並且知道爲什麼對或錯，均不必經由語言文字，這功夫就叫作思惟觀——直觀。】（《禪—悟前與悟後》上冊頁30、31）

以上說的鍛鍊看話頭功夫的方法，以及參話頭的方法，即是 平實導師指導的方法。但是過程中可能會有許多狀況，有些是應該不理會的，但也不必特地捨棄；有些是應該捨棄的，不可以繼續深入；有些是正確的，是對眼見佛性有幫助的，應該繼續增長。這些都要有過來人指導，才會走得正確與快速。不要自以爲是，盲修瞎練，免得將來出麻煩。

在這一節更深入說明看話頭、參話頭等功夫的鍛鍊，也更詳細說明破本參的看話頭與破重關的眼見佛性，所作的功夫有所不同之後，對於見性境界退失的人，究竟應該如何補救的問題，也需要提示一下。平實導師有開示過：見性境界如果退失而看不見佛性的人，只需要繼續每天固定一小時時間，補修動中定力無相念佛就行了。主要是每天在禮佛之中憶佛，保持無相念佛的清淨念都不中斷，以禮佛的方式繼續凝聚定力。當定力漸漸回復時，眼見佛性的境界又會隨著定力而漸漸回復過來，又可以在一切事物上眼見自己的佛性，也可以在一切有情身上看見他們的佛性和自己的佛性。

第五節　眼見佛性後仍須悟後起修

眼見佛性不等於成佛，仍然只是見道，仍須繼續進修以後才能成佛。眼見佛性之前的明心開悟，當然更是見道，還沒有進入修道位，更需要進修以後才能成佛。因爲成佛的過程有五個大概劃分的階位，所以 平實導師說：

【《瑜伽師地論》卷八十一彌勒菩薩云：「佛子成佛有五地：一、資糧地，二、加行地，三、見地及通達地，四、修地，五、究竟地。」根據彌勒菩薩此一開示便知——明心見性乃是見道。見道之前應先修集幾種資糧，稱爲資糧地或資糧位。資糧位修習滿足之後，還要修四種加行，加行滿足以後才可能見道。

見道後進入見道位，又稱見地。見道後深入整理通達即是通達位，仍屬於見道位。明心見性只能算是見道，只能斷見所斷煩惱，仍不能頓斷修所斷煩惱。所以悟後須進入修道位，歷緣對境中修除斷所斷煩惱（修所斷煩惱）。

尚未明心見性之前，先要修行信心。十信滿足後還要修四種加行圓滿，才能由加行位而進入見道位——明心見性。見道後，如果明心見性未徹底，還要繼續參究，一直到徹底而進入通達地，通達之後就進入修道位。所以見道者不一定完全通達，見道後深入整理思惟，徹底了然分明，才算是進入修道位，修道位主要是：一、斷除修所斷煩惱。二、修學無量百千三昧。三、修學地上菩薩所學八識心王之五法三自性、七種性自性、七種第一義、二種無我等心地法門。四、斷盡習氣。

修所斷煩惱主要就是六根本煩惱之前五種——貪瞋癡慢疑。第六個根本煩惱是惡見（身見、邊見、邪見、見取見、戒禁取見），惡見是見所斷煩惱，在明心見性後便除掉了。但是前五種修所斷煩惱，須在我們見道通達後，進入修道位去斷除。而這五種修所斷煩惱之中尚有隨煩惱。根本煩惱與隨煩惱都斷盡後，人我執的煩惱現行就斷盡了，一念無明也就斷盡。聲聞人斷盡一念無明後就取涅槃，非聲聞種性之菩薩斷盡一念無明後不取涅槃，他進入菩薩阿羅漢位或第八地，仍不是佛，仍在修道位中。從此開始修斷塵沙惑（即無始無明之過恆沙數修道所斷上煩惱），塵沙無明斷盡，便斷法執，到此才算把無始無明斷盡無餘，金剛喻定現前，「金剛道後異熟空，大圓無垢同時發，普照十方塵剎中。」四智圓明，能照大千，方是究竟位——已經成佛。

所以悟後汰除習氣是眞正的修行，不可說悟後汰除習氣不是修行。貪等習氣如果不除，禪定就永遠不現前。禪定不現前，則無量百千三昧也就無法成就，所以悟後起修才是正知見。如果說悟後不用再修行，那麼 彌勒菩薩就不需說修道的五個階位了。所以主張「悟了就是佛，悟後不須修行」的人是錯會了，眞悟的人絕不會如此說。】（《正法眼藏—護法集》頁 190～192）

平實導師又開示說：【此師舉《圓覺經》的經文說：「修習此心得成就

者，於此無修亦無成就。」但是他解釋錯了。世尊的意思是說，眞如本心是本來就有的，祂不是因我們修行而得，也不是因爲修行而從別人那裡得到。明心是明白和找到我們本來就有的眞心，所以說「於此無修亦無成就。」

但是我們明心時，只斷了見一處住地煩惱，還有三種住地煩惱——欲愛、色愛、有愛住地等三種一念無明尚未斷盡。而且無始無明雖破而未斷盡，故悟後應汰除習氣、增益見地，這正是修行，不能說汰除習氣不是修行，亦不可說悟後不必修行。若悟後不再修行，就不能將因地阿賴耶識轉變爲第八地的異熟（菴摩羅）識，亦不能再進一步轉變爲眞如。《華嚴經》卷三十云：「譬如眞如非是可修，非不可修。」故應悟後起修，請佛子明察。】（《正法眼藏—護法集》頁192、193）

平實導師又開示說：【明心見性的人，雖然已證得眞如佛性無生無滅的無生忍，但因尚未獲得盡智，即未斷盡一念無明，未斷盡貪瞋癡慢疑等修所斷煩惱，所以雖然得到了大乘無生忍，仍然還要再輪迴。懈怠者七生天上、七生人間；有的人一往來；有的人一往不來，生於五不還天而取涅槃；有的人勇猛精進，當生就能取涅槃。所以大部分的人都須悟後歷緣對境去斷除一念無明之修所斷煩惱，才獲得一切後有永盡的智慧，才能成爲菩薩阿羅漢，或證得第六地的解脫果，才能免除分段生死的輪迴，不是一悟就得無餘涅槃。佛子們必須謹愼，切莫妄自尊大，自誤誤他。

一切明心見性的人，他可以自行檢查——悟後還有沒有修所斷煩惱？去檢查自己的根本煩惱和隨煩惱還在不在？就知道自己是否已經遠離分段生死？我們再引述《圓覺經》的經文，大家就知道這個道理了：「善男子！一切眾生從無始際，由有種種恩愛貪欲，故有輪迴。若諸世界一切種性，卵生、胎生、濕生、化生，皆因淫欲而正性命，當知輪迴愛爲根本。由有諸欲助發愛性，是故能令生死相續。欲因愛生，命因欲有。眾生愛命，還依欲本。愛欲爲因，愛命爲果。由於欲境，起諸違順。境背愛心而生憎嫉，造種種業，是故復生地獄、餓鬼。知欲而厭，愛厭業道，捨惡樂善，復現天人。又知諸愛可厭惡故，棄愛樂捨，還滋愛本，便現有爲增上善果。皆輪迴故，不成聖道。是故眾生欲脫生死，免諸輪迴，先斷貪欲及除愛渴。」

世尊又開示：「云何二障？一者理障——礙正知見。二者事障——續諸生死。……若此二障未得斷滅，名未成佛。若諸眾生永捨貪欲，先除事障，未斷理障，但能悟入聲聞緣覺，未能顯住菩薩境界。善男子！若諸末世一切眾生，欲泛如來大圓覺海，先當發願勤斷二障。二障已伏，即能悟入菩薩境界。若事理障已永斷滅，即入如來微妙圓覺，滿足菩提及大涅槃。」

從以上所引經文便知：愛欲貪瞋等煩惱並非悟後立刻除盡，所以明心見性是得大乘無生忍，最懈怠的開悟者，須七次人天往返，才能不受生死；有的人一次人天往返而不受生死；有的人往生於五不還天，在那裡解脫；有的人特別利根，悟的當生斷盡煩惱而成慧解脫的菩薩阿羅漢，不受分段生死，各不相同，但仍未到究竟佛地。所以應當悟後起修，請佛子明察。

世尊在經中說有兩個障礙，使人不能成佛。第一個障礙是理障。理障是不明眞如佛性——不能親證。或者親證了，但是不究竟。我們有的人悟了以後說：「我找到眞如了！」但這個悟，對眞如的瞭解其實還是很有限。我們打個比方：沒見過電視機的人好比未悟的人。見過的人好比是已悟的人。如今悟了，知道這就是電視機。但同樣是知道電視機，卻有許多層次不同。】

（《正法眼藏—護法集》頁 192～195）

平實導師又開示云：【開悟也是如此，理障斷而未盡的話，也就是說你雖找到了眞如，但在目前祂還不是眞如，叫作阿賴耶識。這阿賴耶識裡面的內容，你知道嗎？只知道一點兒，修到八地時，「喔！原來是這麼回事。」想要究竟的話，須到佛地。到了阿羅漢位或八地時，不稱爲阿賴耶識了，改名爲異熟識或菴摩羅識，到了佛地才稱爲眞如——無垢識，《金剛三昧經、成唯識論》說之甚詳。故理障斷而未盡，不名爲佛。阿羅漢辟支佛雖斷盡一念無明，仍不能成佛，不明眞如不見佛性故。明心見性的菩薩，最多七次人天往返，必斷盡一念無明（詳《楞伽經》卷二），將來必定會成佛。

要成佛，在斷盡理障之前，還須斷事障。事障就是一念無明——因起煩惱而續諸生死。一念無明就是剛才講的四種住地煩惱。其中見一處住地煩惱，在明心見性時斷除。其餘欲界愛、色界愛、無色界愛三種住地煩惱還沒有斷。不斷盡就不能成爲菩薩阿羅漢，更不能進入第八地，何況成佛？明心見性時，一念無明尚未斷盡，初地或阿羅漢的功德都未曾具足，如何能說見性就是佛？就不必修行呢？

剛才所引述的經文說——如果沒有明心見性而除貪瞋癡慢疑等煩惱，斷盡一念無明的話，只能證入聲聞緣覺的果位。必須明心見性以後再修除煩惱，才能證入菩薩阿羅漢的境界。之後再修增上慧學及無量百千三昧，直到七地滿足，獲得世尊加持，授與「引發如來妙智三昧」，才能進入菩薩八地。所以悟後應當要修行，不可以說「悟後不必修行」。眞正明心見性的人不會說「悟後不必修行」。】（《正法眼藏—護法集》頁196、197）

見性後眞的還沒有成佛，應該繼續進修；進修很久以後才能進入初地，證明我們眼見佛性時都還沒有成佛。平實導師這樣說：【換句話說：以觸證領受如來藏爲基礎，以眼見佛性爲基礎，去熏習法無我，可以成就大乘十住位的如幻觀；以如幻觀爲基礎，去觀察能覺知能作主的我，以及相應的各種心所有法悉皆如幻，可以成就陽焰觀，發起聖性，遠離自我的貪執；以陽焰觀爲基礎，去觀照法無我的熏習及菩薩道的修行，可以成就如夢觀而發起地上菩薩的修道心，成就道種性。三觀若不成就具足，便不能入初地；聖性及道性不發起，便不能入初地，這些現觀境界的修證，是環環相扣的。】（《大乘無我觀》頁31）

見性後仍未成佛，應繼續進修的理由是說，必須繼續進修以後，才能更深入了知圓成實性的深妙義理，這是入地之前必須要理解及實證的佛法，由此證實，眼見佛性時還沒有成佛：【圓成實者乃是阿賴耶識所顯示之心眞如性與心生滅性，……由成論所說唯識性函蓋不生滅之眞實唯識門與生滅之虛妄唯識門等理，亦可知圓成實性函蓋心眞如門與心生滅門二義也，是故不可猶如彼等將圓成實性侷限在心眞如門中也！亦如《起信論》中所言一心二門而含攝如來藏之不生不滅與種子流注之生滅性，可知圓成實之眞意也。】（《燈影—燈下黑》頁219、220）

而且，眼見佛性以後，不是從此就可以不理會第八識心體自身的功能差別，只在佛性上進修，因爲進入初地所需要的道種智，還是要回到如來藏自心的種子上面來進修，才能如實了知圓成實性、遍計所執性、依他起性，使智慧更深妙，所以 平實導師說：【由於觸證阿賴耶識後，即可現觀阿賴耶識具足世間法一切種子，亦具足出世間法一切種子；具足遍計執性有漏法種子，亦具足依他起性中之有漏有爲法及無漏有爲法種子，而阿賴耶識心體自身則具足眞如性，是故若得親證阿賴耶識心體時，即可如是現觀眞如之存在。由於阿賴耶識心體自身從來一向是眞如性，而又具有含藏意根遍計執性種子、故能引現世間輪轉有漏法之種子，亦具有依他而起之六識心等有漏無漏之有爲法之種子，是故阿賴耶識具足世間與出世間萬法之種子，由是緣故，說阿賴耶識心體自身及所含藏之一切種子，合爲整體而說之時，即是圓成實性，故說圓成實性函蓋遍計執性及依他起性。

阿賴耶識既然有此圓成實性，則親證阿賴耶識之人，若非從善知識明聞密意以致欠缺觀行之過程者，而是實有親自參究之過程者，則有慧力能作如是現觀，是故親證阿賴耶識之後，即得從阿賴耶識自體而現觀意根之遍計執性，亦得現觀意識等六識之依他起性。】（《燈影──燈下黑》頁 220）

但末學認爲 平實導師說的「是故親證阿賴耶識之後，即得從阿賴耶識自體而現觀意根之遍計執性，亦得現觀意識等六識之依他起性」，只是 平實導師自己才能擁有的觀察能力，我們都不是像他那樣在 世尊座下開悟的，也沒有像他那樣悟得很深，沒有能力自己深入觀察證實，都是在他的教導下，逐漸深入觀察證實的。但是 平實導師也常常說他自己距離佛地還很遙遠，所以說，眼見佛性以後眞的還沒有成佛，還要依止大善知識 平實導師繼續修學，不是見性就成佛了。

例如十住位滿心時眼見佛性證得如幻觀，還沒有能力證得十行位滿心時的陽焰觀，連入地都還沒有，怎麼可以自認爲成佛呢？所謂陽焰觀，平實導師說：

【謂相見道位中，熏習一切種智等法義，譬如《楞伽經、解深密經、……瑜伽師地論、成唯識論……》等一切種智之經論。多聞熏習之後，便隨之而作觀行，專在八識心王等法相中，比對阿賴耶識心體之如何配合運作，並於其中觀察七識心之現行與微細心行，由是而得漸漸伏除所知障相應之異生性（煩惱障相應之異生性，於前眞見道時已經伏除），不敢再因私心而故作已知一切法，而造謗法、謗賢聖等導致墮落三惡道之惡業，是故未來世中三惡道業完全降伏，永不入異生道中，即是已除異生性者。

然而十住位中，由未完全降伏之故，由未親得十行位滿心之猶如陽焰現觀故，終不能確實現觀七識心王猶如渴鹿之逐陽焰，不能完全止息渴愛。然因多聞熏習之故，轉轉增進，至即將滿足十行心位時，依相見道之八識心王等別相智慧，努力作諸微細觀行，方得親自證知而起現觀：七識心王始終猶如陽焰晃動而不能止息，而此陽焰實非眞有，乃是妄知與妄覺所構成者。如是依於七識心王之虛妄性而作觀行；後時得此現觀已，則能令七識心之執著性大為降低，心得止息。是名十行位之滿心者所得現觀之境。而此猶如陽焰之現觀境界，乃是藉由般若慧而作觀行，於廣行六度萬行之中，觀察陰處界等法虛妄不實，而以觀察七識心為主要觀行之對象；是故陽焰觀非是行門，而是相見道之般若深細觀行之結果。】（《燈影—燈下黑》頁221、222）

當十行位的陽焰觀成就時，才能進入初迴向位，還沒有入地，當然更不是成佛，何況只是十住位眼見佛性的如幻觀？

平實導師又說：【如夢觀者，謂菩薩道如夢也！然而此非初迴向至十迴向位菩薩所觀行之方法與行門，而是結果。初迴向位菩薩所應作者，乃是鼎力護持正法，不令佛門中之外道見破壞正法，不令外教一切人士破壞正法，救護一切眾生迴向遠離眾生相；如是盡力而行，永不休止。完成第一迴向位之修行後，再依第二迴向位之法門修行，而次第進向第十迴向位中。於此十迴向位中所作所修者，皆非以如夢觀為其行門，而是以伏、除性障、護持正法……等種種迴向為主修，藉此等行門而修集滿足道種性，而發起入地所須之聖種性；但須起意保留最後一分思惑，不可斷盡，以免捨壽時便入無餘涅槃，滅卻佛菩提種。如是依於十迴向位之種種修行法門，盡心盡力護持正法多劫、多生、多年之後，心得轉淨、智慧增長、心量廣大、不畏強權、不畏被害而死，如是勤勞而爲正法、而爲眾生，終能發起聖性，方能入地。

由此無私、爲法爲教之精進利生緣故，心得清淨廣大，煩惱自得消滅而致世俗法中之煩惱妄想難得生起。由如是心清淨及廣大故，便可常常於定中及夢中觀見往世多生多劫精勤修行諸事相，亦可觀見多生多劫違犯過失而受果報等事相，而得了知此世之善惡果報皆由往世自造因緣所致，因果歷歷不爽，悉如昨夢。由是緣故，便得現觀往世所行菩薩道之種種事相，雖然歷歷在目，恍如昨日，便見此世所爲一切修行利眾等事項，悉如夢中無異。由是親證之故，現觀此世所修諸行、所作諸事，悉如昨夢，不異往世歷劫所犯所修之事行，此即是菩薩道如夢之現觀。乃是經由初迴向至十迴向位之行門，而在最後心位獲得如是現觀，此非行門，而是結果之證境。此人得此現觀時，不久即盡色陰，而入受陰區宇之內，不久即將入四地。】（《燈影—燈下黑》頁222、224）

像這樣證得如夢觀時，才能滿足十迴向滿心的修證，才準備進入初地，距離佛地還是非常遠，何況十住滿心位的眼見佛性，當然還沒有成佛。

平實導師又開示說：【如是復又進修楞伽及解深密……等一切種智經論（此謂如理作意而進修者。自意作解者不在此數中），於初分道種智成就時，若能眞發十無盡願，即得轉入初地之入地心位。欲入此位，必須親隨大善知識熏習楞伽與解深密等法門，一一通達而不誤解者，則可證得初分道種智，即入初地入地心中；若不修此，或修此而起甚解、誤解者，則不能證得初地入地心所須之初分道種智，則非通達位菩薩也！若未證得如夢觀者，皆不能進入初地，不可妄語而籠罩他人，後果極嚴重故。】（《燈影—燈下黑》頁224）

平實導師這樣詳細的教導我們，讓我們知道見性以後只不過是第十住滿心位而已；以後即使進入初地，都還必須親自跟隨善知識進修百法明門慧觀；以及二地到十地的無生法忍的實證法門，都是要跟隨諸佛菩薩繼續修學的，都不是現在見性時所能知道的。因此說，見性以後千萬不要自稱「見性成佛」，以免不小心犯下大妄語業。因此，末學誠心勸告讀者，將來有機會眼見佛性以後，還要跟隨諸佛菩薩等大善知識修學，不要生起慢心，也不要得少爲足停頓不前。所以說，見性以後還要繼續努力進修，才能繼續走向佛地。由以上的開示，可以知道道不但破本參的明心只是見道，連明心後進一步實證的眼見佛性境界，依然只是大乘的見道；這與妙覺菩薩來到人間的見性成佛，是在不同的基礎上明心與見性的。因此不能說因地的明心或見性時，就是成佛了；還要繼續努力修集福德、定力、智慧，要繼續廣行六度波羅蜜多。直到通達了見道位的功德，進入初地了，才只是見道位完成而已，還得要進修十度波羅蜜多；這個無法想像的修學過程與內容，都不是末學所能知道的；有興趣的讀者，可以直接請閱 平實導師的《大乘無我觀》，以及《燈影—燈下黑》，詳細閱讀就可以瞭解。所以進入見道的通達位初地以後，還要再經歷二大阿僧祇劫努力修行以後，才能進入等覺位；在等覺位中，要以整整一百劫時間專修福德，「無一時非捨命時，無一處非捨身處」，才能圓滿成就三十二大人相及八十種隨形好，滿足成佛時應有的大福德。要像這樣經過「百劫修相好」，成爲妙覺菩薩——最後身菩薩，當來下生成佛；然後觀察因緣成熟時才能下生人間，那時示現爲凡夫一般，然後出家修行而明心與見性時，才能成佛。所以，明心以後又眼見佛性了，還不是眞的佛，只是相似即佛，最多只是相似即佛而已，不能誇大說自己是見性成佛了。

第六章　結　論

第一節　純由定力說明單有定力仍看不見佛性

在最後一章的結論中，末學分爲六節來總結本書的要點。第一節要咐囑已經開悟明心，在正法中努力，想要眼見佛性而正在用功的人：單有定力看不見佛性。爲什麼說單有定力還是看不見佛性呢？因爲定力有很多的層次與種類，不一定能與眼見佛性相應，所以有定力的人不一定會看話頭。譬如有許多人修得定力，可以進入未到地定中很久，都不會動心；但還是無法看話頭，因爲他的定力是靜坐中修得的；到了動態中去看話頭時，就漸漸無法跟定力相應，在動態中會漸漸離開定力與看話頭的功夫。而他所修的定力，是與定境相應的，是不知道看話頭內涵的，所以依然看不見話頭。看不見話頭，就無法與眼見佛性的悟境相應，於是當他參出佛性的內涵時，就看不見佛性。

修練定力時，要選擇能夠與眼見佛性相應的定力；平實導師曾開示說，眼見佛性如果不想退失，或者不想看不清楚，應該修學動中的定力：【當你的定力不夠的時候，你的意識心是很粗糙的；心粗糙的時候，你要找到那個行相很微細的眞如就很困難，所以說第二個條件要定力。鍛鍊定力的方法，並不是每天盤腿打坐就可以成功，因爲那是靜中的定力，下座後沒幾分鐘就漸漸的消失了，然而參禪卻是在日常活動中參究，不是靠打坐來參。所以要有一個實際上的次第、一個方便善巧，讓你可以鍛鍊動態中的長時間的定力。而鍛鍊定力最重要的事，就是動中的鍛鍊；因爲將來要破參也是在動中容易，將來要看見佛性，還是要在動中看。如果你只是靜中有定力，一下座，定力就漸漸散掉了，那你將來就算能看見佛性，大概也只能看個幾秒鐘、幾分鐘，一下座，動一動，馬上又看不見了，根本不可能有任何的功德受用。】

（《大乘無我觀》頁10～11）

而且看話頭的功夫，會隨著長時期繼續不斷的看下去，產生了看話頭時狀況的改變，並不是從始至終一成不變。必須修到能夠與佛性的眼見狀況相應的階段時，才參究出佛性內涵，才能夠看得見佛性。這是 平實導師指導看話頭的過程中，末學親自經驗的過程；因此，會看話頭時，若是還沒有深入到達某一種層次時，即使參出佛性內容，還是看不見佛性，就只好抱憾終生了。因爲，根據 平實導師書中及平常授課中的開示，都說：參出佛性內容時如果看不見，這一生大概就看不見了，要等待未來世重新再來一次，又要從頭開始，才有機會看見佛性。

而且，修定時也應該鍛鍊動中定，應該修學動中定；等動中定成功堅固以後，才可以轉而看話頭；不是一開始就學看話頭，因爲都會把話頭誤會而落入話尾中。如果是從靜坐中鍛鍊定力，而定力修得很好，修成很深厚未到地定功夫；那時縱使有眞善知識教導而正確知道話頭，也能在靜坐的定境中看得見話頭，當他參出佛性內容時，只有在靜坐中才能看得見。下座後四處走一走去看佛性時，就會漸漸散失定力，最後看不見佛性；因爲他的定力是從靜坐中修來的，在動態中就與眼見佛性的境界不大相應。因此，末學勸告一切想要眼見佛性分明的人，一定要從無相念佛的動中定力修起；並且要在無相念佛功夫很好以後，才轉而看話頭，否則話頭還是會常常丟掉，看不住。

單有定力看不見佛性，必須動中修來的定力才能眼見佛性。但無相念佛的定力雖然也是動中定，想要用無相念佛的功夫看見佛性，還是不容易，還要進一步轉修看話頭的功夫；剛開始轉為看話頭時，話頭常常會失掉，因為沒有所憶念的佛菩薩被自己依止，常常失掉話頭；得要更努力看話頭，看久了才不會失掉。但是會看話頭而不會失掉了，還是看不見佛性，還要繼續深入無相拜佛；在每天一小時拜佛中，把無相念佛的淨念向內收，不能與外境相應，才能更深入鍛鍊動中定力；拜完以後，再去看話頭，那時要向外看，不能向內收進來。而且還要看到某一種層次，那時參出佛性內容，或者由善知識引導而知道佛性內容時，才會看得到佛性。這時看到的佛性，不是如來藏具有可以使人成佛的自性，而是如來藏的另一種自性，這種自性可以使五陰、十八界運作；還有其他的功能，末學智慧不夠，無法說明。這樣就是十住菩薩眼見眾生所有佛性，可以在所有眾生身上看見眾生們的佛性，不論是螞蟻或人類、天人、天主。

所以，單有定力仍看不見佛性，因此俱解脫的聲聞聖人一樣看不見佛性。單有無相念佛功夫，也看不見佛性，所以會無相念佛時還是看不見佛性。單有看話頭功夫也看不見佛性，因為看話頭的功夫也有許多不同的層次；必須看到某一個階段，顯示出某一種情況時再參出佛性的內涵，才能看得見佛性。往前推的順序，就是看話頭到達某一種階段；在此階段之前是會看話頭，再往前推是無相念佛功夫很深厚，再往前推是會無相念佛，再往前推是知道無相念佛之中，沒有語言文字的念佛淨念。這樣說明，讀者就可以知道眼見佛性不是很容易，才不會貿然以爲自己粗淺的定力已經足夠看見佛性，就自己先去參究佛性，免得耽誤了這一世眼見佛性的因緣。

第二節　眼見佛性的實證必須具足三個莊嚴

在求見佛性以前，必須先相信佛性是可以看見的，否則不可能眼見佛性。想要建立這個信心，必須先閱讀《大般涅槃經》（正覺同修會有印製《如來藏系經律彙編》，其中就有此經）。讀後眞的相信佛性可以眼見了，對這種智慧境界有信心了，再來建立自己對眼見佛性的信心；也要相信自己有因緣知道佛性可以眼見這件事，一定是往世曾經在了義正法中種過福田，這一世只要繼續努力，也有可能眼見佛性。

有這二種信心以後，再依照善知識的教導，去修集見性所需要的各種莊嚴條件，不要只在修練看話頭的定力上用功，因爲單有定力是看不見佛性的，所以應該同時在福德莊嚴、慧力莊嚴上面用功；而福德莊嚴是要在修除性障及護持了義正法上面用心的，看話頭的動中定力，其實也是福德中的一種，但因爲直接與眼見佛性有關，世尊才會直接提出定力莊嚴單獨爲大家說明，眞是太慈悲了。

只有已經修成動中看話頭功夫的人，而且這個功夫已經成熟到某一個階段時，再配合福德莊嚴、智慧莊嚴，因緣具足時才能看見佛性。這個因緣具足，是指眼見佛性前有善知識指導，眼見佛性時有適合的環境（如果當時有許多人在場，善知識不可能給與參究方向的引導或其他指導），而自己的身心狀態也正好適合被引導時，就是因緣具足時。如果那時體力不繼、昏昏沈沈，也不可能看得見佛性。但如果是看見佛性以後，即使體力不繼、昏昏沈沈，也一樣可以看得見佛性，重要的是定力要繼續保持。這個境界很難描述，末學寫了一年多，擠破腦袋，也蒐尋了 平實導師及其他老師的書中說明，也只能這樣說，已經將所知道的，經過長時間來想辦法說明了。但是，如果要末學來指導別人，恐怕還是沒有辦法幫得上忙；請有心見性的人，多讀 平實導師的書中開示，也要直接請 平實導師指導，才有可能見性；末學這本書，是將 平實導師與其他見性老師所開示的內容綜合整理起來，讓大家可以比較容易理解眼見佛性的前後應該注意的次第與事項。而見性之前也必須具備三種福德，如同前面所說，請讀者自己檢查。如果這些因緣都具足了，眞正看見佛性時，一定會在山河大地上親眼看見全部都虛幻，所見五蘊身心亦然；當時即已成就世界身心如幻的現觀，具足十住菩薩的果位。至於更詳細的條件，請讀者直接閱讀 平實導師的《大乘無我觀》，會得到更詳細、更全面的瞭解。

第三節 再談看話頭與眼見佛性的關係

平實導師說：【看話頭的方法，有很多道場都在講，但是大部分都說錯了。我們問他說：「你看話頭是怎麼看啊？」他說：「我就是在那邊打坐，打坐的時候我就是這樣問自己啊：『到底打坐的是誰啊？』我這樣一直問下去！這樣叫作看話頭、參話頭。」好！我請問你：你在心裡面自問自答「打坐的是誰？」這一句話在覺知心裡面出現，然後過去了；過去了以後，你這個覺知心是住在這一句話的前頭？還是話的尾巴？是這句話的尾巴嘛！你這個叫作看話尾、參話尾啦！這叫作照顧話尾，不叫照顧話頭。話頭是一句話的前頭才叫作話頭。但是這個得要有功夫啊！話頭要時時刻刻不斷；我跟你們說話時我也可以看話頭，我跟你們說法時，我也可以無相念佛。廣欽老和尚就是有這個功夫啊！

我一面跟你說話，一面也在念佛啊！你知道嗎？你不知道！這就是無相念佛的好處。那麼你的心要住在那一句話的前頭去看住它，這個看話頭的功夫如果沒有作好，你將來就算是參出來什麼叫佛性？你還是看不見佛性；一定要有這個功夫，要很純熟，參出來時你才能看得見佛性。然後，這種定力退失了以後，你就算是已經看見了佛性，所看見的佛性也會漸漸的模糊消失，最後看不見了。要重新再把動中的定力練回來以後，才能夠再看見佛性。

那麼要鍛鍊這一種功夫，讓自己時時刻刻都住在那一句話的前頭。譬如說：「參禪的是誰？」或者「念佛是誰？」這四個字在心裡面都沒有出現，它還沒有出現時，你就把它看住，讓這一句語言文字出不來，你要看住它，這才叫看話頭嘛！可是看話頭這個功夫，一百個人有九十九個做不到，那要怎麼鍛鍊？有辦法：無相念佛是最好的辦法。】（《大乘無我觀》頁 127～128）

但是看話頭的功夫，必須從無相念佛的動中定來鍛鍊，才會成功。平實導師開示說：【未能修成無相念佛功夫，何況能看話頭？不具備看話頭功夫者，雖知佛性義，亦無可能眼見佛性，此是余自身之體驗及度眾之體驗。無相念佛及看話頭功夫，須實際體會，並每日禮佛鍛鍊，長時方成。】（《平實書箋》頁 56）

在學習看話頭功夫時，必須同時把障道的業種除掉，否則這一世很努力修學，結果還是看不見。因此 平實導師開示說：【若尚未知曉佛性總相義之人，只需具足動中定力及慧力，而又無畢竟障礙佛法之種子者，善知識只須明告佛性名義，禪者當下便得眼見佛性，了了分明，如觀掌中蘋果。若已知曉佛性答案而不能眼見者，應將實況明告善知識，否則善知識必將只對此人引導悟得佛性答案，而不作勘驗，直接認定爲已見佛性。善知識若知此人已曉佛性名義而不能見，則必另作其他諸種方便善巧，而後詳細勘驗已否眼見？若仍不具看話頭功夫者，當知其人尚無眼見佛性因緣，何以故？已見性之人皆知看話頭與看佛性無二故，若具看話頭功夫，能於動亂之中而不散失者，只須令知佛性名義，當下便能眼見分明，而無礙於肉眼天眼慧眼法眼之運作及覺受。是故，累積多年之度眾經驗，發覺聰明伶俐之人較易明心（如果有善知識指示正確之方向），而較難見性；未曾作好定力及看話頭功夫，便已先知佛性名義故。依多年度眾之經驗得知：凡已先知佛性名義而後補修動中功夫者，後來雖有部分人能漸漸眼見分明，但已無有大部分之見性功德，其餘部分人終不能眼見；故余常語諸同修云：「聰明人大多自認爲較他人佔便宜，卻往往是：得便宜處失便宜。」茲藉略答來函，順便向諸佛子忠告：聰明伶俐及多聞善辯，不足可恃，反成修道學法之障礙，務必切實做好看話頭功夫，來日方有眼見佛性了了分明之因緣。萬勿多方求索佛性答案，以免功夫未成，先知答案而不能眼見，喪失眼見佛性之諸多功德正受。】（《平實書箋》頁 90、97）

已入地菩薩的眼見佛性，能引發一種功德，就是有時可以跟眾生的種子相應，知道眾生這一世有沒有因緣眼見佛性；這不是十住菩薩所需要的境界，也是求不到的境界。這種實證，就須要很深厚的看話頭功夫，但不是十住菩薩所必須鍛鍊的功夫。末學在此舉出 平實導師自己的體驗過程，與大家分享；也是告訴大家，我們不必要像 平實導師修成那樣深厚的定力，因此不必因爲修不成那種功夫，就氣餒而放棄眼見佛性的努力。

平實導師開示說：【余於一九八九年即已因看話頭而常入見山非山境界；彼年夏日亦曾於某寺大殿禪坐共修時，因看話頭而入見山非山境界；頓忘眨眼達二十餘分鐘。於彼境中唯一話頭，眼雖睜而不見色，耳未閉而不聞聲……乃至身居暑而不觸熱；聞磬聲而後方知聞磬剎那之前悉不見色等，於彼剎那起，回復五塵相，覺眼乾澀而不能閉，眼球已乾燥故，須拉眼皮使淚水潤濕方能開合。彼時有五六人眼見余之久未閉眼，而不知余於其中離諸五塵。此境中唯有話頭正念，不觸外境；然坐忘則不唯離五塵，亦失正念，謂之未到地定過暗，不能發慧。】（《平實書箋》頁 174）

這也同時告訴我們，不要坐到忘了自己，而是要淨念相繼分明了知，不是要一念不生的功夫，更不是要坐到忘了自己。雖然眼見佛性是如此深妙，十住滿心位的如幻觀功德立時成就，卻還是必須從最基礎的無相念佛的內容如實理解，然後正式開始修習看話頭、參話頭、修集福德、熏修慧力等，才能依照順序漸次成功。末學因此最後再一次以　平實導師的開示提醒讀者：

【「若未將無相念佛之念弄清楚，不能以此念而禮佛者，即使拜斷了腰桿兒，也無法成就無相念佛及看話頭功夫。」一旦找到了無相念佛之淨念，其餘鍛鍊功夫便無問題，只需按部就班練習即可成就。這些咐囑，余每年上課中至少重複五六次提示。】（《平實書箋》頁 282）

第四節　自己檢驗是否真的眼見佛性了

末學提供自己見性後的經驗，讓讀者從看見佛性的境界中，用以下四個原則，檢驗自己是不是眞的眼見佛性了：

一、還沒有參出佛性是什麼時，或是參出不對的佛性內容時就看不見；才剛剛參出正確的佛性內容時，善知識指示往草地上一看，就可以當場看見了。

二、當你眼見佛性時，你家裡的同修睡著時，他的六識知覺性已經都不見了，你在他身旁輕聲叫他，他也聽不見；你說什麼話，他都不知道，可見他的見聞覺知性都斷滅了，都不存在了，可是當你看他睡熟的時候，他的佛性還是很清楚的顯現出來，並沒有一絲一毫減少。

三、不但可以從山河大地或虛空中，看見自己的佛性，也可以從別人身上看見自己的佛性。如果想要從別人身上看見他們的佛性，一樣可以眼見爲憑，清楚分明看見那一個有情的佛性。

四、有沒有如幻觀？眼見佛性時，是因爲看見佛性的眞實不壞性，同時會使所看見的山河大地都變成很虛幻不實，眼見山河大地的當下，就看見山河大地全都是虛幻的。可以存在長達一個大劫的山河大地，都是這樣的虛幻，只能存在幾十年的五陰身心，就更虛幻不實。這樣眼見山河大地的虛幻，才是十住菩薩所證得如幻觀的現觀，不是靠智慧思惟比對出來的。

如果具備了這四個狀況，當這四個境界都具足了，才可以說是眞的眼見佛性，才不會錯把看見別人的如來藏，當作是看見佛性了。因爲，從別人身上看不見自己的如來藏，但是從別人身上卻可以看見自己的佛性。從山河大地上也看不見自己的如來藏，但卻可以從山河大地上看見自己的佛性。這樣就證實明心與見性是完全不同的，不可以混爲一談。

眼見佛性的智慧與親眼看見佛性的境界，很難爲別人說明。不論怎麼解釋，明心的人都會聽錯，都可能誤會見性就是看見如來藏運作時的自性；常常有人誤會而將看見如來藏的功能或自性時，當作是看見佛性。可是，佛性確實是如來藏自身的自性，但佛性卻不是明心者所看見的如來藏運作的自性，而是如來藏直接的了別性，就是本覺，不是六識的了別性。眞正開悟明心的人也還無法看見祂，何況是落入六識自性中的凡夫，當然更看不見，只有眼見佛性的人才能看得見。

第五節　單有慧力也看不見佛性

末學知道有許多人智慧很好，末學眞的比不上他們；但是，平實導師常常教導我們說，眼見佛性的實證，必須具足三個主要條件，就是定力莊嚴、慧力莊嚴、福德莊嚴。這三個條件，如果欠缺其中的一種時，就無法眼見佛性。從《平實書箋》裡的說明，也可以知道有人因爲覺得自己很聰明、很有智慧，所以不想修練無相念佛動中功夫，也不想看話頭；更不想努力培植福德，只憑著聰明智慧，就想要看見佛性。後來眞的探究到佛性的內容究竟是什麼，還是看不見佛性，因此就懷疑 平實導師說的眼見佛性的境界，認爲是騙人的，就提出質疑，才會有那一本《平實書箋》的出版。這證明想要眼見佛性的人，必須心性很淳厚善良，才能如實信受善知識的教導，才能如實努力精進鍛鍊無相念佛、看話頭的功夫，才能繼續跟著善知識修學增長慧力，才能努力修學布施波羅蜜多，以及努力爲了義正法做義工累積大福德；

這些具足了，才有機會能夠看見佛性。

在完全信受 世尊經中的說法，也如實依照善知識的教導，像這樣努力修集眼見佛性所需要的三種莊嚴時，對善知識就不會有慢心，就會如實精進修集這三種莊嚴。當這莊嚴都圓滿具足時，眼見佛性的因緣便成熟了；那時善知識觀察因緣成熟時，才能爲我們教導看話頭過程中的轉折；最後爲我們引導參究的方向，或者爲我們引導應該參究出來的佛性內容時，我們才能夠看得見佛性，才能夠證得身心及世界如幻的現觀，滿足十住位的修證。末學的慧力不是很好，自己覺得只是中下的慧力，不是上等慧力；可是因爲有大信心以及如實修行累積三種莊嚴，才有機會眼見佛性。這是末學的眞實情況，在本書最後一章裡，提供給大家參考。

第六節 眼見佛性的重要

眼見佛性的實證，爲什麼重要？末學從 平實導師的教導與聖教中的開示，加上自己的體驗，也只知道下列四點，與大家分享；更深的內容應該還有很多，都不是末學所能知道的。

一、眼見佛性的人，可以當下獲得如幻觀，獲得十住滿心的果位。這個如幻觀可以使人滅少許多煩惱，使許多煩惱不會現行。這個如幻觀是眼見的，不是用思惟及理解得到的，才是如幻觀的親證。證了如幻觀，就能成為十住滿心的菩薩。因此，眼見佛性很重要。

二、眼見佛性以後的人，如果有福報（這福報是說生活無虞也有閒暇，也有親近善知識的因緣），又沒有眷屬障道的因緣，也可以為護持正法而努力投入其中，修集更大的福德，從此以後修道就會更快有進展。

三、只有眼見佛性的人，將來才能證得大般涅槃。《大般涅槃經》卷二十三〈光明遍照高貴德王菩薩品第十之三〉：【聲聞緣覺至十住菩薩不見佛性，名為涅槃，非大涅槃；若能了了見於佛性，則得名為大涅槃也。】十住菩薩還沒有滿心時，還看不見佛性，稱為「十住菩薩不見佛性」，他就完全不懂大般涅槃的意思。當他看見佛性時，知道諸地菩薩、諸佛也都同樣有這種佛性，都是依這個不生不滅的佛性而有大作用，只是自己還無法發起。修到佛地時藉佛性發起成所作智，才能成就大般涅槃。十住滿心菩薩對這個大般涅槃，知道一點點道理了，可以說是分證大般涅槃，卻還不是「了了見於佛性」，因此還不能說是眞的知道大般涅槃。甚至於等覺、妙覺菩薩雖見佛性，還沒有「了了見於佛性」，就不能成佛，所以光明遍照高貴德王菩薩才會這樣說：「**若能了了見於佛性，則得名爲大涅槃也。**」能夠「了了見於佛性」，是對佛性的所有功能完全具足看見了，才會生起成所作智，才能成佛。

四、眼見佛性時，也會減少一分所知障的煩惱，所以末學認爲見性很重要。《大般涅槃經》卷二十五〈光明遍照高貴德王菩薩品第十之五〉：**【善男子！有名涅槃非大涅槃；云何涅槃非大涅槃？不見佛性而斷煩惱，是名涅槃非大涅槃。以不見佛性故，無常無我，惟有樂淨；以是義故，雖斷煩惱，不得名爲大般涅槃也。若見佛性，能斷煩惱，是則名爲大涅槃也。】**

聲聞與緣覺成爲解脫三界生死的聖人，可以入無餘涅槃，可是他們的涅槃不是 世尊所證的大般涅槃，因爲不見佛性的緣故。如果能夠親眼看見如來藏顯現出來的佛性，就會走向成佛之道，一定不會落入二乘涅槃中，所以看見佛性而斷盡煩惱時，才會成佛，才能成爲大般涅槃。

末學覺得，眼見佛性時，確實如同平實導師說的，不會像明心時那樣偏空，會同時觀察到佛性的妙用，從如來藏空性中回頭轉到佛性的眞實有，可以既證眞空又證妙有，住在更深的中道心境裡。這樣就不會像聲聞緣覺種性的人，假使知道如來藏密意時，還是會生起入涅槃的想法，過一段時間以後才會打消入涅槃的念頭，可是見性分明以後就不會生起這種念頭。所以眼見佛性的人一定會成爲十住滿心的菩薩，道業進展會比以前快速，佛菩提種也會跟著變得很深厚，不可能回到聲聞緣覺種性中，而且證明佛道是可以親自證實的。

眼見佛性的重要，還有一個理由。平實導師說：【以眞見道位中所獲得之根本無分別智，再轉入相見道位中，而作次第進修之觀行，然後能起後得無分別智；若人精進而修，自身復有慧力者，復又不依止惡知識者，則必能進前次第現觀而漸漸發起後得無分別智，若能復於十住位中眼見佛性分明者，則能於眼見佛性當時之剎那間，證得世界身心如幻之現觀。現觀：「世界身心完全虛幻，唯有佛性與第八識心體眞實不虛，一切根身器界悉皆如幻」，是名如幻觀成就。然而此觀之成就，非因修習如幻觀而得成就，乃是修諸慧力、定力、福德之後，於參究佛性名義而得破參時，眼見之際當時便得成就，不必再作任何觀行，不以如幻觀作爲觀行之法門。故說此如幻觀乃是十住滿心時之現觀境界，而非修行之方法，不可錯會而作世界身心如幻之觀行，否則終將墮於想像思惟之如幻觀中，皆成相似如幻觀境界，非是現觀親證之人。是故此位中之觀行，要在基本定力（看話頭）及慧力（相見道之般若別相智）之培植進修上用心，要在護持正法之上而作大福德之修集，護持正法之福德乃是三界中最大之福德故，護持正法者極易成滿大福德故。】（《燈影—燈下黑》頁 220、221）

但是末學想要請讀者留意，不要以篇概全，就說還沒有眼見佛性的人，一定是九住位以下的菩薩。因爲，經中也有記載說，有的菩薩進修到九地時，仍然沒有眼見佛性；那時要眼見佛性了，才能進入第十地。知道這個聖教以後，才不會不小心誤謗上位菩薩，成爲菩薩戒裡「故謗三寶」的毀犯重戒者。因此，末學要舉出經文作爲證據來說，《大般涅槃經》卷二十七〈師子吼菩薩品第十一之一〉：【善男子！復有眼見：諸佛如來、十住菩薩眼見佛性；復有聞見：一切眾生，乃至九地，聞見佛性。菩薩若聞一切眾生悉有佛性，心

不生信，不名聞見。】

平實導師也曾經舉證《金剛仙論》卷二的說法來開示：【如《涅槃經》云，十地菩薩眼見佛性，九地已還名爲聞見。然九地已下亦分有眼見，但以下形上，云九地爲聞見，非是全不眼見。何以得知？又即云唯佛一人眼見佛性，十地已下皆名聞見；以此驗知，亦得言初地以上眼見佛性，地前凡夫名爲聞見。此皆就人有上下迭相形奪，優劣中語，非稱實之談。】

由於見性的層次差別不同，所以不能單單從有沒有眼見佛性，來判定所有菩薩的果位，因爲可能會有觀察不周而誤判的情形。因爲正覺同修會裡有好多超過十住位的親教師，他們至今還沒有眼見佛性，但他們的智慧與果位都不是末學比得上的；爲了避免錯誤評論上位菩薩，末學覺得，還是謙虛一些，謹言慎行比較好，以免不小心造下了無根毀謗上位菩薩的「毀謗三寶——故謗勝義僧寶」的重罪，也可以避免「自讚毀他」的重罪。（全文完）

佛菩提二主要道次第概要表——二道並修，以外無別佛法

佛菩提道——大菩提道

遠波羅蜜多

資糧位

十信位修集信心——一劫乃至一萬劫

初住位修集布施功德（以財施爲主）。

二住位修集持戒功德。

三住位修集忍辱功德。

四住位修集精進功德。

五住位修集禪定功德。

六住位修集般若功德（熏習般若中觀及斷我見，加行位也）。

外門廣修六度萬行

見道位

七住位明心般若正觀現前，親證本來自性清淨涅槃。

八住位起於一切法現觀般若中道。漸除性障。

十住位眼見佛性，世界如幻觀成就。

一至十行位，於廣行六度萬行中，依般若中道慧，現觀陰處界猶如陽焰，至第十行滿心位，陽焰觀成就。

一至十迴向位熏習一切種智；修除性障，唯留最後一分思惑不斷。第十迴向滿心位成就菩薩道如夢觀。

內門廣修六度萬行

初地：第十迴向位滿心時，成就道種智一分（八識心王一一親證後，領受五法、三自性、七種第一義、七種性自性、二種無我法）復由勇發十無盡願，成通達位菩薩。復又永伏性障而不具斷，能證慧解脫而不取證，由大願故留惑潤生。此地主修法施波羅蜜多及百法明門。證「猶如鏡像」現觀，故滿初地心。

二地：初地功德滿足以後，再成就道種智一分而入二地；主修戒波羅蜜多及一切種智。滿心位成就「猶如光影」現觀，戒行自然清淨。

解脫道：二乘菩提

→ 斷三縛結，成初果解脫

→ 薄貪瞋癡，成二果解脫

→ 斷五下分結，成三果解脫

入地前的四加行令煩惱障現行悉斷，成四果解脫，留惑潤生。分段生死已斷，煩惱障習氣種子開始斷除，兼斷無始無明上煩惱。

圓滿成就究竟佛果

近波羅蜜多 —— 修道位

三地：二地滿心再證道種智一分，故入三地。此地主修忍波羅蜜多及四禪八定、四無量心、五神通。能成就俱解脫果而不取證，留惑潤生。滿心位成就「猶如谷響」現觀及無漏妙定意生身。

四地：由三地再證道種智一分故入四地。主修精進波羅蜜多，於此土及他方世界廣度有緣，無有疲倦。進修一切種智，滿心位成就「如水中月」現觀。

五地：由四地再證道種智一分故入五地。主修禪定波羅蜜多及一切種智，斷除下乘涅槃貪。滿心位成就「變化所成」現觀。

六地：由五地再證道種智一分故入六地。此地主修般若波羅蜜多——依道種智現觀十二因緣一一有支及意生身化身，皆自心眞如變化所現，「非有似有」，成就細相觀，不由加行而自然證得滅盡定，成俱解脫大乘無學。

七地：由六地「非有似有」現觀，再證道種智一分故入七地。此地主修一切種智及方便波羅蜜多，由重觀十二有支一一支中之流轉門及還滅門一切細相，成就方便善巧，念念隨入滅盡定。滿心位證得「如犍闥婆城」現觀。

七地滿心斷除故意保留之最後一分思惑時，煩惱障所攝色、受、想三陰有漏習氣種子全部斷盡。

大波羅蜜多

八地：由七地極細相觀成就故再證道種智一分而入八地。此地主修一切種智及願波羅蜜多。至滿心位純無相觀任運恆起，故於相土自在，滿心位復證「如實覺知諸法相意生身」故。

九地：由八地再證道種智一分故入九地。主修力波羅蜜多及一切種智，成就四無礙，滿心位證得「種類俱生無行作意生身」。

十地：由九地再證道種智一分故入此地。此地主修一切種智——智波羅蜜多。滿心位起大法智雲，及現起大法智雲所含藏種種功德，成受職菩薩。

等覺：由十地道種智成就故入此地。此地應修一切種智，圓滿等覺地無生法忍；於百劫中修集極廣大福德，以之圓滿三十二大人相及無量隨形好。

煩惱障所攝行、識二陰無漏習氣種子任運漸斷，所知障所攝上煩惱任運漸斷。

圓滿波羅蜜多 —— 究竟位

妙覺：示現受生人間已斷盡煩惱障一切習氣種子，並斷盡所知障一切隨眠，永斷變易生死無明，成就大般涅槃，四智圓明。人間捨壽後，報身常住色究竟天利樂十方地上菩薩；以諸化身利樂有情，永無盡期，成就究竟佛道。

斷盡變易生死 成就大般涅槃

佛子蕭平實 謹製

（二〇〇九、〇二 修訂）

（二〇一二、〇二 增補）

佛教正覺同修會〈修學佛道次第表〉

第一階段

＊以憶佛及拜佛方式修習動中定力。
＊學第一義佛法及禪法知見。
＊無相拜佛功夫成就。
＊具備一念相續功夫—動靜中皆能看話頭。
＊努力培植福德資糧，勤修三福淨業。

第二階段

＊參話頭，參公案。
＊開悟明心，一片悟境。
＊鍛鍊功夫求見佛性。
＊眼見佛性〈餘五根亦如是〉親見世界如幻，成就如幻觀。
＊學習禪門差別智。
＊深入第一義經典。
＊修除性障及隨分修學禪定。
＊修證十行位陽焰觀。

第三階段

＊學一切種智真實正理—楞伽經、解深密經、成唯識論…。
＊參究末後句。
＊解悟末後句。
＊透牢關—親自體驗所悟末後句境界，親見實相，無得無失。
＊救護一切衆生迴向正道。護持了義正法，修證十迴向位如夢觀。
＊發十無盡願，修習百法明門，親證猶如鏡像現觀。
＊修除五蓋，發起禪定。持一切善法戒。親證猶如光影現觀。
＊進修四禪八定、四無量心、五神通。進修大乘種智，求證猶如谷響現觀。

佛教正覺同修會 共修現況 及 招生公告　2016/1/16

一、共修現況：（請在共修時間來電，以免無人接聽。）

台北正覺講堂 103 台北市承德路三段 277 號九樓 捷運淡水線圓山站旁

Tel..**總機** 02-25957295（晚上）（**分機**：**九樓**辦公室 10、11；知客櫃檯 12、13。 **十樓**知客櫃檯 15、16；書局櫃檯 14。 **五樓**辦公室 18；知客櫃檯 19。**二樓**辦公室 20；知客櫃檯 21。）

Fax..25954493

第一講堂　台北市承德路三段 277 號九樓

禪淨班：週一晚上班、週三晚上班、週四晚上班、週五晚上班、週六下午班、週六上午班（皆須報名建立學籍後始可參加共修，欲報名者詳見本公告末頁）

增上班：**瑜伽師地論詳解**：每月第一、三、五週之週末 17.50～20.50 平實導師講解（僅限已明心之會員參加）

禪門差別智：每月第一週日全天　平實導師主講（事冗暫停）。

佛藏經詳解　平實導師主講。已於 2013/12/17 開講，歡迎已發成佛大願的菩薩種性學人，攜眷共同參與此殊勝法會聽講。詳解 釋迦世尊於《佛藏經》中所開示的眞實義理，更爲今時後世佛子四眾，闡述佛陀演說此經的本懷。眞實尋求佛菩提道的有緣佛子，親承聽聞如是勝妙開示，當能如實理解經中義理，亦能了知於大乘法中：如何是諸法實相？善知識、惡知識要如何簡擇？如何才是清淨持戒？如何才能清淨說法？於此末法之世，眾生五濁益重，不知佛、不解法、不識僧，唯見表相，不信眞實，貪著五欲，諸方大師不淨說法，各各將導大量徒眾趣入三塗，如是師徒俱堪憐憫。是故，平實導師以大慈悲心，用淺白易懂之語句，佐以實例、譬喻而爲演說，普令聞者易解佛意，皆得契入佛法正道，如實了知佛法大藏。

此經中，對於實相念佛多所著墨，亦指出念佛要點：以實相爲依，念佛者應依止淨戒、依止清淨僧寶，捨離違犯重戒之師僧，應受學清淨之法，遠離邪見。本經是現代佛門大法師所厭惡之經典：一者由於大法師們已全都落入意識境界而無法親證實相，故於此經中所說實相全無所知，都不樂有人聞此經名，以免讀後提出問疑時無法回答；二者現代大乘佛法地區，已經普被藏密喇嘛教滲透，許多有名之大法師們大多已曾或繼續在修練雙身法，都已失去聲聞戒體及菩薩戒體，成爲地獄種姓人，已非眞正出家之人，本質只是身著僧衣而住在寺院中的世俗人。這些人對於此經都是讀不懂的，也是極爲厭惡的；他們尚不樂見此經之印行，何況流通與講解？今爲救護廣大學佛人，兼欲護持佛教血脈永續常傳，特選此經宣講之。每逢週二 18.50~20.50 開示，不限制聽講資格。會外人士需憑身分證件換證入內聽講（此是大樓管理處之安全規定，敬請見諒）。桃園、台中、台南、高雄等地講堂，亦於每週二晚上播放平實導師所講本經之 DVD，不必出示身分證件即可入內聽講，歡迎各地善信同霑法益。

第二講堂 台北市承德路三段 267 號十樓。

禪淨班：週一晚上班、週六下午班。

進階班：週三晚上班、週四晚上班、週五晚上班（禪淨班結業後轉入共修）。

佛藏經詳解：平實導師講解。每週二 18.50~20.50（影像音聲即時傳輸）。本會學員憑上課證進入聽講，會外學人請以身分證件換證進入聽講（此爲大樓管理處安全管理規定之要求，敬請諒解）。

第三講堂 台北市承德路三段 277 號五樓。

進階班：週一晚上班、週三晚上班、週四晚上班、週五晚上班。

佛藏經詳解：平實導師講解。每週二 18.50~20.50（影像音聲即時傳輸）。本會學員憑上課證進入聽講，會外學人請以身分證件換證進入聽講（此爲大樓管理處安全管理規定之要求，敬請諒解）。

第四講堂 台北市承德路三段 267 號二樓。

進階班：週一晚上班、週三晚上班、週四晚上班、週五晚上班（禪淨班結業後轉入共修）。

佛藏經詳解：平實導師講解。每週二 18.50~20.50（影像音聲即時傳輸）。本會學員憑上課證進入聽講，會外學人請以身分證件換證進入聽講（此爲大樓管理處安全管理規定之要求，敬請諒解）。

第五、第六講堂 爲**開放式講堂**，不需以身分證件換證即可進入聽講，台北市承德路三段 267 號地下一樓、地下二樓。已規劃整修完成，每逢週二晚上講經時段開放給會外人士自由聽經，請由大樓側面梯階逕行進入聽講。**聽講者請尊重講者的著作權及肖像權，請勿錄音錄影，以免違法；若有錄音錄影被查獲者，將依法處理**。

正覺祖師堂 大溪鎮美華里信義路 650 巷坑底 5 之 6 號（台 3 號省道 34 公里處 妙法寺對面斜坡道進入）電話 03-3886110 傳眞 03-3881692 本堂供奉 克勤圓悟大師，專供會員每年四月、十月各二次精進禪三共修，兼作本會出家菩薩掛單常住之用。除禪三時間以外，每逢單月第一週之週日 9:00~17:00 開放會內、外人士參訪，當天並提供午齋結緣。教內共修團體或道場，得另申請其餘時間作團體參訪，務請事先與常住確定日期，以便安排常住菩薩接引導覽，亦免妨礙常住菩薩之日常作息及修行。

桃園正覺講堂（第一、第二講堂）：桃園市介壽路 286、288 號 10 樓（陽明運動公園對面）電話：03-3749363（請於共修時聯繫，或與台北聯繫）

禪淨班：週一晚上班、週三晚上班、週四晚上班、週五晚上班。

進階班：週六上午班、週五晚上班。

佛藏經詳解：平實導師講解。每週二晚上，以台北正覺講堂所錄 DVD 放映；歡迎會外學人共同聽講，不需出示身分證件。

新竹正覺講堂 新竹市東光路 55 號二樓之一　電話 03-5724297（晚上）

第一講堂：

禪淨班：週一晚上班、週五晚上班、週六上午班。

進階班：週三晚上班、週四晚上班（由禪淨班結業後轉入共修）。

佛藏經詳解：平實導師講解。每週二晚上，以台北正覺講堂所錄 DVD 放映。歡迎會外學人共同聽講，不需出示身分證件。

第二講堂：

禪淨班：週三晚上班、週四晚上班。

佛藏經詳解：每週二晚上與第一講堂同時播放佛藏經詳解 DVD。

台中正覺講堂 04-23816090（晚上）

第一講堂 台中市南屯區五權西路二段 666 號 13 樓之四（國泰世華銀行樓上。鄰近縣市經第一高速公路前來者，由五權西路交流道可以快速到達，大樓旁有停車場，對面有素食館）。

禪淨班：週三晚上班、週四晚上班。

進階班：週一晚上班、週六上午班（由禪淨班結業後轉入共修）。

增上班：單週週末以台北增上班課程錄成 DVD 放映之，限已明心之會員參加。

佛藏經詳解：平實導師講解。每週二晚上，以台北正覺講堂所錄 DVD 放映。歡迎會外學人共同聽講，不需出示身分證件。

第二講堂 台中市南屯區五權西路二段 666 號 4 樓

禪淨班：週一晚上班、週三晚上班、週六上午班。

進階班：週五晚上班（由禪淨班結業後轉入共修）。

佛藏經詳解：每週二晚上與第一講堂同時播放佛藏經詳解 DVD。

第三講堂、第四講堂：台中市南屯區五權西路二段 666 號 4 樓。

嘉義正覺講堂 嘉義市友愛路 288 號八樓之一　電話：05-2318228

第一講堂：

禪淨班：週一晚上班、週四晚上班、週五晚上班。

進階班：週三晚上班（由禪淨班結業後轉入共修）。

佛藏經詳解：平實導師講解。每週二晚上，以台北正覺講堂所錄 DVD 放映。歡迎會外學人共同聽講，不需出示身分證件。

第二講堂 嘉義市友愛路 288 號八樓之二。

台南正覺講堂

第一講堂 台南市西門路四段 15 號 4 樓。06-2820541（晚上）

禪淨班：週一晚上班、週三晚上班、週四晚上班、週五晚上班、週六下午班。

增上班：單週週末下午，以台北增上班課程錄成 DVD 放映之，限已明心之會員參加。

佛藏經詳解：平實導師講解。每週二晚上，以台北正覺講堂所錄 DVD 放映。歡迎會外學人共同聽講，不需出示身分證件。

第二講堂　台南市西門路四段 15 號 3 樓。

佛藏經詳解：每週二晚上與第一講堂同時播放佛藏經詳解 DVD。

第三講堂　台南市西門路四段 15 號 3 樓。

進階班：週三晚上班、週四晚上班、週六上午班（由禪淨班結業後轉入共修）。

佛藏經詳解：每週二晚上與第一講堂同時播放佛藏經詳解 DVD。

高雄正覺講堂　高雄市新興區中正三路 45 號五樓 07-2234248（晚上）

第一講堂（五樓）：

禪淨班：週一晚上班、週三晚上班、週四晚上班、週五晚上班、週六上午班。

增上班：單週週末下午，以台北增上班課程錄成 DVD 放映之，限已明心之會員參加。

佛藏經詳解：平實導師講解。每週二晚上，以台北正覺講堂所錄 DVD 放映。歡迎會外學人共同聽講，不需出示身分證件。

第二講堂（四樓）：

進階班：週三晚上班、週四晚上班、週六上午班（由禪淨班結業後轉入共修）。

佛藏經詳解：每週二晚上與第一講堂同時播放佛藏經詳解 DVD。

第三講堂（三樓）：

進階班：週四晚上班（由禪淨班結業後轉入共修）。

香港正覺講堂　**☆已遷移新址☆**

九龍觀塘，成業街 10 號，電訊一代廣場 27 樓 E 室。

（觀塘地鐵站 B1 出口，步行約 4 分鐘）。電話：(852) 23262231

英文地址：Unit E, 27th Floor, TG Place, 10 Shing Yip Street, Kwun Tong, Kowloon

禪淨班：雙週六下午班 14:30-17:30，已經額滿。
雙週日下午班 14:30-17:30，2016 年 4 月底前尚可報名。

進階班：雙週五晚上班（由禪淨班結業後轉入共修）。

增上班：單週週末上午，以台北增上班課程錄成 DVD 放映之，限已明心之會員參加。

妙法蓮華經詳解：平實導師講解。雙週六 19:00-21:00，以台北正覺講堂所錄 DVD 放映；歡迎會外學人共同聽講，不需出示身分證件。

美國洛杉磯正覺講堂　☆已遷移新址☆

825 S. Lemon Ave Diamond Bar, CA 91798 U.S.A.

Tel. (909) 595-5222（請於週六 9:00~18:00 之間聯繫）

Cell. (626) 454-0607

禪淨班：每逢週末 15：30~17：30 上課。

進階班：每逢週末上午 10：00~12：00 上課。

佛藏經詳解：平實導師講解。每週六下午 13：00~15：00，以台北正覺講堂所錄 DVD 放映。歡迎各界人士共享第一義諦無上法益，不需報名。

二、招生公告　**本會台北講堂及全省各講堂，每逢四月、十月下旬開新班，每週共修一次**（每次二小時。開課日起三個月內仍可插班）；**但美國洛杉磯共修處之禪淨班得隨時插班共修。各班共修期間皆爲二年半，欲參加者請向本會函索報名表**（各共修處皆於共修時間方有人執事，非共修時間請勿電詢或前來洽詢、請書），**或直接從本會官方網站**(http://www.enlighten.org.tw/newsflash/class)**或成佛之道網站下載報名表**。共修期滿時，若經報名禪三審核通過者，可參加四天三夜之禪三精進共修，有機會明心、取證如來藏，發起般若實相智慧，成爲實義菩薩，脫離凡夫菩薩位。

三、新春禮佛祈福　農曆年假期間停止共修：自農曆新年前七天起停止共修與弘法，正月 8 日起回復共修、弘法事務。新春期間正月初一～初七 9.00～17.00 開放台北講堂、正月初一～初三開放新竹講堂、台中講堂、台南講堂、高雄講堂，以及大溪禪三道場（正覺祖師堂），方便會員供佛、祈福及會外人士請書。美國洛杉磯共修處之休假時間，請逕詢該共修處。

密宗四大派修雙身法，是外道性力派的邪法；又以生滅的識陰作為常住法，是常見外道，是假的藏傳佛教。

西藏覺囊巴以他空見弘揚第八識如來藏勝法，才是真藏傳佛教

佛教正覺同修會　弘法行事表

2017/03/31

1、**禪淨班**　以無相念佛及拜佛方式修習動中定力，實證一心不亂功夫。傳授解脫道正理及第一義諦佛法，以及參禪知見。共修期間：二年六個月。每逢四月、十月開新班，詳見招生公告表。

2、**《佛藏經》**詳解　　平實導師主講。已於 2013/12/17 開講，歡迎已發成佛大願的菩薩種性學人，攜眷共同參與此殊勝法會聽講。詳解 釋迦世尊於《佛藏經》中所開示的眞實義理，更爲今時後世佛子四眾，闡述 佛陀演說此經的本懷。眞實尋求佛菩提道的有緣佛子，親承聽聞如是勝妙開示，當能如實理解經中義理，亦能了知於大乘法中：如何是諸法實相？善知識、惡知識要如何簡擇？如何才是清淨持戒？如何才能清淨說法？於此末法之世，眾生五濁益重，不知佛、不解法、不識僧，唯見表相，不信眞實，貪著五欲，諸方大師不淨說法，各各將導大量徒眾趣入三塗，如是師徒俱堪憐憫。是故，平實導師以大慈悲心，用淺白易懂之語句，佐以實例、譬喻而爲演說，普令聞者易解佛意，皆得契入佛法正道，如實了知佛法大藏。每逢週二 18.50~20.50 開示，不限制聽講資格。會外人士需憑身分證件換證入內聽講（此是大樓管理處之安全規定，敬請見諒）。桃園、新竹、台中、台南、高雄等地講堂，亦於每週二晚上播放平實導師講經之 DVD，不必出示身分證件即可入內聽講，歡迎各地善信同霑法益。

有某道場專弘淨土法門數十年，於教導信徒研讀《佛藏經》時，往往告誡信徒曰：「**後半部不許閱讀。**」由此緣故坐令信徒失去提升念佛層次之機緣，師徒只能低品位往生淨土，令人深覺愚癡無智。由有多人建議故，平實導師開始宣講《佛藏經》，藉以轉易如是邪見，並提升念佛人之知見與往生品位。此經中，對於實相念佛多所著墨，亦指出念佛要點：**以實相爲依，念佛者應依止淨戒、依止清淨僧寶，捨離違犯重戒之師僧，應受學清淨之法，遠離邪見。**本經是現代佛門大法師所厭惡之經典：**一者由於大法師們已全都落入意識境界而無法親證實相，故於此經中所說實相全無所知，都不樂有人聞此經名，以免讀後提出問疑時無法回答；二者現代大乘佛法地區，已經普被藏密喇嘛教滲透，許多有名之大法師們大多已曾或繼續在修練雙身法，都已失去聲聞戒體及菩薩戒體，成爲地獄種姓人，已非眞正出家之人，本質上只是身著僧衣而住在寺院中的世俗人。**這些人對於此經都是讀不懂的，也是極爲厭惡的；他們尚不樂見此經之印行，何況流通與講解？今爲救護廣大學佛人，兼欲護持佛教血脈永續常傳，特選此經宣講之，主講者平實導師。

3、**瑜伽師地論**詳解　詳解論中所言凡夫地至佛地等 17 師之修證境界與理論，從凡夫地、聲聞地……宣演到諸地所證一切種智之眞實正理。由平實導師開講，每逢一、三、五週之週末晚上開示，僅限已明心之會員參加。

4、**精進禪三**　主三和尚：平實導師。於四天三夜中，以克勤圓悟大師及大慧宗杲之禪風，施設機鋒與小參、公案密意之開示，幫助會員剋期取證，親證不生不滅之眞實心——人人本有之如來藏。每年四月、十月各舉辦二個梯次；平實導師主持。僅限本會會員參加禪淨班共修期滿，報名審核通過者，方可參加。並選擇會中定力、慧力、福德三條件皆已具足之已明心會員，給以指引，令得眼見自己無形無相之佛性遍佈山河大地，眞實而無障礙，得以肉眼現觀世界身心悉皆如幻，具足成就如幻觀，圓滿十住菩薩之證境。

5、**大法鼓經**詳解　詳解末法時代大乘佛法修行之道。佛教正法消毒妙藥塗於大鼓而以擊之，凡有眾生聞之者，一切邪見鉅毒悉皆消殞；此經即是大法鼓之正義，凡聞之者，所有邪見之毒悉皆滅除，見道不難；亦能發起菩薩無量功德，是故諸大菩薩遠從諸方佛土來此娑婆聞修此經。

本經破「有」而顯涅槃，以此名爲眞法；若墮在「有」中，皆名「非法」；若人如是宣揚佛法，名爲擊大法鼓；如是依「法」而捨「非法」，據以建立山門而爲眾說法，方可名爲法鼓山。此經中說，以「此經」爲菩薩道之本，以證得「此經」之正知見及法門作爲度人之「法」，方名眞實佛法，否則盡名「非法」。本經中對法與非法、有與涅槃，有深入之闡釋，歡迎教界一切善信（不論初機或久學菩薩），一同親沐 如來聖教，共沾法喜。由平實導師詳解。不限制聽講資格。

6、**不退轉法輪經**詳解　本經所說妙法極爲甚深難解，時至末法，已然無有知者；而其甚深絕妙之法，流傳至今依舊多人可證，顯示佛學眞是義學而非玄談，其中甚深極妙令人拍案稱絕之第一義諦妙義，平實導師將會加以解說。待《大法鼓經》宣講完畢時繼續宣講此經。

7、**阿含經**詳解　選擇重要之阿含部經典，依無餘涅槃之實際而加以詳解，令大眾得以現觀諸法緣起性空，亦復不墮斷滅見中，顯示經中所隱說之涅槃實際—如來藏—確實已於四阿含中隱說；令大眾得以聞後觀行，確實斷除我見乃至我執，證得**見到**眞現觀，乃至**身證**……等眞現觀；已得大乘或二乘見道者，亦可由此聞熏及聞後之觀行，除斷我所之貪著，成就慧解脫果。由平實導師詳解。不限制聽講資格。

8、**解深密經**詳解　重講本經之目的，在於令諸已悟之人明解大乘法道之成佛次第，以及悟後進修一切種智之內涵，確實證知三種自性性，並得據此證解七眞如、十眞如等正理。每逢週二 18.50~20.50 開示，由平實導師詳解。將於《大法鼓經》講畢後開講。不限制聽講資格。

9、**成唯識論**詳解　詳解一切種智眞實正理，詳細剖析一切種智之微細深妙廣大正理；並加以舉例說明，使已悟之會員深入體驗所證如來藏之微密行相；及證驗見分相分與所生一切法，皆由如來藏—阿賴耶識—直接或展轉而生，因此證知一切法無我，證知無餘涅槃之本際。將於增上班《瑜伽師地論》講畢後，由平實導師重講。僅限已明心之會員參加。

10、**精選如來藏系經典**詳解　精選如來藏系經典一部，詳細解說，以此完全印證會員所悟如來藏之眞實，得入不退轉住。另行擇期詳細解說之，由平實導師講解。僅限已明心之會員參加。

11、**禪門差別智**　藉禪宗公案之微細淆訛難知難解之處，加以宣說及剖析，以增進明心、見性之功德，啓發差別智，建立擇法眼。每月第一週日全天，由平實導師開示，僅限破參明心後，復又眼見佛性者參加（事冗暫停）。

12、**枯木禪**　先講智者大師的《小止觀》，後說《釋禪波羅蜜》，詳解四禪八定之修證理論與實修方法，細述一般學人修定之邪見與岔路，及對禪定證境之誤會，消除枉用功夫、浪費生命之現象。已悟般若者，可以藉此而實修初禪，進入大乘通教及聲聞教的三果心解脫境界，配合應有的大福德及後得無分別智、十無盡願，即可進入初地心中。親教師：平實導師。未來緣熟時將於大溪正覺寺開講。不限制聽講資格。

註：本會例行年假，自 2004 年起，改爲每年農曆新年前七天開始停息弘法事務及共修課程，農曆正月 8 日回復所有共修及弘法事務。新春期間（每日 9.00~17.00）開放台北講堂，方便會員禮佛祈福及會外人士請書。大溪區的正覺祖師堂，開放參訪時間，詳見〈正覺電子報〉或成佛之道網站。本表得因時節因緣需要而隨時修改之，不另作通知。

佛教正覺同修會　贈閱書籍 目錄　2015/09/29

1.**無相念佛**　平實導師著　回郵 10 元
2.**念佛三昧修學次第**　平實導師述著　回郵 25 元
3.**正法眼藏—護法集**　平實導師述著　回郵 35 元
4.**真假開悟簡易辨正法&佛子之省思**　平實導師著　回郵 3.5 元
5.**生命實相之辨正**　平實導師著　回郵 10 元
6.**如何契入念佛法門**（附：印順法師否定極樂世界）平實導師著　回郵 3.5 元
7.**平實書箋**—答元覽居士書　平實導師著　回郵 35 元
8.**三乘唯識**—如來藏系經律彙編　平實導師編　回郵 80 元
（精裝本　長 27 cm　寬 21 cm　高 7.5 cm　重 2.8 公斤）
9.**三時繫念全集**—修正本　回郵掛號 40 元（長 26.5 cm×寬 19 cm）
10.**明心與初地**　平實導師述　回郵 3.5 元
11.**邪見與佛法**　平實導師述著　回郵 20 元
12.**菩薩正道**—回應義雲高、釋性圓…等外道之邪見　正燦居士著　回郵 20 元
13.**甘露法雨**　平實導師述　回郵 20 元
14.**我與無我**　平實導師述　回郵 20 元
15.**學佛之心態**—修正錯誤之學佛心態始能與正法相應　孫正德老師著　回郵35元
附錄：平實導師著《**略說八、九識並存…等之過失**》
16.**大乘無我觀**—《悟前與悟後》別說　平實導師述著　回郵 20 元
17.**佛教之危機**—中國台灣地區現代佛教之真相（附錄：公案拈提六則）
平實導師著　回郵 25 元
18.**燈　影**—燈下黑（覆「求教後學」來函等）　平實導師著　回郵 35 元
19.**護法與毀法**—覆上平居士與徐恒志居士網站毀法二文
張正圜老師著　回郵 35 元
20.**淨土聖道**—兼評**選擇本願念佛**　正德老師著　由正覺同修會購贈　回郵 25 元
21.**辨唯識性相**—對「紫蓮心海《辯唯識性相》書中否定阿賴耶識」之回應
正覺同修會 台南共修處法義組 著　回郵 25 元
22.**假如來藏**—對法蓮法師《如來藏與阿賴耶識》書中否定阿賴耶識之回應
正覺同修會 台南共修處法義組 著　回郵 35 元
23.**入不二門**—公案拈提集錦 第一輯（於平實導師公案拈提諸書中選錄約二十則，
合輯爲一冊流通之）平實導師著　回郵 20 元
24.**真假邪說**—西藏密宗索達吉喇嘛《破除邪說論》真是邪說
釋正安法師著　回郵 35 元
25.**真假開悟**—真如、如來藏、阿賴耶識間之關係　平實導師述著　回郵 35 元
26.**真假禪和**—辨正釋傳聖之謗法謬說　孫正德老師著　回郵 30 元

27.**眼見佛性**—駁慧廣法師眼見佛性的含義文中謬說
游正光老師著　回郵 25 元

28.**普門自在**—公案拈提集錦 第二輯（於平實導師公案拈提諸書中選錄約二十則，合輯爲一冊流通之）平實導師著　回郵 25 元

29.**印順法師的悲哀**—以現代禪的質疑為線索　恒毓博士著　回郵 25 元

30.**識蘊真義**—現觀識蘊內涵、取證初果、親斷三縛結之具體行門。
—依《成唯識論》及《惟識述記》正義，略顯安慧《大乘廣五蘊論》之邪謬
平實導師著　回郵 35 元

31.**正覺電子報** 各期紙版本　免附回郵　每次最多函索三期或三本。
（已無存書之較早各期，不另增印贈閱）

32.**現代人應有的宗教觀**　蔡正禮老師 著　回郵 3.5 元

33.**遠惑趣道**—正覺電子報般若信箱問答錄　第一輯　回郵 20 元

34.**遠惑趣道**—正覺電子報般若信箱問答錄　第二輯　回郵 20 元

35.**確保您的權益**—器官捐贈應注意自我保護　游正光老師 著　回郵 10 元

36.**正覺教團電視弘法三乘菩提 DVD 光碟（一）**
由正覺教團多位親教師共同講述錄製 DVD 8 片，MP3 一片，共 9 片。有二大講題：一爲「三乘菩提之意涵」，二爲「學佛的正知見」。內容精闢，深入淺出，精彩絕倫，幫助大眾快速建立三乘法道的正知見，免被外道邪見所誤導。有志修學三乘佛法之學人不可不看。（製作工本費 100 元，回郵 25 元）

37.**正覺教團電視弘法 DVD 專輯（二）**
總有二大講題：一爲「三乘菩提之念佛法門」，一爲「學佛正知見（第二篇）」，由正覺教團多位親教師輪番講述，內容詳細闡述如何修學念佛法門、實證念佛三昧，以及學佛應具有的正確知見，可以幫助發願往生西方極樂淨土之學人，得以把握往生，更可令學人快速建立三乘法道的正知見，免於被外道邪見所誤導。有志修學三乘佛法之學人不可不看。（一套 17 片，工本費 160 元。回郵 35 元）

38.**佛藏經** 燙金精裝本　每冊回郵 20 元。正修佛法之道場欲大量索取者，請正式發函並蓋用大印寄來索取（2008.04.30 起開始敬贈）

39.**喇嘛性世界**—揭開假藏傳佛教譚崔瑜伽的面紗　張善思 等人合著
由正覺同修會購贈　回郵 20 元

40.**假藏傳佛教的神話**—性、謊言、喇嘛教　張正玄教授編著　回郵 20 元
由正覺同修會購贈　回郵 20 元

41.**隨　緣**—理隨緣與事隨緣　平實導師述　回郵 20 元。

42.**學佛的覺醒**　正枝居士 著　回郵 25 元

43.**導師之真實義**　蔡正禮老師 著　回郵 10 元

44.**淺談達賴喇嘛之雙身法**—兼論解讀「密續」之達文西密碼
吳明芷居士 著　回郵 10 元

45.**魔界轉世**　張正玄居士 著　回郵 10 元

46.**一貫道與開悟**　蔡正禮老師 著　回郵 10 元

47.**博愛**—愛盡天下女人　正覺教育基金會 編印　回郵10元

48.**意識虛妄經教彙編**—實證解脫道的關鍵經文　正覺同修會編印　回郵25元

49.**邪箭囈語**—破斥藏密外道多識仁波切《破魔金剛箭雨論》之邪說

陸正元老師著　上、下冊回郵各30元

50.**真假沙門**—依 佛聖教闡釋佛教僧寶之定義

蔡正禮老師著　俟正覺電子報連載後結集出版

51.**真假禪宗**—藉評論釋性廣《印順導師對變質禪法之批判

及對禪宗之肯定》以顯示真假禪宗

附論一：凡夫知見 無助於佛法之信解行證

附論二：世間與出世間一切法皆從如來藏實際而生而顯

余正偉老師著　俟正覺電子報連載後結集出版　回郵未定

52.**假鋒虛焰金剛乘**—揭示顯密正理，兼破索達吉師徒《般若鋒兮金剛焰》。

釋正安 法師著　俟正覺電子報連載後結集出版

★ 上列贈書之郵資，係台灣本島地區郵資，大陸、港、澳地區及外國地區，請另計酌增（大陸、港、澳、國外地區之郵票不許通用）。尚未出版之書，請勿先寄來郵資，以免增加作業煩擾。

★ 本目錄若有變動，唯於後印之書籍及「成佛之道」網站上修正公佈之，不另行個別通知。

函索書籍請寄：佛教正覺同修會　103台北市承德路3段277號9樓
台灣地區函索書籍者請附寄郵票，無時間購買郵票者可以等值現金抵用，但不接受郵政劃撥、支票、匯票。大陸地區得以人民幣計算，國外地區請以美元計算（請勿寄來當地郵票，在台灣地區不能使用）。欲以掛號寄遞者，請另附掛號郵資。

親自索閱：正覺同修會各共修處。　★請於共修時間前往取書，餘時無人在道場，請勿前往索取；共修時間與地點，詳見書末正覺同修會共修現況表（以近期之共修現況表爲準）。

註：正智出版社發售之局版書，請向各大書局購閱。若書局之書架上已經售出而無陳列者，請向書局櫃台指定洽購；若書局不便代購者，請於正覺同修會共修時間前往各共修處請購，正智出版社已派人於共修時間送書前往各共修處流通。 郵政劃撥購書及 大陸地區 購書，請詳別頁正智出版社發售書籍目錄最後頁之說明。

成佛之道 網站：http://www.a202.idv.tw　正覺同修會已出版之結緣書籍，多已登載於 成佛之道 網站，若住外國、或住處遙遠，不便取得正覺同修會贈閱書籍者，可以從本網站閱讀及下載。　書局版之《宗通與說通》亦已上網，台灣讀者可向書局洽購，售價300元。《狂密與眞密》第一輯~第四輯，亦於 2003.5.1.全部於本網站登載完畢；台灣地區讀者請向書局洽購，每輯約400頁，售價300元（網站下載紙張費用較貴，容易散失，難以保存，亦較不精美）。

正智出版社 籌募弘法基金發售書籍目錄　2017/09/17

1.**宗門正眼**—公案拈提 第一輯 重拈　平實導師著　500 元
因重寫內容大幅度增加故，字體必須改小，並增為 576 頁 主文 546 頁。比初版更精彩、更有內容。初版《禪門摩尼寶聚》之讀者，可寄回本公司免費調換新版書。免附回郵，亦無截止期限。（2007 年起，每冊附贈本公司精製公案拈提〈超意境〉CD 一片。市售價格 280 元，多購多贈。）
2.**禪淨圓融**　平實導師著　200 元（第一版舊書可換新版書。）
3.**真實如來藏**　平實導師著　400 元
4.**禪—悟前與悟後**　平實導師著　上、下冊，每冊 250 元
5.**宗門法眼**—公案拈提 第二輯　平實導師著　500 元
（2007 年起，每冊附贈本公司精製公案拈提〈超意境〉CD 一片）
6.**楞伽經詳解**　平實導師著　全套共 10 輯　每輯 250 元
7.**宗門道眼**—公案拈提 第三輯　平實導師著　500 元
（2007 年起，每冊附贈本公司精製公案拈提〈超意境〉CD 一片）
8.**宗門血脈**—公案拈提 第四輯　平實導師著　500 元
（2007 年起，每冊附贈本公司精製公案拈提〈超意境〉CD 一片）
9.**宗通與說通**—成佛之道 平實導師著 主文 381 頁 全書 400 頁售價 300 元
10.**宗門正道**—公案拈提 第五輯　平實導師著　500 元
（2007 年起，每冊附贈本公司精製公案拈提〈超意境〉CD 一片）
11.**狂密與真密 一～四輯**　平實導師著　西藏密宗是人間最邪淫的宗教，本質不是佛教，只是披著佛教外衣的印度教性力派流毒的喇嘛教。此書中將西藏密宗密傳之男女雙身合修樂空雙運所有祕密與修法，毫無保留完全公開，並將全部喇嘛們所不知道的部分也一併公開。內容比大辣出版社喧騰一時的《西藏慾經》更詳細。並且函蓋藏密的所有祕密及其錯誤的中觀見、如來藏見……等，藏密的所有法義都在書中詳述、分析、辨正。每輯主文三百餘頁　每輯全書約 400 頁　售價每輯 300 元
12.**宗門正義**—公案拈提 第六輯　平實導師著　500 元
（2007 年起，每冊附贈本公司精製公案拈提〈超意境〉CD 一片）
13.**心經密意**—心經與解脫道、佛菩提道、祖師公案之關係與密意　平實導師述　300 元
14.**宗門密意**—公案拈提 第七輯　平實導師著　500 元
（2007 年起，每冊附贈本公司精製公案拈提〈超意境〉CD 一片）
15.**淨土聖道**—兼評「選擇本願念佛」　正德老師著　200 元
16.**起信論講記**　平實導師述著　共六輯　每輯三百餘頁　售價各 250 元
17.**優婆塞戒經講記**　平實導師述著 共八輯 每輯三百餘頁 售價各 250 元
18.**真假活佛**—略論附佛外道盧勝彥之邪說（對前岳靈犀網站主張「盧勝彥是證悟者」之修正）　正犀居士（岳靈犀）著　流通價 140 元
19.**阿含正義**—唯識學探源　平實導師著　共七輯　每輯 300 元

20.**超意境 CD** 以平實導師公案拈提書中超越意境之頌詞，加上曲風優美的旋律，錄成令人嚮往的超意境歌曲，其中包括正覺發願文及平實導師親自譜成的黃梅調歌曲一首。詞曲雋永，殊堪翫味，可供學禪者吟詠，有助於見道。內附設計精美的彩色小冊，解說每一首詞的背景本事。每片 280 元。【每購買公案拈提書籍一冊，即贈送一片。】

21.**菩薩底憂鬱 CD** 將菩薩情懷及禪宗公案寫成新詞，並製作成超越意境的優美歌曲。 1.主題曲〈菩薩底憂鬱〉，描述地後菩薩能離三界生死而迴向繼續生在人間，但因尚未斷盡習氣種子而有極深沈之憂鬱，非三賢位菩薩及二乘聖者所知，此憂鬱在七地滿心位方才斷盡；本曲之詞中所說義理極深，昔來所未曾見；此曲係以優美的情歌風格寫詞及作曲，聞者得以激發嚮往諸地菩薩境界之大心，詞、曲都非常優美，難得一見；其中勝妙義理之解說，已印在附贈之彩色小冊中。 2.以各輯公案拈提中直示禪門入處之頌文，作成各種不同曲風之超意境歌曲，值得玩味、參究；聆聽公案拈提之優美歌曲時，請同時閱讀內附之印刷精美說明小冊，可以領會超越三界的證悟境界；未悟者可以因此引發求悟之意向及疑情，眞發菩提心而邁向求悟之途，乃至因此眞實悟入般若，成眞菩薩。 3.正覺總持咒新曲，總持佛法大意；總持咒之義理，已加以解說並印在隨附之小冊中。本 CD 共有十首歌曲，長達 63 分鐘。每盒各附贈二張購書優惠券。每片 280 元。

22.**禪意無限 CD** 平實導師以公案拈提書中偈頌寫成不同風格曲子，與他人所寫不同風格曲子共同錄製出版，幫助參禪人進入禪門超越意識之境界。盒中附贈彩色印製的精美解說小冊，以供聆聽時閱讀，令參禪人得以發起參禪之疑情，即有機會證悟本來面目而發起實相智慧，實證大乘菩提般若，能如實證知般若經中的眞實意。本 CD 共有十首歌曲，長達 69 分鐘，每盒各附贈二張購書優惠券。每片 280 元。

23.**我的菩提路**第一輯　釋悟圓、釋善藏等人合著　售價 300 元

24.**我的菩提路**第二輯　郭正益、張志成等人合著　售價 300 元

25.**我的菩提路**第三輯　王美伶等人合著　售價 300 元

26.**鈍鳥與靈龜**—考證後代凡夫對大慧宗杲禪師的無根誹謗。

平實導師著 共 458 頁 售價 350 元

27.**維摩詰經講記** 平實導師述 共六輯 每輯三百餘頁 售價各 250 元

28.**真假外道**—破劉東亮、杜大威、釋證嚴常見外道見　正光老師著　200 元

29.**勝鬘經講記**—兼論印順《勝鬘經講記》對於《勝鬘經》之誤解。

平實導師述　共六輯　每輯三百餘頁　售價 250 元

30.**楞嚴經講記** 平實導師述 共 **15** 輯，每輯三百餘頁 售價 300 元

31.**明心與眼見佛性**—駁慧廣〈蕭氏「眼見佛性」與「明心」之非〉文中謬説

正光老師著　共 448 頁　售價 300 元

32.**見性與看話頭** 黃正倖老師 著，本書是禪宗參禪的方法論。

內文 375 頁，全書 416 頁，售價 300 元。

33.**達賴真面目**—玩盡天下女人 白正偉老師 等著 中英對照彩色精裝大本 800 元
34.**喇嘛性世界**—揭開假藏傳佛教譚崔瑜伽的面紗 張善思 等人著 200 元
35.**假藏傳佛教的神話**—性、謊言、喇嘛教 正玄教授編著 200 元
36.**金剛經宗通** 平實導師述 共九輯 每輯售價 250 元。
37.**空行母**—性別、身分定位，以及藏傳佛教。
珍妮·坎貝爾著 呂艾倫 中譯 售價 250 元
38.**末代達賴**—性交教主的悲歌 張善思、呂艾倫、辛燕編著 售價 250 元
39.**霧峰無霧**—給哥哥的信 辨正釋印順對佛法的無量誤解
游宗明 老師著 售價 250 元
40.**第七意識與第八意識？**—穿越時空「超意識」
平實導師述 每冊 300 元
41.**黯淡的達賴**—失去光彩的諾貝爾和平獎
正覺教育基金會編著 每冊 250 元
42.**童女迦葉考**—論呂凱文〈佛教輪迴思想的論述分析〉之謬。
平實導師 著 定價 180 元
43.**人間佛教**—實證者必定不悖三乘菩提
平實導師 述，定價 400 元
44.**實相經宗通** 平實導師述 共八輯 每輯 250 元
45.**真心告訴您(一)**—達賴喇嘛在幹什麼？
正覺教育基金會編著 售價 250 元
46.**中觀金鑑**—詳述應成派中觀的起源與其破法本質
孫正德老師著 分為上、中、下三冊，每冊 250 元
47.**佛法入門**—迅速進入三乘佛法大門，消除久學佛法漫無方向之窘境。
○○居士著 將於正覺電子報連載後出版。售價 250 元
48.**藏傳佛教要義**—《狂密與真密》之簡體字版 平實導師 著 上、下冊
僅在大陸流通 每冊 300 元
49.**法華經講義** 平實導師述 共二十五輯 每輯 300 元
已於 2015/05/31 起開始出版，每二個月出版一輯
50.**西藏「活佛轉世」制度**—附佛、造神、世俗法
許正豐、張正玄老師合著 定價 150 元
51.**廣論三部曲** 郭正益老師著 定價 150 元
52.**真心告訴您(二)**—達賴喇嘛是佛教僧侶嗎？
—補祝達賴喇嘛八十大壽
正覺教育基金會編著 售價 300 元
53.**次法**—實證佛法前應有的條件
張善思居士著 分為上、下二冊，每冊 250 元
54.**廣論之平議**—宗喀巴《菩提道次第廣論》之平議 正雄居士著
約二或三輯 俟正覺電子報連載後結集出版 書價未定
55.**末法導護**—對印順法師中心思想之綜合判攝 正慶老師著 書價未定
56.**菩薩學處**—菩薩四攝六度之要義 陸正元老師著 出版日期未定。

57.**八識規矩頌**詳解　○○居士 註解　出版日期另訂　書價未定。
58.**印度佛教史**—法義與考證。依法義史實評論印順《印度佛教思想史、佛教史地考論》之謬說　正偉老師著　出版日期未定　書價未定
59.**中國佛教史**—依中國佛教正法史實而論。 ○○老師 著　書價未定。
60.**中論正義**—釋龍樹菩薩《中論》頌正理。
孫正德老師著　出版日期未定　書價未定
61.**中觀正義**—註解平實導師《中論正義頌》。
○○法師（居士）著　出版日期未定　書價未定
62.**佛藏經講記**　平實導師述　出版日期未定　書價未定
63.**阿含經講記**—將選錄四阿含中數部重要經典全經講解之，講後整理出版。
平實導師述　約二輯　每輯300元　出版日期未定
64.**寶積經講記**　平實導師述　每輯三百餘頁 優惠價300元 出版日期未定
65.**解深密經講記**　平實導師述 約四輯　將於重講後整理出版
66.**成唯識論略解**　平實導師著　五～六輯　每輯300元　出版日期未定
67.**修習止觀坐禪法要講記**　平實導師述　每輯三百餘頁
將於正覺寺建成後重講、以講記逐輯出版　出版日期未定
68.**無門關**—《無門關》公案拈提　平實導師著　出版日期未定
69.**中觀再論**—兼述印順《中觀今論》謬誤之平議。正光老師著 出版日期未定
70.**輪迴與超度**—佛教超度法會之真義。
○○法師（居士）著　出版日期未定　書價未定
71.**《釋摩訶衍論》平議**—對偽稱龍樹所造《釋摩訶衍論》之平議
○○法師（居士）著　出版日期未定　書價未定
72.**正覺發願文**註解—以真實大願為因 得證菩提
正德老師著　出版日期未定　書價未定
73.**正覺總持咒**—佛法之總持　正圜老師著　出版日期未定　書價未定
74.**涅槃**—論四種涅槃　平實導師著　出版日期未定　書價未定
75.**三自性**—依四食、五蘊、十二因緣、十八界法，說三性三無性。
作者未定　出版日期未定
76.**道品**—從三自性說大小乘三十七道品　作者未定　出版日期未定
77.**大乘緣起觀**—依四聖諦七真如現觀十二緣起 作者未定　出版日期未定
78.**三德**—論解脫德、法身德、般若德。　作者未定　出版日期未定
79.**真假如來藏**—對印順《如來藏之研究》謬說之平議　作者未定 出版日期未定
80.**大乘道次第**　作者未定　出版日期未定　書價未定
81.**四緣**—依如來藏故有四緣。　作者未定　出版日期未定
82.**空之探究**—印順《空之探究》謬誤之平議　作者未定 出版日期未定
83.**十法義**—論阿含經中十法之正義　作者未定　出版日期未定
84.**外道見**—論述外道六十二見　作者未定　出版日期未定

正智出版社有限公司 書籍介紹

禪淨圓融：言淨土諸祖所未曾言，示諸宗祖師所未曾示；禪淨圓融，另闢成佛捷徑，兼顧自力他力，闡釋淨土門之速行易行道，亦同時揭櫫聖教門之速行易行道；令廣大淨土行者得免緩行難證之苦，亦令聖道門行者得以藉著淨土速行道而加快成佛之時劫。乃前無古人之超勝見地，非一般弘揚禪淨法門典籍也，先讀爲快。平實導師著200元。

宗門正眼
平實居士 著

宗門正眼——**公案拈提**第一輯：繼承克勤圜悟大師碧巖錄宗旨之禪門鉅作。先則舉示當代大法師之邪說，消弭當代禪門大師鄉愿之心態，摧破當今禪門「世俗禪」之妄談；次則旁通教法，表顯宗門正理；繼以道之次第，消弭古今狂禪；後藉言語及文字機鋒，直示宗門入處。悲智雙運，禪味十足，數百年來難得一睹之禪門鉅著也。平實導師著 500元（原初版書《禪門摩尼寶聚》，改版後補充爲五百餘頁新書，總計多達二十四萬字，內容更精彩，並改名爲《宗門正眼》，讀者原購初版《禪門摩尼寶聚》皆可寄回本公司免費換新，免附回郵，亦無截止期限）（2007年起，凡購買公案拈提第一輯至第七輯，每購一輯皆贈送本公司精製公案拈提〈超意境〉CD一片，市售價格280元，多購多贈）。

禪—悟前與悟後：本書能建立學人悟道之信心與正確知見，圓滿具足而有次第地詳述禪悟之功夫與禪悟之內容，指陳參禪中細微淆訛之處，能使學人明自眞心、見自本性。若未能悟入，亦能以正確知見辨別古今中外一切大師究係眞悟？或屬錯悟？便有能力揀擇，捨名師而選明師，後時必有悟道之緣。一旦悟道，遲者七次人天往返，便出三界，速者一生取辦。學人欲求開悟者，不可不讀。平實導師著。上、下冊共500元，單冊250元。

眞實如來藏：如來藏眞實存在，乃宇宙萬有之本體，並非印順法師、達賴喇嘛等人所說之「唯有名相、無此心體」。如來藏是涅槃之本際，是一切有智之人竭盡心智、不斷探索而不能得之生命實相；是古今中外許多大師自以爲悟而當面錯過之生命實相。如來藏即是阿賴耶識，乃是一切有情本自具足、不生不滅之眞實心。當代中外大師於此書出版之前所未能言者，作者於本書中盡情流露、詳細闡釋。眞悟者讀之，必能增益悟境、智慧增上；錯悟者讀之，必能檢討自己之錯誤，免犯大妄語業；未悟者讀之，能知參禪之理路，亦能以之檢查一切名師是否眞悟。此書是一切哲學家、宗教家、學佛者及欲昇華心智之人必讀之鉅著。平實導師著　售價400元。

宗門法眼——**公案拈提**第二輯：列舉實例，闡釋土城廣欽老和尚之悟處；並直示這位不識字的老和尚妙智橫生之根由，繼而剖析禪宗歷代大德之開悟公案，解析當代密宗高僧卡盧仁波切之錯悟證據，並例舉當代顯宗高僧、大居士之錯悟證據（凡健在者，爲免影響其名聞利養，皆隱其名）。藉辨正當代名師之邪見，向廣大佛子指陳禪悟之正道，彰顯宗門法眼。悲勇兼出，強捋虎鬚；慈智雙運，巧探驪龍；摩尼寶珠在手，直示宗門入處，禪味十足；若非大悟徹底，不能爲之。禪門精奇人物，允宜人手一冊，供作參究及悟後印證之圭臬。本書於2008年4月改版，增寫為大約500頁篇幅，以利學人研讀參究時更易悟入宗門正法，以前所購初版首刷及初版二刷舊書，皆可免費換取新書。平實導師著 500元（2007年起，凡購買公案拈提第一輯至第七輯，每購一輯皆贈送本公司精製公案拈提〈超意境〉CD一片，市售價格280元，多購多贈）。

宗門道眼——**公案拈提**第三輯：繼宗門法眼之後，再以金剛之作略、慈悲之胸懷、犀利之筆觸，舉示寒山、拾得、布袋三大士之悟處，消弭當代錯悟者對於寒山大士……等之誤會及誹謗。亦舉出民初以來與虛雲和尚齊名之蜀郡鹽亭袁煥仙夫子——南懷瑾老師之師，其「悟處」何在？並蒐羅許多眞悟祖師之證悟公案，顯示禪宗歷代祖師之睿智，指陳部分祖師、奧修及當代顯密大師之謬悟，作爲殷鑑，幫助禪子建立及修正參禪之方向及知見。假使讀者閱此書已，一時尚未能悟，亦可一面加功用行，一面以此宗門道眼辨別眞假善知識，避開錯誤之印證及歧路，可免大妄語業之長劫慘痛果報。欲修禪宗之禪者，務請細讀。平實導師著 售價500元（2007年起，凡購買公案拈提第一輯至第七輯，每購一輯皆贈送本公司精製公案拈提〈超意境〉CD一片，市售價格280元，多購多贈）。

楞伽經詳解：本經是禪宗見道者印證所悟眞僞之根本經典，亦是禪宗見道者悟後起修之依據經典；故達摩祖師於印證二祖慧可大師之後，將此經典連同佛鉢祖衣一併交付二祖，令其依此經典佛示金言、進入修道位，修學一切種智。由此可知此經對於眞悟之人修學佛道，是非常重要之一部經典。此經能破外道邪說，亦破佛門中錯悟名師之謬說，亦破禪宗部分祖師之狂禪：不讀經典、一向主張「一悟即成究竟佛」之謬執。並開示愚夫所行禪、觀察義禪、攀緣如禪、如來禪等差別，令行者對於三乘禪法差異有所分辨；亦糾正禪宗祖師古來對於如來禪之誤解，嗣後可免以訛傳訛之弊。此經亦是法相唯識宗之根本經典，禪者悟後欲修一切種智而入初地者，必須詳讀。　平實導師著，全套共十輯，已全部出版完畢，每輯主文約320頁，每冊約352頁，定價250元。

宗門血脈—**公案拈提**第**四**輯：末法怪象—許多修行人自以爲悟，每將無念靈知認作眞實；崇尚二乘法諸師及其徒眾，則將**外於如來藏之緣起性空**—無因論之無常空、斷滅空、一切法空—錯認爲 佛所說之般若空性。這兩種現象已於當今海峽兩岸及美加地區顯密大師之中普遍存在；人人自以爲悟，心高氣壯，便敢寫書解釋祖師證悟之公案，大多出於意識思惟所得，言不及義，錯誤百出，因此誤導廣大佛子同陷大妄語之地獄業中而不能自知。彼等書中所說之悟處，其實處處違背第一義經典之聖言量。彼等諸人不論是否身披袈裟，都非佛法宗門血脈，或雖有禪宗法脈之傳承，亦只徒具形式；猶如螟蛉，非眞血脈，未悟得根本眞實故。禪子欲知佛、祖之眞血脈者，請讀此書，便知分曉。平實導師著，主文452頁，全書464頁，定價500元（2007年起，凡購買公案拈提第一輯至第七輯，每購一輯皆贈送本公司精製公案拈提〈超意境〉CD一片，市售價格280元，多購多贈）。

宗通與說通：古今中外，錯誤之人如麻似粟，每以常見外道所說之靈知心，認作眞心；或妄想虛空之勝性能量爲眞如，或錯認物質四大元素藉冥性（靈知心本體）能成就吾人色身及知覺，或認初禪至四禪中之了知心爲不生不滅之涅槃心。此等皆非通宗者之見地。復有錯悟之人一向主張「宗門與教門不相干」，此即尚未通達宗門之人也。其實宗門與教門互通不二，宗門所證者乃是眞如與佛性，教門所說者乃說宗門證悟之眞如佛性，故教門與宗門不二。本書作者以宗教二門互通之見地，細說「宗通與說通」，從初見道至悟後起修之道、細說分明；並將諸宗諸派在整體佛教中之地位與次第，加以明確之教判，學人讀之即可了知佛法之梗概也。欲擇明師學法之前，允宜先讀。平實導師著，主文共381頁，全書392頁，只售成本價300元。

宗門正道——**公案拈提**第五輯：修學大乘佛法有二果須證解脫果及大菩提果。二乘人不證大菩提果，唯證解脫果；此果之智慧，名爲聲聞菩提、緣覺菩提。大乘佛子所證二果之菩提果爲佛菩提，故名大菩提果，其慧名爲一切種智函蓋二乘解脫果。然此大乘二果修證，須經由禪宗之宗門證悟方能相應。而宗門證悟極難，自古已然；其所以難者，咎在古今佛教界普遍存在三種邪見：1.以修定認作佛法，2.以無因論之緣起性空—否定涅槃本際如來藏以後之一切法空作爲佛法，3.以常見外道邪見（離語言妄念之靈知性）作爲佛法。如是邪見，或因自身正見未立所致，或因邪師之邪教導所致，或因無始劫來虛妄熏習所致。若不破除此三種邪見，永劫不悟宗門眞義、不入大乘正道，唯能外門廣修菩薩行。平實導師於此書中，有極爲詳細之說明，有志佛子欲摧邪見、入於內門修菩薩行者，當閱此書。主文共496頁，全書512頁。售價500元（2007年起，凡購買公案拈提第一輯至第七輯，每購一輯皆贈送本公司精製公案拈提〈超意境〉CD一片，市售價格280元，多購多贈）。

狂密與真密：密教之修學，皆由有相之觀行法門而入，其最終目標仍不離顯教經典所說第一義諦之修證；若離顯教第一義經典、或違背顯教第一義經典，即非佛教。西藏密教之觀行法，如灌頂、觀想、遷識法、寶瓶氣、大聖歡喜雙身修法、喜金剛、無上瑜伽、大樂光明、樂空雙運等，皆是印度教兩性生生不息思想之轉化，自始至終皆以如何能運用交合淫樂之法達到全身受樂為其中心思想，純屬欲界五欲的貪愛，不能令人超出欲界輪迴，更不能令人斷除我見；何況大乘之明心與見性，更無論矣！故密宗之法絕非佛法也。而其明光大手印、大圓滿法教，又皆同以常見外道所說離語言妄念之無念靈知心錯認為佛地之眞如，不能直指不生不滅之眞如。西藏密宗所有法王與徒眾，都尚未開頂門眼，不能辨別眞僞，以依人不依法、依密續不依經典故，不肯將其上師喇嘛所說對照第一義經典，純依密續之藏密祖師所說為準，因此而誇大其證德與證量，動輒謂彼祖師上師為究竟佛、為地上菩薩；如今台海兩岸亦有自謂其師證量高於 釋迦文佛者，然觀其師所述，猶未見道，仍在觀行即佛階段，尚未到禪宗相似即佛、分證即佛階位，竟敢標榜為究竟佛及地上法王，誑惑初機學人。凡此怪象皆是狂密，不同於眞密之修行者。近年狂密盛行，密宗行者被誤導者極眾，動輒自謂已證佛地眞如，自視為究竟佛，陷於大妄語業中而不知自省，反謗顯宗眞修實證者之證量粗淺；或如義雲高與釋性圓…等人，於報紙上公然誹謗眞實證道者為「騙子、無道人、人妖、癩蛤蟆…」等，造下誹謗大乘勝義僧之大惡業；或以外道法中有為有作之甘露、魔術……等法，誑騙初機學人，狂言彼外道法為眞佛法。如是怪象，在西藏密宗及附藏密之外道中，不一而足，舉之不盡，學人宜應愼思明辨，以免上當後又犯毀破菩薩戒之重罪。密宗學人若欲遠離邪知邪見者，請閱此書，即能了知密宗之邪謬，從此遠離邪見與邪修，轉入眞正之佛道。平實導師著 共四輯 每輯約400頁（主文約340頁）每輯售價300元。

宗門正義—公案拈提第六輯：佛教有六大危機，乃是藏密化、世俗化、膚淺化、學術化、宗門密意失傳、悟後進修諸地之次第混淆；其中尤以宗門密意之失傳，爲當代佛教最大之危機。由宗門密意失傳故，易令世尊本懷普被錯解，易令世尊正法被轉易爲外道法，以及加以淺化、世俗化，是故宗門密意之廣泛弘傳與具緣佛弟子，極爲重要。然而欲令宗門密意之廣泛弘傳予具緣之佛弟子者，必須同時配合錯誤知見之解析、普令佛弟子知之，然後輔以公案解析之直示入處，方能令具緣之佛弟子悟入。而此二者，皆須以公案拈提之方式爲之，方易成其功、竟其業，是故平實導師續作宗門正義一書，以利學人。　全書500餘頁，售價500元（2007年起，凡購買公案拈提第一輯至第七輯，每購一輯皆贈送本公司精製公案拈提〈超意境〉CD一片，市售價格280元，多購多贈）。

心經密意—心經與解脫道、佛菩提道、祖師公案之關係與密意。二乘菩提所證之解脫道，實依第八識心之斷除煩惱障現行而立解脫之名；大乘菩提所證之佛菩提道，實依親證第八識如來藏之涅槃性、清淨自性、及其中道性而立般若之名；禪宗祖師公案所證之眞心，即是此第八識如來藏；是故三乘佛法所修所證之三乘菩提，皆依此如來藏心而立名也。此第八識心，即是《心經》所說之心也。證得此如來藏已，即能漸入大乘佛菩提道，亦可因證知此心而了知二乘無學所不能知之無餘涅槃本際，是故《心經》之密意，與三乘佛菩提之關係極爲密切、不可分割，三乘佛法皆依此心而立名故。今者平實導師以其所證解脫道之無生智及佛菩提之般若種智，將《心經》與解脫道、佛菩提道、祖師公案之關係與密意，以演講之方式，用淺顯之語句和盤托出，發前人所未言，呈三乘菩提之眞義，令人藉此《心經密意》一舉而窺三乘菩提之堂奧，迥異諸方言不及義之說；欲求眞實佛智者、不可不讀！主文317頁，連同跋文及序文…等共384頁，售價300元。

宗門密意—公案拈提第七輯：佛教之世俗化，將導致學人以信仰作爲學佛，則將以感應及世間法之庇祐，作爲學佛之主要目標，不能了知學佛之主要目標爲親證三乘菩提。大乘菩提則以般若實相智慧爲主要修習目標，以二乘菩提解脫道爲附帶修習之標的；是故學習大乘法者，應以禪宗之證悟爲要務，能親入大乘菩提之實相般若智慧中故，般若實相智慧非二乘聖人所能知故。此書則以台灣世俗化佛教之三大法師，說法似是而非之實例，配合眞悟祖師之公案解析，提示證悟般若之關節，令學人易得悟入。平實導師著，全書五百餘頁，售價500元（2007年起，凡購買公案拈提第一輯至第七輯，每購一輯皆贈送本公司精製公案拈提〈超意境〉CD一片，市售價格280元，多購多贈）。

淨土聖道—兼評日本本願念佛：佛法甚深極廣，般若玄微，非諸二乘聖僧所能知之，一切凡夫更無論矣！所謂一切證量皆歸淨土是也！是故大乘法中「聖道之淨土、淨土之聖道」，其義甚深，難可了知；乃至眞悟之人，初心亦難知也。今有正德老師眞實證悟後，復能深探淨土與聖道之緊密關係，憐憫眾生之誤會淨土實義，亦欲利益廣大淨土行人同入聖道，同獲淨土中之聖道門要義，乃振奮心神、書以成文，今得刊行天下。主文279頁，連同序文等共301頁，總有十一萬六千餘字，正德老師著，成本價200元。

起信論講記：詳解大乘起信論**心生滅門**與**心眞如門**之眞實意旨，消除以往大師與學人對起信論所說**心生滅門**之誤解，由是而得了知眞心如來藏之非常非斷中道正理；亦因此一講解，令此論以往隱晦而被誤解之眞實義，得以如實顯示，令大乘佛菩提道之正理得以顯揚光大；初機學者亦可藉此正論所顯示之法義，對大乘法理生起正信，從此得以眞發菩提心，眞入大乘法中修學，世世常修菩薩正行。平實導師演述，共六輯，都已出版，每輯三百餘頁，售價各250元。

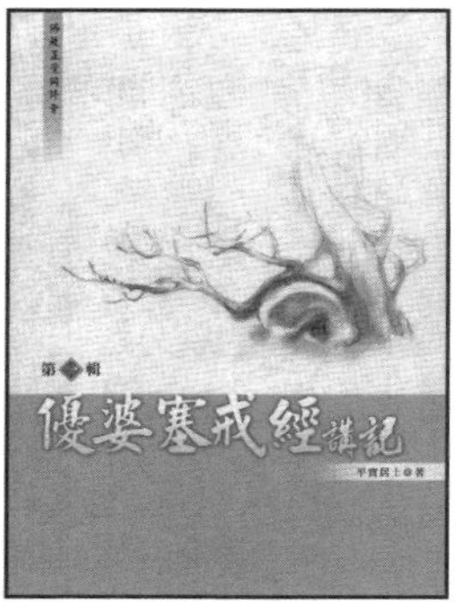

優婆塞戒經講記：本經詳述在家菩薩修學大乘佛法，應如何受持菩薩戒？對人間善行應如何看待？對三寶應如何護持？應如何正確地修集此世後世證法之福德？應如何修集後世「行菩薩道之資糧」？並詳述第一義諦之正義：五蘊非我非異我、自作自受、異作異受、不作不受……等深妙法義，乃是修學大乘佛法、行菩薩行之在家菩薩所應當了知者。出家菩薩今世或未來世登地已，捨報之後多數將如華嚴經中諸大菩薩，以在家菩薩身而修行菩薩行，故亦應以此經所述正理而修之，配合《楞伽經、解深密經、楞嚴經、華嚴經》等道次第正理，方得漸次成就佛道；故此經是一切大乘行者皆應證知之正法。平實導師講述，每輯三百餘頁，售價各250元；共八輯，已全部出版。

真假活佛—略論附佛外道盧勝彥之邪說：人人身中都有眞活佛，永生不滅而有大神用，但眾生都不了知，所以常被身外的西藏密宗假活佛籠罩欺瞞。本來就眞實存在的眞活佛，才是眞正的密宗無上密！諾那活佛因此而說禪宗是大密宗，但藏密的所有活佛都不知道、也不曾實證自身中的眞活佛。本書詳實宣示眞活佛的道理，舉證盧勝彥的「佛法」不是眞佛法，也顯示盧勝彥是假活佛，直接的闡釋第一義佛法見道的眞實正理。眞佛宗的所有上師與學人們，都應該詳細閱讀，包括盧勝彥個人在內。正犀居士著，優惠價140元。

阿含正義—唯識學探源：廣說四大部《阿含經》諸經中隱說之眞正義理，一一舉示佛陀本懷，令阿含時期初轉法輪根本經典之眞義，如實顯現於佛子眼前。並提示末法大師對於阿含眞義誤解之實例，一一比對之，證實唯識增上慧學確於原始佛法之阿含諸經中已隱覆密意而略說之，證實 世尊確於原始佛法中已曾密意而說第八識如來藏之總相；亦證實 世尊在四阿含中已說此藏識是名色十八界之因、之本—證明如來藏是能生萬法之根本心。佛子可據此修正以往受諸大師（譬如西藏密宗應成派中觀師：印順、昭慧、性廣、大願、達賴、宗喀巴、寂天、月稱、……等人）誤導之邪見，建立正見，轉入正道乃至親證初果而無困難；書中並詳說三果所證的**心解脫**，以及四果**慧解脫**的親證，都是如實可行的具體知見與行門。全書共七輯，已出版完畢。平實導師著，每輯三百餘頁，售價300元。

超意境CD：以平實導師公案拈提書中超越意境之頌詞，加上曲風優美的旋律，錄成令人嚮往的超意境歌曲，其中包括正覺發願文及平實導師親自譜成的黃梅調歌曲一首。詞曲雋永，殊堪翫味，可供學禪者吟詠，有助於見道。內附設計精美的彩色小冊，解說每一首詞的背景本事。每片280元。【每購買公案拈提書籍一冊，即贈送一片。】

鈍鳥與靈龜：鈍鳥及靈龜二物，被宗門證悟者說爲二種人：前者是精修禪定而無智慧者，也是以定爲禪的愚癡禪人；後者是或有禪定、或無禪定的宗門證悟者，凡已證悟者皆是靈龜。但後來被人虛造事實，用以嘲笑大慧宗杲禪師，說他雖是靈龜，卻不免被天童禪師預記「患背」痛苦而亡：「**鈍鳥離巢易，靈龜脫殼難。**」藉以貶低大慧宗杲的證量。同時將天童禪師實證如來藏的證量，曲解爲意識境界的離念靈知。自從大慧禪師入滅以後，錯悟凡夫對他的不實毀謗就一直存在著，不曾止息，並且捏造的假事實也隨著年月的增加而越來越多，終至編成「鈍鳥與靈龜」的假公案、假故事。本書是考證大慧與天童之間的不朽情誼，顯現這件假公案的虛妄不實；更見大慧宗杲面對惡勢力時的正直不阿，亦顯示大慧對天童禪師的至情深義，將使後人對大慧宗杲的誣謗至此而止，不再有人誤犯毀謗賢聖的惡業。書中亦舉證宗門的所悟確以第八識如來藏爲標的，詳讀之後必可改正以前被錯悟大師誤導的參禪知見，日後必定有助於實證禪宗的開悟境界，得階大乘眞見道位中，即是實證般若之賢聖。全書459頁，售價350元。

我的菩提路第一輯：凡夫及二乘聖人不能實證的佛菩提證悟，末法時代的今天仍然有人能得實證，由正覺同修會釋悟圓、釋善藏法師等二十餘位實證如來藏者所寫的見道報告，已爲當代學人見證宗門正法之絲縷不絕，證明大乘義學的法脈仍然存在，爲末法時代求悟般若之學人照耀出光明的坦途。由二十餘位大乘見道者所繕，敘述各種不同的學法、見道因緣與過程，參禪求悟者必讀。全書三百餘頁，售價300元。

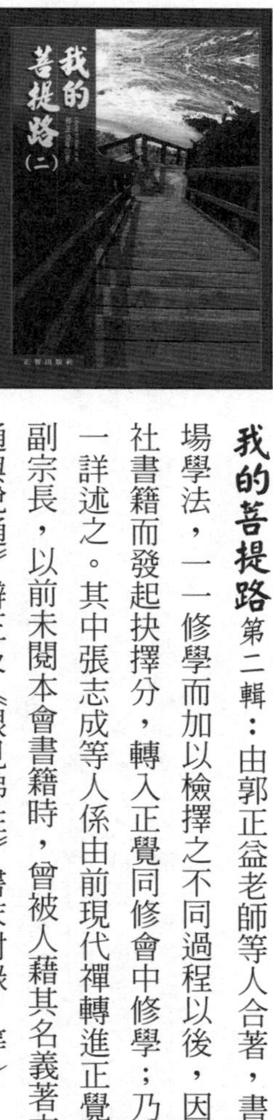

我的菩提路第二輯：由郭正益老師等人合著，書中詳述彼等諸人歷經各處道場學法，一一修學而加以檢擇之不同過程以後，因閱讀正覺同修會、正智出版社書籍而發起抉擇分，轉入正覺同修會中修學；乃至學法及見道之過程，都一一詳述之。其中張志成等人係由前現代禪轉進正覺同修會，張志成原爲現代禪副宗長，以前未閱本會書籍時，曾被人藉其名義著文評論 平實導師（詳見《宗通與說通》辨正及《眼見佛性》書末附錄…等）；後因偶然接觸正覺同修會書籍，深覺以前聽人評論平實導師之語不實，於是投入極多時間閱讀本會書籍、深入思辨，詳細探索中觀與唯識之關聯與異同，認爲正覺之法義方是正法，深覺相應；亦解開多年來對佛法的迷雲，確定應依八識論正理修學方是正法。乃不顧面子，毅然前往正覺同修會面見平實導師懺悔，並正式學法求悟。今已與其同修王美伶（亦爲前現代禪傳法老師），同樣證悟如來藏而證得法界實相，生起實相般若眞智。此書中尚有七年來本會第一位眼見佛性者之見性報告一篇，一同供養大乘佛弟子。全書四百頁，售價300元。

我的菩提路第三輯：由王美伶老師等人合著。自從正覺同修會成立以來，每年夏初、冬初都舉辦精進禪三共修，藉以助益會中同修們得以證悟明心發起般若實相智慧；凡已實證而被平實導師印證者，皆書具見道報告用以證明佛法之眞實可證而非玄學，證明佛法並非純屬思想、理論而無實質，是故每年都能有人證明正覺同修會的「實證佛教」主張並非虛語。特別是眼見佛性一法，自古以來中國禪宗祖師實證者極寡，較之明心開悟的證境更難令人信受；至2017年初，正覺同修會中的證悟明心者已近五百人，然而其中眼見佛性者至今唯十餘人爾，可謂難能可貴，是故明心後欲冀眼見佛性者實屬不易。黃正倖老師是懸絕七年無人見性後的第一人，她於2009年的見性報告刊於本書的第二輯中，爲大眾證明佛性確實可以眼見；其後七年之中求見性者都屬解悟佛性而無人眼見，幸而又經七年後的2016冬初，以及2017夏初的禪三，復有三人眼見佛性，希冀鼓舞四眾佛子求見佛性之大心，今則具載一則於書末，顯示求見佛性之事實經歷，供養現代佛教界欲得見性之四眾弟子。全書四百頁，售價300元。

維摩詰經講記：本經係 世尊在世時，由等覺菩薩維摩詰居士藉疾病而演說之大乘菩提無上妙義，所說函蓋甚廣，然極簡略，是故今時諸方大師與學人讀之悉皆錯解，何況能知其中隱含之深妙正義，是故普遍無法爲人解說；若強爲人說，則成依文解義而有諸多過失。今由平實導師公開宣講之後，詳實解釋其中密意，令維摩詰菩薩所說大乘不可思議解脫之深妙正法得以正確宣流於人間，利益當代學人及與諸方大師。書中詳實演述大乘佛法深妙不共二乘之智慧境界，顯示諸法之中絕待之實相境界，建立大乘菩薩妙道於永遠不敗不壞之地，以此成就護法偉功，欲冀永利娑婆人天。已經宣講圓滿整理成書流通，以利諸方大師及諸學人。全書共六輯，每輯三百餘頁，售價各250元。

菩薩底憂鬱CD將菩薩情懷及禪宗公案寫成新詞，並製作成超越意境的優美歌曲。1.主題曲〈菩薩底憂鬱〉，描述地後菩薩能離三界生死而迴向繼續生在人間，但因尚未斷盡習氣種子而有極深沈之憂鬱，非三賢位菩薩及二乘聖者所知，此憂鬱在七地滿心位方才斷盡；本曲之詞中所說義理極深，昔來所未曾見；此曲係以優美的情歌風格寫詞及作曲，聞者得以激發嚮往諸地菩薩境界之大心，詞、曲都非常優美，難得一見；其中勝妙義理之解說，已印在附贈之彩色小冊中。2.以各輯公案拈提中直示禪門入處之頌文，作成各種不同曲風之超意境歌曲，值得玩味、參究；聆聽公案拈提之優美歌曲時，請同時閱讀內附之印刷精美說明小冊，可以領會超越三界的證悟境界；未悟者可以因此引發求悟之意向及疑情，眞發菩提心而邁向求悟之途，乃至因此眞實悟入般若，成眞菩薩。3.正覺總持咒新曲，總持佛法大意；總持咒之義理，已加以解說並印在隨附之小冊中。本CD共有十首歌曲，長達63分鐘，附贈二張購書優惠券。每片280元。

勝鬘經講記：如來藏爲三乘菩提之所依，若離如來藏心體及其含藏之一切種子，即無三界有情及一切世間法，亦無二乘菩提緣起性空之出世間法；本經詳說無始無明、一念無明皆依如來藏而有之正理，藉著詳解煩惱障與所知障間之關係，令學人深入了知二乘菩提與佛菩提相異之妙理；聞後即可了知佛菩提之特勝處及三乘修道之方向與原理，邁向攝受正法而速成佛道的境界中。平實導師講述，共六輯，每輯三百餘頁，售價各250元。

楞嚴經講記：楞嚴經係密教部之重要經典，亦是顯教中普受重視之經典；經中宣說明心與見性之內涵極爲詳細，將一切法都會歸如來藏及佛性—妙眞如性；亦闡釋佛菩提道修學過程中之種種魔境，以及外道誤會涅槃之狀況，旁及三界世間之起源。然因言句深澀難解，法義亦復深妙寬廣，學人讀之普難通達，是故讀者大多誤會，不能如實理解佛所說之明心與見性內涵，亦因是故多有悟錯之人引爲開悟之證言，成就大妄語罪。今由平實導師詳細講解之後，整理成文，以易讀易懂之語體文刊行天下，以利學人。全書十五輯，全部出版完畢。每輯三百餘頁，售價每輯300元。

明心與眼見佛性：本書細述明心與眼見佛性之異同，同時顯示了中國禪宗破初參明心與重關眼見佛性二關之間的關聯；書中又藉法義辨正而旁述其他許多勝妙法義，讀後必能遠離佛門長久以來積非成是的錯誤知見，令讀者在佛法的實證上有極大助益。也藉慧廣法師的謬論來教導佛門學人回歸正知正見，遠離古今禪門錯悟者所墮的意識境界，非唯有助於斷我見，也對未來的開悟明心實證第八識如來藏有所助益，是故學禪者都應細讀之。游正光老師著　共448頁　售價300元。

見性與看話頭：黃正倖老師的《見性與看話頭》於《正覺電子報》連載完畢，今結集出版。書中詳說禪宗看話頭的詳細方法，並細說看話頭與眼見佛性的關係，以及眼見佛性者求見佛性前必須具備的條件。本書是禪宗實修者追求明心開悟時參禪的方法書，也是求見佛性者作功夫時必讀的方法書，內容兼顧眼見佛性的理論與實修之方法，是依實修之體驗配合理論而詳述，條理分明而且極爲詳實、周全、深入。本書內文375頁，全書416頁，售價300元。

禪意無限ＣＤ平實導師以公案拈提書中偈頌寫成不同風格曲子，與他人所寫不同風格曲子共同錄製出版，幫助參禪人進入禪門超越意識之境界。盒中附贈彩色印製的精美解說小冊，以供聆聽時閱讀，令參禪人得以發起參禪之疑情，即有機會證悟本來面目，實證大乘菩提般若。本CD共有十首歌曲，長達69分鐘，每盒各附贈二張購書優惠券。每片280元。

金剛經宗通：三界唯心，萬法唯識，是成佛之修證內容，是諸地菩薩之所修；般若則是成佛之道（實證三界唯心、萬法唯識）的入門，若未證悟實相般若，即無成佛之可能，必將永在外門廣行菩薩六度，永在凡夫位中。然而實相般若的發起，全賴實證萬法的實相；若欲證知萬法的眞相，則必須探究萬法之所從來，則須實證自心如來——金剛心如來藏，然後現觀這個金剛心的金剛性、眞實性、如如性、清淨性、涅槃性、能生萬法的自性性、本住性，名爲證眞如；進而現觀三界六道唯是此金剛心所成，人間萬法須藉八識心王和合運作方能現起。如是實證《華嚴經》的「三界唯心、萬法唯識」以後，由此等現觀而發起實相般若智慧，繼續進修第十住位的如幻觀、第十行位的陽焰觀、第十迴向位的如夢觀，再生起增上意樂而勇發十無盡願，方能滿足三賢位的實證，轉入初地；自知成佛之道而無偏倚，從此按部就班、次第進修乃至成佛。第八識自心如來是般若智慧之所依，般若智慧的修證則要從實證金剛心自心如來開始；《金剛經》則是解說自心如來之經典，是一切三賢位菩薩所應進修之實相般若經典。這一套書，是將平實導師宣講的《金剛經宗通》內容，整理成文字而流通之；書中所說義理，迥異古今諸家依文解義之說，指出大乘見道方向與理路，有益於禪宗學人求開悟見道，及轉入內門廣修六度萬行。講述完畢後結集出版，總共9輯，每輯約三百餘頁，售價各250元。

真假外道：本書具體舉證佛門中的常見外道知見實例，並加以教證及理證上的辨正，幫助讀者輕鬆而快速的了知常見外道的錯誤知見，進而遠離佛門內外的常見外道知見，因此即能改正修學方向而快速實證佛法。游正光老師著。成本價200元。

空行母——性別、身分定位，以及藏傳佛教：本書作者為蘇格蘭哲學家，因為嚮往佛教深妙的哲學內涵，於是進入當年盛行於歐美的假藏傳佛教密宗，擔任卡盧仁波切的翻譯工作多年以後，被邀請成為卡盧的空行母（又名佛母、明妃），開始了她在密宗裡的實修過程；後來發覺在密宗雙身法中的修行，其實無法使自己成佛，也發覺密宗對女性岐視而處處貶抑，並剝奪女性在雙身法中擔任一半角色時應有的身分定位。當她發覺自己只是雙身法中被喇嘛利用的工具，沒有獲得絲毫應有的尊重與基本定位時，發現了密宗的父權社會控制女性的本質；於是作者傷心地離開了卡盧仁波切與密宗，但是卻被恐嚇不許講出她在密宗裡的經歷，也不許她說出自己對密宗的教義與教制下對女性剝削的本質，否則將被咒殺死亡。後來她去加拿大定居，十餘年後方才擺脫這個恐嚇陰影，下定決心將親身經歷的實情及觀察到的事實寫下來並且出版，公諸於世。出版之後，她被流亡的達賴集團人士大力攻訐，誣指她為精神狀態失常、說謊……等。但有智之士並未被達賴集團的政治操作及各國政府政治運作吹捧達賴的表相所欺，使她的書銷售無阻而又再版。正智出版社鑑於作者此書是親身經歷的事實，所說具有針對「藏傳佛教」而作學術研究的價值，也有使人認清假藏傳佛教剝削佛母、明妃的男性本位實質，因此洽請作者同意中譯而出版於華人地區。珍妮·坎貝爾女士著，呂艾倫 中譯，每冊250元。

霧峰無霧—給哥哥的信：本書作者藉兄弟之間信件往來論義，略述佛法大義；並以多篇短文辨義，舉出釋印順對佛法的無量誤解證據，並一一給予簡單而清晰的辨正，令人一讀即知。久讀、多讀之後即能認清楚釋印順的六識論見解，與眞實佛法之牴觸是多麼嚴重；於是在久讀、多讀之後，於不知不覺之間提升了對佛法的極深入理解，正知正見就在不知不覺間建立起來了。當三乘佛法的正知見建立起來之後，對於三乘菩提的見道條件便將隨之具足，於是聲聞解脫道的見道也就水到渠成；接著大乘見道的因緣也將次第成熟，未來自然也會有親見大乘菩提之道的因緣，悟入大乘實相般若也將自然成功，自能通達般若系列諸經而成實義菩薩。作者居住於南投縣霧峰鄉，自喻見道之後不復再見霧峰之霧，故鄉原野美景一一明見，於是立此書名爲《霧峰無霧》；讀者若欲撥霧見月，可以此書爲緣。游宗明　老師著　售價250元。

假藏傳佛教的神話—性、謊言、喇嘛教：本書編著者是由一首名叫「阿姊鼓」的歌曲爲緣起，展開了序幕，揭開假藏傳佛教—喇嘛教—的神秘面紗。其重點是蒐集、摘錄網路上質疑「喇嘛教」的帖子，以揭穿「假藏傳佛教的神話」爲主題，串聯成書，並附加彩色插圖以及說明，讓讀者們瞭解西藏密宗及相關人事如何被操作爲「神話」的過程，以及神話背後的眞相。作者：張正玄教授。售價200元。

達賴真面目—玩盡天下女人：假使您不想戴綠帽子，請記得詳細閱讀此書；假使您不想讓好朋友戴綠帽子，請您將此書介紹給您的好朋友。假使您想保護家中的女性，也想要保護好朋友的女眷，請記得將此書送給家中的女性和好友的女眷都來閱讀。本書爲印刷精美的大本彩色中英對照精裝本，爲您揭開達賴喇嘛的眞面目，內容精彩不容錯過，爲利益社會大眾，特別以優惠價格嘉惠所有讀者。編著者：白志偉等。大開版雪銅紙彩色精裝本。售價800元。

喇嘛性世界—揭開假藏傳佛教譚崔瑜伽的面紗：這個世界中的喇嘛，號稱來自世外桃源的香格里拉，穿著或紅或黃的喇嘛長袍，散布於我們的身邊傳教灌頂，吸引了無數的人嚮往學習；這些喇嘛虔誠地爲大眾祈福，手中拿著寶杵（金剛）與寶鈴（蓮花），口中唸著咒語：「唵．嘛呢．叭咪．吽……」，咒語的意思是說：「我至誠歸命金剛杵上的寶珠伸向蓮花寶穴之中」！「喇嘛性世界」是什麼樣的「世界」呢？本書將爲您呈現喇嘛世界的面貌。當您發現眞相以後，您將會唸：「噢！喇嘛．性．世界，譚崔性交嘛！」作者：張善思、呂艾倫。售價200元。

末代達賴—性交教主的悲歌：簡介從藏傳僞佛教（喇嘛教）的修行核心—性力派男女雙修，探討達賴喇嘛及藏傳僞佛教的修行內涵。書中引用外國知名學者著作、世界各地新聞報導，包含：歷代達賴喇嘛的祕史、達賴六世修雙身法的事蹟，以及《時輪續》中的性交灌頂儀式……等；達賴喇嘛書中開示的雙修法、達賴喇嘛的黑暗政治手段；達賴喇嘛所領導的寺院爆發喇嘛性侵兒童；新聞報導《西藏生死書》作者索甲仁波切性侵女信徒、澳洲喇嘛秋達公開道歉、美國最大假藏傳佛教組織領導人邱陽創巴仁波切的性氾濫，等等事件背後眞相的揭露。作者：張善思、呂艾倫、辛燕。售價250元。

第七意識與第八意識？—穿越時空「超意識」「三界唯心，萬法唯識」是佛教中應該實證的聖教，也是《華嚴經》中明載而可以實證的法界實相。唯心者，三界一切境界、一切諸法唯是一心所成就，即是每一個有情的第八識如來藏，不是意識心。唯識者，即是人類各各都具足的八識心王——眼識、耳鼻舌身意識、意根、阿賴耶識，第八阿賴耶識又名如來藏，人類五陰相應的萬法，莫不由八識心王共同運作而成就，故說萬法唯識。依聖教量及現量、比量，都可以證明意識是二法因緣生，是由第八識藉意根與法塵二法爲因緣而出生，又是夜夜斷滅不存之生滅心，即無可能反過來出生第七識意根、第八識如來藏，當知不可能從生滅性的意識心中，細分出恆審思量的第七識意根，更無可能細分出恆而不審的第八識如來藏。本書是將演講內容整理成文字，細說如是內容，並已在〈正覺電子報〉連載完畢，今彙集成書以廣流通，欲幫助佛門有緣人斷除意識我見，跳脫於識陰之外而取證聲聞初果；嗣後修學禪宗時即得不墮外道神我之中，得以求證第八識金剛心而發起般若實智。平實導師 述，每冊300元。

黯淡的達賴—失去光彩的諾貝爾和平獎：本書舉出很多證據與論述，詳述達賴喇嘛不為世人所知的一面，顯示達賴喇嘛並不是眞正的和平使者，而是假借諾貝爾和平獎的光環來欺騙世人；透過本書的說明與舉證，讀者可以更清楚的瞭解，達賴喇嘛是結合暴力、黑暗、淫欲於喇嘛教裡的集團首領，其政治行為與宗教主張，早已讓諾貝爾和平獎的光環染污了。 本書由財團法人正覺教育基金會寫作、編輯，由正覺出版社印行，每冊250元。

人間佛教—實證者必定不悖三乘菩提 「大乘非佛說」的講法似乎流傳已久，卻只是日本人企圖擺脫中國正統佛教的影響，而在明治維新時期才開始提出來的說法；台灣佛教、大陸佛教的淺學無智之人，由於未曾實證佛法而迷信日本人錯誤的學術考證，錯認為這些別有用心的日本佛學考證的講法為天竺佛教的眞實歷史；甚至還有更激進的反對佛教者提出「釋迦牟尼佛並非眞實存在，只是後人捏造的假歷史人物」，竟然也有少數人願意跟著「學術」的假光環而信受不疑，於是開始有一些佛教界人士造作了反對中國佛教而推崇南洋小乘佛教的行為，使佛教的信仰者難以檢擇，導致一般大陸人士開始轉入基督教的盲目迷信中。在這些佛教及外教人士之中，也就有一分人根據此邪說而大聲主張「大乘非佛說」的謬論，這些人以「人間佛教」的名義來抵制中國正統佛教，公然宣稱中國的大乘佛教是由聲聞部派佛教的凡夫僧所創造出來的。這樣的說法流傳於台灣及大陸佛教界凡夫僧之中已久，卻非眞正的佛教歷史中曾經發生過的事，只是繼承六識論的聲聞法中凡夫僧依自己的意識境界立場，純憑臆想而編造出來的妄想說法，卻已經影響許多無智之凡夫僧俗信受不移。本書則是從佛教的經藏法義實質及實證的現量內涵本質立論，證明大乘佛法本是佛說，是從《阿含正義》尚未說過的不同面向來討論「人間佛教」的議題，證明「大乘眞佛說」。閱讀本書可以斷除六識論邪見，迴入三乘菩提正道發起實證的因緣；也能斷除禪宗學人學禪時普遍存在之錯誤知見，對於建立參禪時的正知見有很深的著墨。 平實導師 述，內文488頁，全書528頁，定價400元。

童女迦葉考—論呂凱文〈佛教輪迴思想的論述分析〉之謬　童女迦葉是佛世率領五百大比丘遊行於人間的歷史事實，是以童貞行而依止菩薩戒弘化於人間的大菩薩，不依別解脫戒（聲聞戒）來弘化於人間。這是大乘佛教與聲聞佛教同時存在於佛世的歷史明證，證明大乘佛教不是從聲聞法中分裂出來的部派佛教的產物，卻是聲聞佛教分裂出來的部派佛教聲聞凡夫僧所不樂見的史實；於是古今聲聞法中的凡夫都欲加以扭曲而作詭說，更是末法時代高聲大呼「大乘非佛說」的六識論聲聞凡夫極力想要扭曲的佛教史實之一，於是想方設法扭曲迦葉菩薩爲聲聞僧，以及扭曲迦葉童女爲比丘僧等荒謬不實之論著便陸續出現，古時聲聞僧寫作的《分別功德論》是最具體之事例，現代之代表作則是呂凱文先生的〈佛教輪迴思想的論述分析〉論文。鑑於如是假藉學術考證以籠罩大眾之不實謬論，未來仍將繼續造作及流竄於佛教界，繼續扼殺大乘佛教學人法身慧命，必須舉證辨正之，遂成此書。平實導師　著，每冊180元。

中觀金鑑—詳述應成派中觀的起源與其破法本質　學佛人往往迷於中觀學派之不同學說，被應成派與自續派所迷惑；修學般若中觀二十年後自以爲實證般若中觀了，卻仍不曾入門，甫聞實證般若中觀者之所說，則茫無所知，迷惑不解；隨後信心盡失，不知如何實證佛法；凡此，皆因惑於這二派中觀學說所致。自續派中觀所說同於常見，以意識境界立爲第八識如來藏之境界，應成派所說則同於斷見，但又同立意識爲常住法，故亦具足斷常二見。今者孫正德老師有鑑於此，乃將起源於密宗的應成派中觀學說，追本溯源，詳考其來源之外，亦一一舉證其立論內容，詳加辨正，令密宗雙身法祖師以識陰境界而造之應成派中觀學說本質，詳細呈現於學人眼前，令其維護雙身法之目的無所遁形。若欲遠離密宗此二大派中觀謬說，欲於三乘菩提有所進道者，允宜具足閱讀並細加思惟，反覆讀之以後將可捨棄邪道返歸正道，則於般若之實證即有可能，證後自能現觀如來藏之中道境界而成就中觀。本書分上、中、下三冊，每冊250元，已全部出版完畢。

實相經宗通：學佛之目的在於實證一切法界背後之實相，禪宗稱之爲本來面目或本地風光，佛菩提道中稱之爲實相法界；此實相法界即是金剛藏，又名佛法之祕密藏，即是能生有情五陰、十八界及宇宙萬有（山河大地、諸天、三惡道世間）的第八識如來藏，又名阿賴耶識心，即是禪宗祖師所說的眞如心，此心即是三界萬有背後的實相。證得此第八識心時，自能瞭解般若諸經中隱說的種種密意，即得發起實相般若——實相智慧。每見學佛人修學佛法二十年後仍對實相般若茫然無知，亦不知如何入門，茫無所趣；更因不知三乘菩提的互異互同，是故越是久學者對佛法越覺茫然，都肇因於尚未瞭解佛法的全貌，亦未瞭解佛法的修證內容即是第八識心所致。本書對於修學佛法者所應實證的實相境界提出明確解析，並提示趣入佛菩提道的入手處，有心親證實相般若的佛法實修者，宜詳讀之，於佛菩提之實證即有下手處。平實導師述著，共八輯，全部出版完畢，每輯成本價250元。

真心告訴您（一）——達賴喇嘛在幹什麼？ 這是一本報導篇章的選集，更是「破邪顯正」的暮鼓晨鐘。「破邪」是戳破假象，說明達賴喇嘛及其所率領的密宗四大派法王、喇嘛們，弘傳的佛法是仿冒的佛法；他們是假藏傳佛教，是坦特羅（譚崔性交）外道法和藏地崇奉鬼神的苯教混合成的「喇嘛教」，推廣的是以所謂「無上瑜伽」的男女雙身法冒充佛法的假佛教，詐財騙色誤導眾生，常常造成信徒家庭破碎、家中兒少失怙的嚴重後果。「顯正」是揭櫫眞相，指出眞正的藏傳佛教只有一個，就是覺囊巴，傳的是 釋迦牟尼佛演繹的第八識如來藏妙法，稱爲他空見大中觀。正覺教育基金會即以此古今輝映的如來藏正法正知見，在眞心新聞網中逐次報導出來，將箇中原委「眞心告訴您」，如今結集成書，與想要知道密宗眞相的您分享。售價250元。

真心告訴您（二）——達賴喇嘛是佛教僧侶嗎？補祝達賴喇嘛八十大壽：這是一本針對當今達賴喇嘛所領導的喇嘛教，冒用佛教名相、於師徒間或師兄姊間，實修男女邪淫，而從佛法三乘菩提的現量與聖教量，揭發其謊言與邪術，證明達賴及其喇嘛教是仿冒佛教的外道，是「假藏傳佛教」。藏密四大派教義雖有「八識論」與「六識論」的表面差異，然其實修之內容，皆共許「無上瑜伽」四部灌頂為究竟「成佛」之法門，也就是共以男女雙修之邪淫法為「即身成佛」之密要，雖美其名曰「欲貪為道」之「金剛乘」，並誇稱其成就超越於（應身佛）釋迦牟尼佛所傳之顯教般若乘之上；然詳考其理論，則或以意識離念時之粗細心為第八識如來藏，或以中脈裡的明點為第八識如來藏，或如宗喀巴與達賴堅決主張第六意識為常恆不變之眞心者，分別墮於外道之常見與斷見中；全然違背 佛說能生五蘊之如來藏的實質。售價300元。

西藏「活佛轉世」制度——附佛、造神、世俗法：歷來關於喇嘛教活佛轉世的研究，多針對歷史及文化兩部分，於其所以成立的理論基礎，較少系統化的探討。尤其是此制度是否依據「佛法」而施設？是否合乎佛法眞實義？現有的文獻大多含糊其詞，或人云亦云，不曾有明確的闡釋與如實的見解。因此本文先從活佛轉世的由來，探索此制度的起源、背景與功能，並進而從活佛的尋訪與認證之過程，發掘活佛轉世的特徵，以確認「活佛轉世」在佛法中應具足何種果德。定價150元。

法華經講義：此書爲平實導師始從2009/7/21演述至2014/1/14之講經錄音整理所成。世尊一代時教，總分五時三教，即是華嚴時、聲聞緣覺教、般若教、種智唯識教、法華時；依此五時三教區分爲藏、通、別、圓四教。本經是最後一時的圓教經典，圓滿收攝一切法教於本經中，是故最後的圓教聖訓中，特地指出無有三乘菩提，其實唯有一佛乘；皆因眾生愚迷故，方便區分爲三乘菩提以助眾生證道。世尊於此經中特地說明如來示現於人間的唯一大事因緣，便是爲有緣眾生「開、示、悟、入」諸佛的所知所見——第八識如來藏妙眞如心，並於諸品中隱說「妙法蓮花」如來藏心的密意。然因此經所說甚深難解，眞義隱晦，古來難得有人能窺堂奧；平實導師以知如是密意故，特爲末法佛門四眾演述《妙法蓮華經》中各品蘊含之密意，使古來未曾被古德註解出來的「此經」密意，如實顯示於當代學人眼前。乃至〈藥王菩薩本事品〉、〈妙音菩薩品〉、〈觀世音菩薩普門品〉、〈普賢菩薩勸發品〉中的微細密意，亦皆一併詳述之，開前人所未曾言之密意，示前人所未見之妙法。最後乃至以〈法華大意〉而總其成，全經妙旨貫通始終，而依佛旨圓攝於一心如來藏妙心，厥爲曠古未有之大說也。平實導師述　已於2015/05/31起開始出版，每二個月出版一輯，共有25輯。每輯300元。

解深密經講記：本經係　世尊晚年第三轉法輪，宣說地上菩薩所應熏修之唯識正義經典，經中所說義理乃是大乘一切種智增上慧學，以阿陀那識——如來藏——阿賴耶識爲主體。禪宗之證悟者，若欲修證初地無生法忍乃至八地無生法忍者，必須修學《楞伽經、解深密經》所說之八識心王一切種智；此二經所說正法，方是眞正成佛之道；印順法師否定第八識如來藏之後所說萬法緣起性空之法，是以誤會後之二乘解脫道取代大乘眞正成佛之道，尚且不符二乘解脫道正理，亦已墮於斷滅見中，不可謂爲成佛之道也。平實導師曾於本會郭故理事長往生時，於喪宅中從首七開始宣講，於每一七各宣講三小時，至第十七而快速略講圓滿，作爲郭老之往生佛事功德，迴向郭老早證八地、速返娑婆住持正法。茲爲今時後世學人故，將擇期重講《解深密經》，以淺顯之語句講畢後，將會整理成文，用供證悟者進道；亦令諸方未悟者，據此經中佛語正義，修正邪見，依之速能入道。平實導師述著，全書輯數未定，每輯三百餘頁，將於未來重講完畢後逐輯出版。

佛法入門：學佛人往往修學二十年後仍不知如何入門，茫無所入漫無方向，不知如何實證佛法；更因不知三乘菩提的互異互同之處，導致越是久學者越覺茫然，都是肇因於尚未瞭解佛法的全貌所致。本書對於佛法的全貌提出明確的輪廓，並說明三乘菩提的異同處，讀後即可輕易瞭解佛法全貌，數日內即可明瞭三乘菩提入門方向與下手處。○○菩薩著　出版日期未定。

阿含經講記—小乘解脫道之修證：數百年來，南傳佛法所說證果之不實，所說解脫道之虛妄，所弘解脫道法義之世俗化，皆已少人知之；從南洋傳入台灣與大陸之後，所說法義虛謬之事，亦復少人知之；今時台灣全島印順系統之法師居士，多不知南傳佛法數百年來所說解脫道之義理已然偏斜、已然世俗化、已非眞正之二乘解脫正道，猶極力推崇與弘揚。彼等南傳佛法近代所謂之證果者多非眞實證果者，譬如阿迦曼、葛印卡、帕奧禪師、一行禪師……等人，悉皆未斷我見故。近年更有台灣南部大願法師，高抬南傳佛法之二乘修證行門為「捷徑究竟解脫之道」者，然而南傳佛法縱使眞修實證，得成阿羅漢，至高唯是二乘菩提解脫之道，絕非**究竟**解脫，無餘涅槃中之實際尚未得證故，法界之實相尚未了知故，習氣種子待除故，一切種智未實證故，焉得謂為「究竟解脫」？即使南傳佛法近代眞有實證之阿羅漢，尚且不及三賢位中之七住明心菩薩本來自性清淨涅槃智慧境界，則不能知此賢位菩薩所證之無餘涅槃實際，仍非大乘佛法中之見道者，何況普未實證聲聞果乃至未斷我見之人？謬充證果已屬逾越，更何況是誤會二乘菩提之後，以未斷我見之凡夫知見所說之二乘菩提解脫偏斜法道，焉可高抬為「究竟解脫」？而且自稱「捷徑之道」？又妄言解脫之道即是成佛之道，完全否定般若實智、否定三乘菩提所依之如來藏心體，此理大大不通也！平實導師為令修學二乘菩提欲證解脫果者，普得迴入二乘菩提正見、正道中，是故選錄四阿含諸經中，對於二乘解脫道法義有具足圓滿說明之經典，預定未來十年內將會加以詳細講解，令學佛人得以了知二乘解脫道之修證理路與行門，庶免被人誤導之後，未證言證，干犯道禁，成大妄語，欲升反墮。本書首重斷除我見，以助行者斷除我見而實證初果為著眼之目標，若能根據此書內容，配合平實導師所著《識蘊眞義》《阿含正義》內涵而作實地觀行，實證初果非為難事，行者可以藉此三書自行確認聲聞初果為實際可得現觀成就之事。此書中除依二乘經典所說加以宣示外，亦依斷除我見等之證量，及大乘法中道種智之證量，對於意識心之體性加以細述，令諸二乘學人必定得斷我見、常見，免除三縛結之繫縛。次則宣示斷除我執之理，欲令升進而得薄貪瞋痴，乃至斷五下分結…等。平實導師述，共二冊，每冊三百餘頁。每輯300元。

修習止觀坐禪法要講記：修學四禪八定之人，往往錯會禪定之修學知見，欲以無止盡之坐禪而證禪定境界，卻不知修除性障之行門才是修證四禪八定不可或缺之要素，故智者大師云「性障初禪」；性障不除，初禪永不現前，云何修證二禪等？又：行者學定，若唯知數息，而不解六妙門之方便善巧者，欲求一心入定，未到地定極難可得，智者大師名之爲「事障未來」：障礙未到地定之修證。又禪定之修證，不可違背二乘菩提及第一義法，否則縱使具足四禪八定，亦不能實證涅槃而出三界。此諸知見，智者大師於《修習止觀坐禪法要》中皆有闡釋。作者平實導師以其第一義之見地及禪定之實證證量，曾加以詳細解析。將俟正覺寺竣工啓用後重講，不限制聽講者資格；講後將以語體文整理出版。欲修習世間定及增上定之學者，宜細讀之。平實導師述著。

★聲明★

本社於2015/01/01開始調整本目錄中部分書籍之售價，以因應各項成本的持續增加。

＊喇嘛教修外道雙身法，墮識陰境界，非佛教＊

＊弘揚如來藏他空見的覺囊派才是真正藏傳佛教＊

總經銷： 飛鴻 國際行銷股份有限公司
231 新北市新店區中正路 501 之 9 號 2 樓
Tel.02－82186688（五線代表號） Fax.02-82186458、82186459

零售：1.**全台連鎖經銷書局：**
三民書局、誠品書局、何嘉仁書店
敦煌書店、紀伊國屋、金石堂書局、建宏書局
諾貝爾圖書城、墊腳石圖書文化廣場

2.**台北市：**佛化人生 **大安區**羅斯福路 3 段 325 號 6 樓之 4　台電大樓對面
3.**新北市：**春大地書店 **蘆洲區**中正路 117 號
4.**桃園市：**御書堂 **龍潭區**中正路 123 號
5.**新竹市：**大學書局 **東區**建功路 10 號
6.**台中市：**瑞成書局 **東區**雙十路 1 段 4 之 33 號
佛教詠春書局 **南屯區**永春東路 884 號
文春書店 **霧峰區**中正路 1087 號
7.**彰化市：**心泉佛教文化中心 南瑤路 286 號
8.**高雄市：**政大書城 **苓雅區**光華路 148-83 號
明儀書局 **三民區**明福街 2 號\
青年書局 **苓雅區**青年一路 141 號
9.**宜蘭市：**金隆書局　中山路 3 段 43 號
10.**台東市：**東普佛教文物流通處 博愛路 282 號
11.**其餘鄉鎮市經銷書局：**請電詢總經銷**飛鴻**公司。
12.**大陸地區請洽：**

香港：樂文書店
旺角店 :香港九龍旺角西洋菜街 62 號 3 樓
電話 : (852) 2390 3723　email: luckwinbooks@gmail.com
銅鑼灣店 :香港銅鑼灣駱克道 506 號 2 樓
電話 : (852) 2881 1150　email: luckwinbs@gmail.com

廈門：廈門外圖臺灣書店有限公司
地址：廈門市思明區湖濱南路809 號 廈門外圖書城3 樓 郵編：361004
電話：0592-5061658（臺灣地區請撥打 86-592-5061658）
E-mail：JKB118＠188.COM

13.**美國：世界日報圖書部：**紐約圖書部　電話 7187468889#6262
洛杉磯圖書部　電話 3232616972#202

14.**國內外地區網路購書：**

正智出版社 書香園地　http://books.enlighten.org.tw/
（書籍簡介、經銷書局可直接聯結下列網路書局購書）

三民 網路書局　http://www.sanmin.com.tw

誠品 網路書局　http://www.eslitebooks.com

博客來 網路書局　http://www.books.com.tw
金石堂 網路書局　http://www.kingstone.com.tw
飛鴻 網路書局　http://fh6688.com.tw

附註：1.請儘量向各經銷書局購買：郵政劃撥需要十天才能寄到（本公司在您劃撥後第四天才能接到劃撥單，次日寄出後第四天您才能收到書籍，此八天中一定會遇到週休二日，是故共需十天才能收到書籍）若想要早日收到書籍者，請劃撥完畢後，將劃撥收據貼在紙上，旁邊寫上您的姓名、住址、郵區、電話、買書詳細內容，直接傳眞到本公司 02-28344822，並來電 02-28316727、28327495 確認是否已收到您的傳眞，即可提前收到書籍。 **2**.因台灣每月皆有五十餘種宗教類書籍上架，書局書架空間有限，故唯有新書方有機會上架，通常每次只能有一本新書上架；本公司出版新書，大多上架不久便已售出，若書局未再叫貨補充者，書架上即無新書陳列，則請直接向書局櫃台訂購。 **3**.若書局不便代購時，可於晚上共修時間向正覺同修會各共修處請購（共修時間及地點，詳閱**共修現況表**。每年例行年假期間請勿前往請書，年假期間請見共修現況表）。 **4**.郵購：郵政劃撥帳號 19068241。 **5**.正覺同修會會員購書都以八折計價（戶籍台北市者爲一般會員，外縣市爲護持會員）都可獲得優待，欲一次購買全部書籍者，可以考慮入會，節省書費。入會費一千元（第一年初加入時才需要繳），年費二千元。**6.尚未出版之書籍，請勿預先郵寄書款與本公司，謝謝您！** **7**.若欲一次購齊本公司書籍，或同時取得正覺同修會贈閱之全部書籍者，請於正覺同修會共修時間，親到各共修處請購及索取；**台北市讀者**請洽：103 台北市承德路三段 267 號 10 樓（捷運淡水線 圓山站旁）請書時間：週一至週五爲 18.00~21.00，第一、三、五週週六爲 10.00~21.00，雙週之週六爲 10.00~18.00 請購處專線電話：25957295-分機 14（於請書時間方有人接聽）。

敬告大陸讀者：

大陸讀者購書、索書捷徑（尚未在大陸出版的書籍，以下二個途徑都可以購得，電子書另包括結緣書籍）：

1.**廈門外國圖書公司**：廈門市思明區湖濱南路 809 號 廈門外圖書城 3F
郵編：361004　　電話：0592-5061658　網址：http://www.xibc.com.cn/

2.**電子書**：正智出版社有限公司及正覺同修會在台灣印行的各種局版書、結緣書，已有『**正覺電子書**』陸續上線中，提供讀者於手機、平板電腦上購書、下載、閱讀正智出版社、正覺同修會及正覺教育基金會所出版之電子書，詳細訊息敬請參閱『正覺電子書』專頁：
http://books.enlighten.org.tw/ebook

關於平實導師的書訊，請上網查閱：

成佛之道　http://www.a202.idv.tw

正智出版社 書香園地　http://books.enlighten.org.tw/

中國網採訪佛教正覺同修會、正覺教育基金會訊息：

http://big5.china.com.cn/gate/big5/fangtan.china.com.cn/2014-06/19/content_32714638.htm

http://pinpai.china.com.cn/

★ 正智出版社有限公司售書之稅後盈餘，全部捐助財團法人正覺寺籌備處、佛教正覺同修會、正覺教育基金會，供作弘法及購建道場之用；懇請諸方大德支持，功德無量。

★ 聲　明 ★

本社於 2015/01/01 開始調整本目錄中部分書籍之售價，以因應各項成本的持續增加。

＊ 喇嘛教修外道雙身法、墮識陰境界，非佛教 ＊

＊ 弘揚如來藏他空見的覺囊派才是真正藏傳佛教 ＊

換書及道歉公告

《法華經講義》第十三輯，因謄稿、印製等相關人員作業疏失，導致該書中的經文及內文用字將「**親近**」誤植成「清淨」。茲爲顧及讀者權益，自 2017/8/30 開始免費調換新書；敬請所有讀者將以前所購第十三輯初版首刷及二刷本，攜回或寄回本社免費換新，或請自行更正其中的錯誤之處；郵寄者之回郵由本社負擔，不需寄來郵票。同時對因此而造成讀者閱讀、以及換書的困擾及不便，在此向所有讀者致上最誠懇的歉意，祈請讀者大眾見諒！錯誤更正說明如下：

一、第 256 頁第 10 行~第 14 行：【就是先要具備「**法親近處**」、「**眾生親近處**」；法**親近**處就是在實相之法有所實證，如果在實相法上有所實證，他在二乘菩提中自然也能有所實證，以這個作爲第一個**親近**處——第一個基礎。然後還要有第二個基礎，就是瞭解應該如何善待眾生；對於眾生不要有排斥或者是貪取之心，平等觀待而攝受、親近一切有情。以這兩個**親近**處作爲基礎，來實行其他三個安樂行法。】。

二、第 268 頁第 13 行：【具足了那兩個「**親近處**」，使你能夠在末法時代，如實而圓滿的演述《法華經》時，那麼你作這個夢，它就是如理作意的，完全符合邏輯去完成這個過程，就表示你那個晚上，在那短短的一場夢中，已經度了不少眾生了。】

正智出版社有限公司 敬啓

國家圖書館出版品預行編目資料

見性與看話頭／黃正倖著. -- 初版. -- 臺北市：
正智, 2014.02
面； 公分

ISBN 978-986-6431-77-7(平裝)
1.禪宗 2.佛教修持

226.65 103001342

見性與看話頭

作 者：黃正倖老師
校 對：正覺同修會編譯組
出 版 者：正智出版社有限公司
電話：○二 28327495 28316727（日間）
傳眞：○二 28344822
111台北郵政73-151號信箱
郵政劃撥帳號：一九○六八二四一
正覺講堂：總機○二 25957295（夜間）
總 經 銷：飛鴻國際行銷股份有限公司
231新北市新店區中正路501-9號2樓
電話：○二 82186688（五線代表號）
傳眞：○二 82186458 82186459
初版首刷：二○一四年二月底 二千冊
初版四刷：二○一七年十月 二千冊
定 價：三○○元